EVA DEMMERLE

100 x ÖSTERREICH

EVA DEMMERLE

100 x ÖSTERREICH
HABSBURG

MIT 113 ABBILDUNGEN

Besuchen Sie uns im Internet unter: amalthea.at

© 2019 by Amalthea Signum Verlag, Wien
Alle Rechte vorbehalten
Umschlaggestaltung und Satz: Elisabeth Pirker/OFFBEAT
Umschlagabbildungen sowie Seite 9, 15, 217, 218:
Wappen des Kaiserreichs Österreich 1815, Bearbeitung: Elisabeth Pirker
Lektorat: Martin Bruny
Gesetzt aus der Ostrich Sans und Museo Sans
Designed in Austria, printed in the EU
ISBN 978-3-99050-140-5

INHALT

Vorwort von Walburga Habsburg Douglas — 10
100 x Habsburg oder 1000 x Habsburg — 12

001	Die Habsburger: Mythos	16
002	Die Habsburger: Realität	18
003	Die Herkunft aus dem Elsass	20
004	Utrum lubet – Wie's beliebt! König Rudolf I.	22
005	Kronen der Habsburger I: Reichskrone	24
006	Der Stifter: Herzog Rudolf IV.	26
007	Habsburg baut Österreich	28
008	Kuriose Namenszusätze	30
009	A. E. I. O. U.	32
010	Der Medienprofi: Kaiser Maximilian I.	34
011	Verwurzelt im Burgund: Orden vom Goldenen Vlies	36
012	Make Love, Not War: Heiratspolitik	38
013	Kronen der Habsburger II: Stephanskrone	40
014	Kronen der Habsburger III: Wenzelskrone	42
015	Macht und Resignation: Karl V.	44
016	Kronen der Habsburger IV: Eiserne Krone der Lombardei	46
017	Philipp II. und die spanische Linie	48
018	Künstler der Kaiser	50
019	Maximilian II. und sein unbekanntes Schloss	52
020	Exzentrik I: Kaiser Rudolf II.	54
021	Kronen der Habsburger V: Rudolfskrone	56
022	Bruderzwist: Rudolf und Matthias	58
023	Nicht geschossen ist auch gefehlt. Habsburgische Wahlsprüche	60
024	Kronen der Habsburger VI: Erzherzogshut	62
025	Die Habsburger und der Deutsche Orden	64
026	Il Pomo d'Oro: Im Glanz des Barock	66
027	Sammler und Mäzene	68
028	Bauherren I: Hofburg, Wien	70
029	Die Mutter der Nation: Maria Theresia	72
030	Habsburg und Lothringen	74
031	Auszeichnungen: Maria Theresien-Orden, St.-Stephans-Orden und Leopoldsorden	76
032	Bauherren II: Schönbrunn	78
033	Bauherren III: Innsbruck	80

034	Zwei ungleiche Reformer	82
035	Familienlinien: Die Ungarn, die Estes und die Toskanas	84
036	Pietas Austriaca: Die Habsburger und die Kirche	86
037	Kaiser Franz und der Untergang des Heiligen Römischen Reiches	88
038	Ein besonderes Federvieh: Der Doppeladler	90
039	Die Kaiserin von Brasilien	92
040	Geistliche Habsburger	94
041	Die Morganatischen I: Johann, Anna und das Haus Meran	96
042	Bauherren IV: Kaiservilla in Bad Ischl	98
043	Der Vater der Nationen: Kaiser Franz Joseph	100
044	Das Hofzeremoniell	102
045	K. k. oder k. u. k.? Kakanische Verwirrung	104
046	Eine Hymne – 15 Texte	106
047	Das Trauma von Königgrätz und die Folgen	108
048	Exzentrik II: Kaiserin Elisabeth	110
049	Fez und Doppeladler	112
050	Der verhinderte Wissenschaftler: Kronprinz Rudolf	114
051	Der Forscher: Erzherzog Ludwig Salvator	116
052	Bauherren V: Schloss Miramare	118
053	Habsburg und die Juden	120
054	Habsburg in Jerusalem	122
055	Ausreißer und schräge Typen	124
056	Einhörner und Kreuznägel Christi: Die Geistliche Schatzkammer	126
057	Habsburg und Wein	128
058	Skandal am Königshof	130
059	Der Knopfkönig – K. u. k. Hoflieferanten	132
060	Der Große Titel	134
061	Standesgemäß oder nicht standesgemäß? Habsburgische Ehen	136
062	Indivisibiliter ac inseparabiliter – Das gemeinsame Wappen	138
063	Tragödien: Kronprinz Rudolf und Kaiserin Elisabeth	140
064	Habsburg und Musik	142
065	Habsburg on Ice	144
066	Die Morganatischen II: Die Hohenbergs	146
067	Bauherren VI: Villa Wartholz	148
068	Wer begehrt Einlass? – Die Kapuzinergruft	150
069	Denn sterben müssen alle Leut: Habsburgische Begräbnisorte	152
070	Habsburg und Literatur	154
071	Die Urkatastrophe: Der Erste Weltkrieg	156

072	Die Mission Sixtus	158
073	Der Verleumdete: Kaiser Karl	160
074	Das zerrissene Mitteleuropa und die Folgen	162
075	Tod eines Kaisers	164
076	Wilhelm, der Bestickte	166
077	Die Welt von Gestern: Stefan Zweig	168
078	Das Habsburgergesetz und das Adelsaufhebungsgesetz von 1919	170
079	Die Katholisch-Österreichischen Landsmannschaften	172
080	Der Schmerz des Verlorenen: Joseph Roth	174
081	Operation Otto: Habsburg gegen Hitler	176
082	Der Mann, der Habsburg rettete	178
083	»Unser Motto: keinen Otto!« Skandal in der Zweiten Republik	180
084	Die Beständige: Kaiserin Zita	182
085	Vom Thronfolger zum Parlamentarier: Otto von Habsburg	184
086	Ein politisches Testament	186
087	Habsburg und der Fall des Eisernen Vorhangs	188
088	Der Marillenknödel oder Wie ein deutscher Diplomat und eine monarchistische Lehrerin die Austriazismen retteten	190
089	Die Seligsprechung eines Kaisers	192
090	Habsburg im Film	194
091	Der Erste Weltkrieg hat nicht stattgefunden – Projektionen	196
092	Imperial Speed: Habsburger und Autos	198
093	Bibi und Büberl in der Rumpelkammer: Das Hofmobiliendepot	200
094	Ein Habsburger als Bundespräsident	202
095	Klingende Kassen und Sissi-Kitsch: Der Habsburg-Tourismus	204
096	Die Aufgabe der Habsburger im 20. und 21. Jahrhundert: Otto von Habsburg II	206
097	Mitteleuropa oder die Reichweite der Palatschinke	208
098	Monarchie oder Demokratie? Falsche Frage!	210
099	Der Hauschef: Karl von Habsburg	212
100	Was bleibt?	214

Habsburger-ABC 218
Eine persönliche Nachbemerkung 222

Anmerkungen 224
Literatur 225
Bildnachweis 227
Namenregister 228

VORWORT

Naturgemäß hat eine Familie, die seit mehr als 650 Jahren in europäischer Geschichte und Politik präsent ist, zahlreiche Facetten. Da hat es eine ungeheure Vielfalt an Persönlichkeiten gegeben, mit unterschiedlichsten Charakteristiken, die, jeder auf seine Weise, mit der Herausforderung fertigwerden mussten, das Reich zu bauen und zu erhalten. Rückschläge waren dabei vorprogrammiert und häufiger als Triumphe, damit musste man fertigwerden. Nun hat fast jeder in unserer Familie seinen »Lieblings-Habsburger«, natürlich auch ich. Speziell bewundere ich die große Maria Theresia, die eine ungeheure Energie gehabt haben muss, verbunden mit außerordentlicher Beharrlichkeit und Zähigkeit. Sie war Mutter von 16 Kindern und musste ein Riesenreich regieren. Sie ist fast unvorbereitet auf den Thron gekommen, hat aber ihr Erbe zäh verteidigt. Das Reformwerk, das sie mit großer Klugheit angegangen ist, hat bis heute seine Bedeutung für Österreich.

Nach dem Ende der Monarchie war die Geschichtsschreibung lange national geprägt, aber mitunter auch durch ideologische Scheuklappen begrenzt. Mehr als 100 Jahre danach werfen immer mehr Historiker den Blick auf das Ganze. Es hat nichts mit Nostalgie zu tun, zu konstatieren, dass die Donaumonarchie ein idealer Rahmen war, 14 und mehr Nationalitäten ihren Entfaltungsraum zu ermöglichen. Der Untergang war keineswegs zwangsläufig, zumal es vor 1914 keine Hinweise auf eine revolutionäre Stimmung gegeben hat. Der Mährische Ausgleich von 1905 war vorbildlich zur Lösung der Nationalitätenprobleme und sollte Zug um Zug in Österreich umgesetzt werden. Allein der Ausbruch des Ersten Weltkrieges führte das Ende der jahrhundertelang gewachsenen Einheit herbei. Mein Großvater, Kaiser Karl, war sich bei seinem Regierungsantritt durchaus bewusst, dass er eine fast unmögliche Aufgabe hatte – nämlich einen Frieden herbei-

Walburga Habsburg Douglas war die engste Mitarbeiterin ihres Vaters Dr. Otto von Habsburg.

zuführen und das Reich zukunftsfähig zu machen –, und er hat alles versucht, was in seiner Kraft stand. Seine Pläne zur Föderalisierung der Monarchie konnten leider nicht mehr umgesetzt werden, seine Friedensinitiativen scheiterten am nationalen Kleingeist innerhalb der Entente, aber auch innerhalb des eigenen Lagers.

Mein Vater, Otto von Habsburg, zitierte sehr oft den Spruch: »Wer nicht weiß, woher er kommt, der weiß nicht, wohin er geht, weil er nicht weiß, wo er steht!« Die Kenntnis der Geschichte war für ihn unerlässlich, wenn man sich politisch engagieren wollte. Insofern drehten sich in meiner Kindheit und Jugend fast alle Gespräche zu Hause um Politik und Geschichte. Otto von Habsburg übersetzte die Aufgabe der Habsburger auf die Gegebenheiten des 20. und 21. Jahrhunderts. Die logische Konsequenz war für ihn, als ehemaligen Kronprinzen eines Vielvölkerreiches, der Einsatz für Europa als großen Friedensraum mit dem Ausgleich unter den Völkern. Darauf konnte er uns Geschwister verpflichten.

Eva Demmerle ist unserer Familie seit langen Jahren auf das Engste verbunden. Sie war eine enge Mitarbeiterin meines Vaters. Ihre Biografien über ihn und Kaiser Karl sind ebenfalls im Amalthea Verlag erschienen. Das vorliegende Buch ist eine Art kleines Habsburger-Extrakt, das einen schnellen Überblick gibt und manches Mal mit einem Augenzwinkern geschrieben ist. Ich habe es mit Genuss gelesen und dabei auch viel für mich Unbekanntes und Neues entdeckt. Den Leserinnen und Lesern wünsche ich eine ebenso gute wie amüsante Lektüre bei *100 x Österreich – Habsburg!*

Walburga Habsburg Douglas
Ekensholm, März 2019

100 x HABSBURG
ODER 1000 x HABSBURG

»100 x Habsburg« – als der Verlag mich darauf ansprach, ob ich mir vorstellen könnte, dieses Buch zu schreiben, habe ich begeistert zugesagt. Eine wunderbare Möglichkeit, Persönlichkeiten vorzustellen, Zeichen und Symbole zu beschreiben, kuriose Begebenheiten zu erzählen, ein Potpourri aus allem, was Habsburg ausmacht in der Vergangenheit und in der Gegenwart. Dankenswerterweise hatte ich keinerlei Vorgaben über die Themenauswahl, der Amalthea Verlag ließ mir völlig freie Hand.

Bei den 100 vorliegenden Artikeln handelt es sich also um meine persönliche Auswahl. Ich habe versucht, eine Mischung zu finden zwischen den Geschichten, die Leserinnen und Leser erwarten, und noch unbekannten Geschichten und Aspekten, von denen ich meine, dass sie erzählt werden sollten. Dabei war ich auch immer Sklave der vorgegebenen Zeichenanzahl. Bei vielen Themen hätte sich eine intensivere Betrachtung gelohnt, aber der interessierte Leser findet im Literaturverzeichnis zahlreiche Anregungen zum Weiterlesen.

Mein persönlicher Schwerpunkt sind natürlich die beiden Habsburger des 20. Jahrhunderts: Karl, der letzte regierende Kaiser aus dem Hause Österreich, und sein Sohn Otto von Habsburg, für den ich 17 Jahre lang in verschiedenen Funktionen arbeiten durfte. In diesen beiden außergewöhnlichen Persönlichkeiten konzentriert sich meines Erachtens die Essenz aus 700 Jahren Habsburg. Der Respekt vor den Eigenheiten der Völker und das tiefe Verständnis für die geopolitische Notwendigkeit eines geeinten Donauraumes in seinem historischen Gewachsensein sind der rote Faden in beider Politik. Jung gestorben der eine, angesichts der Trümmer der Mon-

Mag. Eva Demmerle und Dr. Otto von Habsburg in der Villa Austria in Pöcking im Jahr 2006

archie – hochbetagt verstorben der andere, nach einer Jahrhundertleistung für die europäische Einigung. Wenige Wochen vor seinem Tod im Juli 2011 freute sich Otto von Habsburg über die Nachricht, dass Kroatien nun der EU beitreten würde. Insofern ist dies ein sehr persönliches Buch.

Eigentlich könnte man auch »1000 x Habsburg« schreiben, so vieles gäbe es von einer Dynastie zu erzählen, die für Österreich, für den Donauraum und ganz Europa prägend war und ihren Stempel bis heute aufdrückt. In seinem Buch über die Habsburger formulierte der österreichstämmige Robert A. Kann: »Zur Zeit, als die politische Geschichte des Habsburger Reichs zu Ende ging, hatte die seiner kulturellen Botschaft an die Welt erst begonnen.« Aus dieser kulturellen Botschaft jenseits von *Sissi*-Kitsch und Walzerseligkeit können wir heute viel Inspiration ziehen.

In den letzten Jahren hat das Interesse an Habsburg und Österreich-Ungarn wieder an Fahrt aufgenommen, was auch mit dem Gedenken an den Ausbruch des Ersten Weltkrieges vor 105 Jahren und dem Zerfall der Monarchie zusammenhängt. Interessanterweise haben gerade nicht österreichische Historiker wie Christopher Clark, Timothy Snyder und Pieter M. Judson ein Bild der Donaumonarchie gezeichnet, welches sich wohltuend absetzt von mancher kleingeistigen Beckmesserei österreichischer Autoren. Es lohnt also auch ein Blick von außen, um das große Ganze und dessen Bedeutung für Europa zu sehen, nämlich ein Politikkonzept, in dem Nationalismus keinen Platz hat.

Eva Demmerle
Feldafing, März 2019

001

DIE HABSBURGER: MYTHOS

König Rudolf gibt einem Priester, der einen Sterbenden versehen muss, sein Pferd. Friedrich Schiller dichtet über diese Episode seine Ballade *Der Graf von Habsburg*.
↓

Etwas augenzwinkernd schreibt Isaiah Berlin: »Eine Nation besteht aus denjenigen Personen, die der gemeinsame Irrtum über ihre Ursprünge eint.«[1] Mit Irrtum ist hier der Mythos gemeint, der meistens mit Anfang und Herkunft zu tun hat. Mythen stiften Identitäten, selbst wenn sie nicht immer einer historischen Überprüfung standhalten. Mythen halten sich hartnäckig, sind gleichsam schwebend und definierend über dem Raum, den sie abdecken.

In den fast 700 Jahren Geschichte der Habsburger-Dynastie haben sich zahlreiche Mythen aneinandergereiht, die von Generation zu Generation weitergegeben und sinnstiftend wurden. Angefangen von der Geschichte des armen Grafen (so arm war er nicht) aus dem Südwesten des Reiches, Rudolf, der mit viel politischem Geschick die Habsburger a) in Österreich etablierte und b) den habsburgischen Anspruch auf die Krone des Heiligen Römischen Reiches begründete. Weiter zu Herzog Rudolf IV., der voller Ehrgeiz den »Erzherzog« (und nicht nur den) erfand, Kaiser Friedrich III., angeblich des Heiligen Römischen Reiches Erzschlafmütze, zu Kaiser Maximilian I., der sich als der »letzte Ritter« stilisierte und die besondere Auserwähltheit der Habsburger mit einschlägigen Publikationen unters Volk brachte. Kaiser Karl V., in dessen Reich die Sonne nicht unterging, Kaiserin Maria Theresia, die mütterliche Majestät, die aber eigentlich keine Kaiserin war, zu ihrem reformfreudigen Sohn Joseph II. und dem guten Kaiser Franz. Und schließlich zum »alten« Kaiser Franz Joseph, der 68 Jahre regierte in der »guten alten Zeit«, als Böhmen noch bei Öst'reich war, mit seiner zu einem einzigen Mythos gewordenen Frau Elisabeth, die ein so tragisches Ende fand, knapp zehn Jahre nach der Tragödie von Mayerling, bei dem Kronprinz Rudolf zu Tode kam. Und damit haben wir sie schon alle aufgezählt, die Handvoll bekannter Habsburger und ihre Klischeebilder.

Ob das alles tatsächlich so war, steht auf einem anderen Blatt. Mythen sind beständig, da nützt die akribischste historische Forschung nichts. Wer immer in das Leben von Kaiserin Elisabeth vertieft einsteigt: Die nächste Weihnachtszeit mit der *Sissi-Trilogie* naht unvermeidlich und fegt alles wieder hinweg. Und selbst wenn heute entdeckt würde, was sich tatsächlich in der Nacht zum 30. Januar 1889 in Mayerling abgespielt hat und dies die Vorgänge zweifelsfrei belegen würde, der Mythos des unglücklichen Kronprinzen und seiner Geliebten würde nie untergehen.

»Tu felix Austria nube« ist bis heute im Sprachgebrauch, aber tatsächlich haben die Habsburger nicht mehr und nicht weniger Kriege geführt als alle anderen auch. Nachhaltiger waren allerdings die politischen Erfolge, die man durch (Heirats-)Diplomatie erreichte, insofern stimmt der Spruch dann doch wieder.

Der Triestiner Schriftsteller Claudio Magris machte drei Grundelemente des Mythos aus: die Übernationalität des alten Österreich, sein Bürokratentum und den genussfreudigen Hedonismus der Walzerseligkeit. Ein besonderer kultureller Humus.

Nach dem Untergang der Donaumonarchie wurde der Habsburger-Mythos weiter beschworen, auch als Instrument einer fieberhaften Suche nach der eigenen Identität[2] und als Reverenz an die alte »Welt der Sicherheit« (Stefan Zweig) in einer Zeit, als nach 1918 alles ins Chaos fiel.

002

DIE HABSBURGER: REALITÄT

Die Habsburger als eine der längstregierenden europäischen Dynastien haben auch manchmal einfach Glück gehabt. In der Rückschau wirkt der Lauf der Geschichte so selbstverständlich und konsequent, mehrfach aber stand die Dynastie vor dem Aus, entweder weil der männliche Erbe fehlte wie bei Karl VI., weil die Bedrohung von außen übermächtig war beziehungsweise weil man sich in zu viele Linien aufgespalten hatte. Kaiser Friedrich III. konnte von Glück reden, dass Ladislaus Postumus frühzeitig verstarb; er selbst hat einfach alle seine Feinde überlebt und mit dieser Langlebigkeit den Fortbestand des Hauses gesichert. Der Geldmangel war über die Jahrhunderte hinweg virulent, ab und zu hatte man das Glück einer reichen Braut, die den Säckel wieder füllte. Auch das Schlachtenglück war wie ein scheues Reh, das sich mal einstellte und mal nicht.

In 700 Jahren sammelt sich eine bunte Schar von Persönlichkeiten an, die alle ihren eigenen Blick auf die Familie hatten. War es Rudolf schon bewusst, dass er mit der Schlacht am Marchfeld und der Belehnung seiner Söhne mit den Ländern Österreich ob der Enns und unter der Enns eine über 600 Jahre währende Herrschaft der Habsburger in Österreich begründete? Wohl kaum. Aber sein Interesse war, seine Familie nach vorn zu bringen. Einige Jahrzehnte später schuf ein anderer Rudolf den Mythos des Erzhauses, und 250 Jahre später verschmolzen in einem weiteren Rudolf die politische Realität und der Mythos von der habsburgischen Sendung als Kaiser des Reiches zu einem Traumgebilde, das die Realität direkt in den Dreißigjährigen Krieg führte.

In 700 Jahren begegnen wir persönlichem Scheitern, verheerenden Niederlagen, gefeierten Triumphen, charakterlichen Unzugänglichkeiten, aber ebenso menschlicher Wärme, gesundem Menschenverstand und viel Realitätssinn. Der Ausspruch Maria Theresias, nach dem ein Gesetz nur dann legitim sei, wenn es selbst der letzte Schweinehirt in Galizien verstünde, zeugt von einer vorher nicht gekannten Bürgernähe. Das Pflichtbewusstsein Kaiser Franz Josephs war nicht nur ein Mythos, sondern Realität, die beispielgebend war im ganzen Reich.

Vor der Geschichte tritt das Persönliche, das Private oft in den Hintergrund. Was wissen wir von der Einsamkeit des Herrschers in seinem hohen Amt, mit der Bürde der Verantwortung? Niemand wurde gefragt, ob er das Amt überhaupt annehmen wollte. Die Töchter waren dazu da, möglichst gut verheiratet zu werden, nach persönlichen Wünschen fragte niemand. Täuschen wir uns aber nicht, viel-

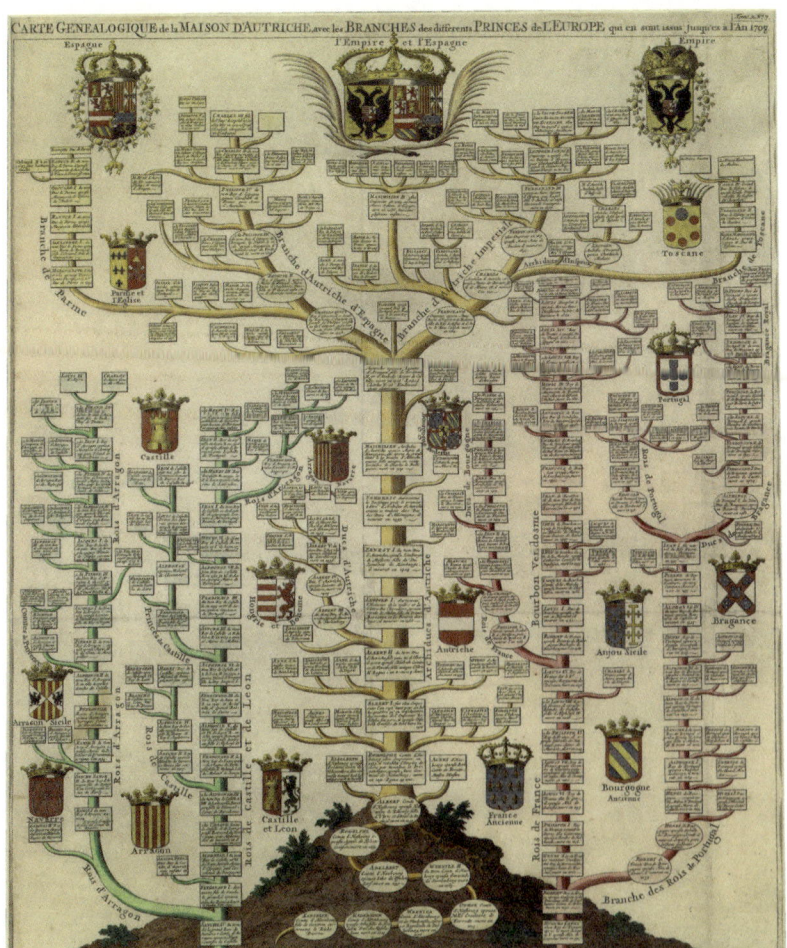

Ein Stammbaum aus dem Jahr 1708. Habsburg ist eine internationale Familie, seit Jahrhunderten quer über den Kontinent vielfach vernetzt.

fach stellten sich die Betroffenen diese Fragen nicht mal selbst. Die Berufung stand im Vordergrund, angesichts der langen Kette von Ahnen, die bereits ihren Beitrag zum Aufbau Österreichs und des Hauses Österreich geleistet hatten.

Das Ganze ist mehr als die Summe der Teile. Auch das ist Habsburger-Realität in der Gesamtbetrachtung: Über Jahrhunderte hinweg wurde ein Raum gebaut, in dem kleine und kleinste Nationen ihr Auskommen fanden.

Eine multikulturelle Gesellschaft wurde geschaffen, lange, bevor es diesen Begriff überhaupt gab. Die geopolitische Bedeutung eines geeinten Donauraumes haben die erkannt, die einen nüchternen Blick auf die Landkarte warfen. Franz Palacký, tschechischer Historiker in der Mitte des 19. Jahrhunderts, war die Existenz Österreichs eine Forderung der Humanität. Auf ihn geht die Feststellung zurück: Wenn es Österreich nicht gäbe, müsste man es erfinden.

003

DIE HERKUNFT AUS DEM ELSASS

Aus dem Geschlecht der Etichonen stammt auch die Heilige Odilia, die auf dem Mont Ste. Odile ungefähr 50 Kilometer südlich von Straßburg verehrt wird. Die blind geborene Tochter des Grafen Eticho wurde sehend, als sie den christlichen Glauben annahm. Sie wird insbesondere bei Augenleiden angerufen, und der Odilienberg ist einer der bedeutendsten Wallfahrtsorte des Elsass und Westfrankreichs. Am 21. Oktober 2018 wurde in der Abteikirches des Odilienbergs feierlich eine Reliquie des Seligen Kaiser Karl eingesetzt. Erzbischof Luc Ravel von Straßburg stand den Festlichkeiten vor, die bereits am 20. Oktober mit einer feierlichen Prozession der Reliquie von der Odilienquelle bis zum Kloster ihren Anfang nahm. Vor der Klosterpforte begrüßte Wallfahrtsdirektor die Reliquie mit den Worten »Bienvenue, Monseigneur, chez vous!« (Herzlich willkommen, Hoheit, bei Ihnen zu Hause.«)

Die Festlichkeiten wurden begleitet von einem wissenschaftlichen Symposium über das Leben und Wirken des Seligen Kaisers sowie die Frömmigkeit der Habsburger und die heilige Odilia. So schloss sich der Kreis vom 8. bis zum 21. Jahrhundert.

Als Graf Rudolf IV. von Habsburg 1273 zum römisch-deutschen König gewählt wurde, hatten die Habsburger bereits 400 Jahre Herrschaftserfahrung hinter sich. Ihr Herrschaftsgebiet hatten sie sich über die Jahrhunderte hinweg im südlichen Elsass, im Sundgau, im Breisgau, im heute schweizerischen Aargau bis in den Schwarzwald aufgebaut.

Als Vorläufer der Habsburger gelten die Etichonen, kommend vom Grafen Eticho. Urkundlich erwähnt ist als Erster Guntram der Reiche (gestorben um 973). Dessen Enkel Radbot gründete 1027 das Kloster Muri, in dem er begraben liegt und in welchem die Familie im 20. Jahrhundert eine neue Familiengruft eingerichtet hat. Der zweite Enkel Guntrams, Rudolf (985/990–1063), gründete Kloster Ottmarsheim, das bis heute existiert.

Auch der Bau des Straßburger Münsters soll auf einen Habsburger zurückgehen. Denn Bischof Werner von Straßburg (gestorben 1028) war äußerst baufreudig. Er war der Bruder des herrschenden Grafen Radbot. Dieser zeichnete für den Bau der namengebenden Habsburg (oder Habichtsburg) im Aargau verantwortlich. Fährt man heute von Zürich kommend Richtung Westen, so leitet einen die Autobahn unter der Habsburg durch. Um den Bau der Burg rankt sich eine Legende: Nachdem sie fertiggestellt war, beklagte Radbots

↑
Die Habsburg im Aargau
in der heutigen Schweiz,
eines der Stammhäuser der Familie

Bruder Werner das Fehlen von Mauern und Wehrtürmen. Radbot versprach, das über Nacht nachzuholen. Am nächsten Tag umgab die Burg eine Mauer aus Getreuen, mit Rittern als Türmen. Nicht Steine, sondern die Treue der Menschen sollten die Grundlage der Macht der Habsburger sein.

Die Habsburger waren mächtige Regionalherren im Südwesten des Reiches. Im Lauf der Jahrhunderte vergrößerten sie ständig sowohl Besitz wie Einfluss. Durch geschickte Politik, durch Heiraten und entsprechende Erbfälle fielen immer mehr Gebiete an sie. Als die Lenzburger 1173 ausstarben, fiel deren Herrschaft an die Habsburger. Und schließlich auch der Besitz der Kyburger, der über die Heirat von Graf Albrecht IV. von Habsburg mit Heilwig von Kyburg das Haus bereicherte. Mit dem Gebietsgewinn war entsprechender Machtgewinn verbunden. Besonders eng hielten sich die Habsburger an die Staufer, obwohl diese bereits am Absteigen waren. Albrecht IV. ließ seinen Sohn, Graf Rudolf IV. von Habsburg, von Kaiser Friedrich II. aus der Taufe heben. Graf Rudolf war also keineswegs der arme Graf, das »Aschehäufchen aus Schwaben«, wie ihn sein wichtigster Gegner, König Ottokar II. von Böhmen, bezeichnete.

004

UTRUM LUBET – WIE'S BELIEBT! KÖNIG RUDOLF I.

Rudolf von Habsburg, bei Weitem kein armer Graf, sondern ein geschickter Politiker. Der Grabstein im Speyerer Dom zählt zu den herausragenden Stücken mittelalterlicher Bildhauerkunst.

Im Dom zu Speyer liegt die eindrucksvolle Grabplatte König Rudolfs I., des ersten römisch-deutschen Königs aus dem Hause Habsburg im Heiligen Römischen Reich. Das Glanzstück mittelalterlicher Bildhauerkunst zeigt einen großen, hageren Mann mit entschlossenem Gesichtsausdruck. Rudolf hatte sich nach Speyer, eine seiner Lieblingsstädte, begeben, als er sein Ende kommen sah. Als er dort starb, wurde er auch dort begraben.

Geboren am 1. Mai 1218, war er einer der mächtigsten Herrscher am Oberrhein, als ihn die Kurfürsten nach dem langen Interregnum im Jahr 1273 zum römisch-deutschen König wählten. Vorausgegangen war eine über 20-jährige Periode, während der das Reich aufgrund andauernder Machtkämpfe um den Thron nicht zur Ruhe kam. Erst der Druck des Papstes löste schließlich die Wahl Rudolfs aus. Mit ihr wurde eine Familie in die Reichspolitik katapultiert, die das Heilige Römische Reich, den Donauraum und Europa bis in unsere Tage zutiefst prägen sollte.

Rudolf war nicht arm, doch auch nicht zu reich, stammte aus gutem Haus, war aber im Gesamtreich nicht zu mächtig. Er war bereits über 50 Jahre alt, als ihn die Kurfürsten wählten, was durchaus ihren Interessen entsprach. Man nahm an, dass er aufgrund seines Alters den Kaiserthron wohl nicht zu lange besetzen würde. Doch die Kurfürsten sollten sich täuschen. Fast 20 Jahre lang übte Rudolf die Macht aus.

Als Erstes stellte er die Ordnung im Reich wieder her, indem er beschließen ließ, dass der König wieder alles Reichsgut in Besitz nehmen sollte, welches seit dem Tod Kaiser Friedrichs II. dem Reich entfremdet worden war. Damit zielte er insbesondere auf seinen wichtigsten und mächtigsten Gegner, Přemysl Ottokar II., den »goldenen« König Böhmens, der sich der Länder des heutigen Österreichs durch eine Heirat bemächtigt hatte.

Fünf Jahre dauerte der Machtkampf zwischen Rudolf und Ottokar, bis schließlich die Schlacht bei Dürnkrut und Jedenspeigen auf dem Marchfeld am 26. August 1278 die Entscheidung brachte. Ottokars Truppen wurden besiegt, der goldene König fiel im Kampf. Damit war nicht nur die Macht im Reich wiederhergestellt, sondern gleichzeitig eine wesentliche Weiche für die habsburgische Herrschaft über Österreich gestellt. Im Jahr 1282 belehnte Rudolf seine Söhne Albrecht und Rudolf mit den Fürstentümern Österreich, Steiermark, Krain und Kärnten.

Rudolf war ein Stadtmensch, gab sich leutselig und volkstümlich. Früh erkannte er die Bedeutung des wachsenden Bürgertums und lebte lieber in Städten als auf Burgen. Er förderte die Städte und ihre Bewohner. Lang blieb er in Wien, um den Landfrieden in den österreichischen Ländern wiederherzustellen.

Seine Beliebtheit führte zu vielen Geschichten und Legenden. Am bekanntesten dürfte die Ballade *Der Graf von Habsburg* von Friedrich Schiller sein: Während eines Jagdausflugs begegnet Rudolf einem Priester, der unterwegs ist, um einen Sterbenden mit dem Allerheiligsten zu versehen. Rudolf gibt ihm sein Pferd und nimmt es später nicht mehr zurück, da es seinen Herrn getragen habe. Auch solche Geschichten trugen zum Habsburger-Mythos bei.

Mit der Wahl Rudolfs zum römisch-deutschen König waren die Habsburger überzeugt, von nun an komme ihnen die höchste Würde des Reiches zu. Es sollte aber nach Rudolfs Tod etwa 150 Jahre dauern, bis erneut ein Habsburger die Reichskrone trug.

KRONEN DER HABSBURGER I: REICHSKRONE

Eine eigentümliche Aura umgibt die Reichskrone in der Schatzkammer zu Wien. Still und würdig ruht dieses bedeutendste Symbol des abendländischen Kaisertums im Zentrum der anderen Reichskleinodien, dem Reichsevangeliar, dem Reichskreuz, der Stephansburse und der Heiligen Lanze, der Reichsreliquien und des Krönungsornats. Im Heiligen Römischen Reich (»Deutscher Nation« wurde erst durch Maximilian I. 1495 zugefügt) hatten die Reichskleinodien Verfassungsrang. Nur wer im Besitz der Krone, wer mit ihr gekrönt worden war, galt als legitimer Herrscher. Die Krone verlieh Souveränität aus ihrer Selbstmächtigkeit. Keine andere Krone ist so bedeutend und ausstrahlend wie die Reichskrone.

Entstanden im westdeutschen Raum zwischen 960 und 970, wurden mit ihr über 844 Jahre hinweg römisch-deutsche Kaiser gekrönt. Mit hoher Wahrscheinlichkeit war Otto der Große ihr erster Träger, der letzte war mit Sicherheit Franz II. (später als Franz I. der erste Kaiser von Österreich). Das Heilige Römische Reich Deutscher Nation war dauerhafter als alles, was danach kam. Der einheitliche Rechtsraum gab den vielen Volksstämmen und verschiedenen Nationalitäten einen flexiblen Rahmen zur Entfaltung. Die Idee war die einer Leitkultur christlicher Prägung. Von dieser Leitkultur spricht die Krone bis heute zu uns. In ihrer christologischen Aussage entzieht sie sich der nationalistischen Interpretation, wenngleich das 19. und auch das 20. Jahrhundert versucht haben, dieses Symbol durch den neugermanischen Mythos zu missbrauchen.

Der Untergang des Heiligen Römischen Reiches war die Tragödie der Deutschen, so sagte noch Otto von Habsburg. Kaiser Franz sah sich gezwungen, unter dem Druck der Napoleonischen Kriege das Reich für erloschen zu erklären, und legte die Krone nieder. Noch auf dem Wiener Kongress gab es Stimmen zur Wiedererrichtung des Reiches, aber sie fanden keine Mehrheit.

Unsere Ahnen konnten die Reichskrone noch »lesen«, ihre tiefe Symbolik erkennen. Sie ist ein »herrliches Zeichen« für die feste Verbindung zwischen Sakralem und Weltlichem, zwischen »rex et sacerdos«, König und Priester. Mit der Krönung wurde der Herrscher zugleich zum Diakon geweiht. Die oktogonale Form verweist auf die augustinische Vision des Weltsabbats, an dem die Menschheit den ewigen achten Tag in Einheit mit der göttlichen Herrlichkeit feiern wird. Jeder Stein und jede Perle bezieht sich in ihrer Anordnung auf die biblischen Texte, die Anzahl der Perlen (240) und Steine (120) ist jeweils eine Vielzahl von zwölf. Die Steine auf der Stirn-

Die Reichskrone, über 1000 Jahre alt, steckt voller Bezüge und Symbolik.

platte sind ein getreues Abbild der Steine auf den Brustplatten der alttestamentarischen Priester, wie sie im zweiten Buch Moses beschrieben werden. Bemerkenswert sind die Bildplatten im byzantinischen Emaille-Stil. Sie erinnern uns an christliche Herrschereigenschaften, die wir heute so schmerzlich vermissen. Die Könige David, Salomon und Hiskia verweisen auf wenige, dafür aber umso klarere Grundsätze gerechter Herrschaft: »Fürchte den Herrn und scheue das Übel«, steht als sittlicher Aufruf auf der Salomonplatte. König David steht für eine Kultur des Rechts: »Die Ehre des Königs liebt den Rechtsspruch.« Als Memento mori und die Angewiesenheit auf die Gnade ist die Hiskiaplatte gestaltet: »Siehe, ich will deine Lebenstage noch um 15 Jahre verlängern.«

Und schließlich die Christusplatte: Zwei Cherubim halten das Spruchband über Christus Pantokrator: »Durch mich regieren die Könige.« Die Königsherrschaft Christi begrenzt irdische Macht. Es versteht sich von selbst, dass eine Zeit, die von allumfassendem Machbarkeitswahn und unentwegten Rechtsbrüchen gekennzeichnet ist, mit dieser Botschaft nichts anzufangen weiß.

006

DER STIFTER: HERZOG RUDOLF IV.

Eines der ersten Porträts des Abendlandes: Rudolf der Stifter ließ sich selbstbewusst malen, mit Krone und kaiserlichem Bügel auf der Krone.

Stifter, Visionär, Fälscher, Genie – viele Zuschreibungen gibt es für den ehrgeizigen Herzog Rudolf IV., der mit 19 Jahren 1358 nach dem Tod seines Vaters Albrechts II. die Herrschaft über Österreich antrat. Nur sieben Jahre sollte er regieren. Aber diese kurze Zeit nutzte der intelligente, selbstbewusste und ehrgeizige junge Mann, der von der hohen Bestimmung seiner Familie restlos überzeugt war.

Seine Stadt war Wien, aber das Zentrum des Reiches war Prag, wo sein Schwiegervater Kaiser Karl IV. aus dem Hause Luxemburg herrschte. Es fuchste den jungen Rudolf, dass das provinzielle Wien nicht den Glanz des »Goldenen Prag« hatte, ja Wien noch nicht einmal Bischofssitz war und keine Universität besaß – und vor allem, dass die Habsburger bei der Kodifizierung der *Goldenen Bulle* übergangen worden waren.

Rudolf, der mit einer Tochter Karls IV. verheiratet war, trachtete also, Prag den Rang abzulaufen. Er stiftete den Ausbau der Stephanskirche in einen herrschaftlichen Dom (daher sein Beiname »der Stifter«) und gründete die Alma Mater Rudolfina, nach Prag die zweite deutsche Universität. Allerdings musste man an der Wiener Universität mangels kirchlicher Zustimmung zunächst einmal auf die Königsdisziplin, die Theologie, verzichten. Rudolf bemühte sich zwar beim Papst um die Einrichtung eines eigenen Bistums, allerdings vergeblich.

Sein größtes Werk jedoch war das *Privilegium maius*, eine der dreistesten Urkundenfälschungen der mittelalterlichen Geschichte. Die *Goldene Bulle* von 1356 hatte die längst schon zu Gewohnheitsrecht gewordenen Verfahren der Kaiserwahl im Reich festgelegt. Im Wahlkollegium, bestehend aus vier weltlichen und drei geistlichen Kurfürsten, war Habsburg nicht vertreten. Für Herzog Rudolf eine Herausforderung, sah er in seinem Haus doch längst schon eine maßgebliche Größe im Reich.

Er beauftragte kurzerhand, sieben Urkunden herzustellen, die die herausragende Stellung des Hauses Habsburg bestätigten, und ließ diese Urkunden seinem Schwiegervater in Prag zustellen. Doch dieser wurde misstrauisch, als er den Papieren entnahm, dass bereits die römischen Caesaren den österreichischen Herzogtümern umfangreiche Privilegien gegeben haben sollen und diese von Friedrich Barbarossa den Babenbergern bestätigt worden seien. Karl IV. beauftragte den Humanisten Petrarca mit einem Gutachten, und dieser schloss, dass derjenige, der auf die Falsifikate hereinfalle, »ein brüllender Ochse und ein schreiender Esel sein müsse«. Aus dem ganzen Fälschungsversuch blieb der Titel Erzherzog übrig, mit dem sich die Habsburger fortan bezeichneten.

Einer der wesentlichen Erfolge Rudolfs war aber der Erwerb Tirols für die Habsburger, das aufgrund seiner geografischen Lage von besonderer strategischer Bedeutung war. Gräfin Margarete von Tirol, genannt »die Maultasch«, die außer ihrem verstorbenen Sohn keine weiteren Kinder hatte, übertrug die Herrschergewalt im Jahr 1363 an die Habsburger. Rudolf und sein Nachfolger mussten zwar die Neuerwerbung mit Waffengewalt gegen die Ansprüche ihres bayerischen Widersachers verteidigen, doch blieb dieses wichtige Land von nun an im habsburgischen Herrschaftsbereich.

Rudolf hatte noch weitere außenpolitische Vorhaben, war doch seine Politik unablässig auf den Kaiserthron ausgerichtet. Doch die Zeit blieb ihm nicht. Während er 1365 in Mailand versuchte, mit Herzog Visconti ein Bündnis gegen Aquileia zu verhandeln, erkrankte er und starb am 27. Juli 1365. Nach ihm sollte es keine Generation mehr dauern, bis die Habsburger wieder einen Kaiser stellten.

007

HABSBURG BAUT ÖSTERREICH

Mittelalterliche Geschichte in Österreich ist keine österreichische Geschichte, sondern in erster Linie Landesgeschichte. Naturgemäß schreiben wir Geschichte rückblickend, das heißt bereits um den Verlauf wissend, und ziehen den roten Faden, da wir sehen, welche Entwicklungen zu welchen Folgen geführt haben. Spricht man also von der Geschichte Österreichs im Mittelalter, so tut man das aus der Erkenntnis heraus, dass aus den verschiedenen Erwerbungen der Babenberger und vor allem der Habsburger schließlich jener Länderkomplex entstanden ist, der heute Österreich darstellt.

Als König Rudolf I. seine Söhne Rudolf und Albrecht mit den Gebieten belehnte, die er vorher dem Böhmenkönig Ottokar II. in der Schlacht auf dem Marchfeld abgenommen hatte, bestand diese Belehnung aus den Herzogtümern Österreich ob der Enns (Oberösterreich), Österreich unter der Enns (Niederösterreich) und dem Herzogtum Steiermark. Das Herzogtum Kärnten kam nach dem Aussterben der herrschenden Familie der Grafen von Görz durch Erbfall an die Habsburger.

Tirol war damals ein eigenständiges Land mit einem starken Selbstbewusstsein (bis heute). Verschiedene Player, die Luxemburger und die Wittelsbacher, lieferten sich mit den Habsburgern ein Rennen um das attraktive Gebiet. Die Bodenschätze weckten nicht weniger Begehrlichkeiten als der Brenner-Übergang. Die Habsburger gewannen: Gräfin Margarete Maultasch vererbte 1363 das Land den Habsburgern. Ein kleiner Benefit kam dazu – die Verbindung zu den angestammten Besitzungen in der heutigen Schweiz und am Oberrhein war damit gewährleistet. Die Freude währte aber nicht lange, denn die Eidgenossen kämpften in den Schlachten von Sempach und Morgarten erfolgreich für ihre Unabhängigkeit.

Die Erwerbung Vorarlbergs galt ebenfalls dem Ziel, eine Verbindung zu den Ländern im Westen zu erhalten. Das heutige Bundesland kam stückchenhaft in den Besitz der Habsburger, da es in kleine Herrschaften aufgeteilt war. Im Lauf des 14. Jahrhunderts konnten sie, hauptsächlich durch Erbverträge, die Herrschaften Feldkirch, Neuburg, Bregenz, Bludenz und Montafon erwerben und ihrem Gebiet einverleiben.

Das alles wurde nicht »durch eine Hand« regiert. Da die ursprüngliche Belehnung »zur gesamten Hand« zu Konflikten führte, kam es zu verschiedenen Linien des Hauses, die Donauösterreich (Ober- und Niederösterreich), Innerösterreich (Steiermark, Kärnten und Krain) und Tirol sowie die Vorlande regierten. Erst 1493 war es Kaiser Maximilian I. möglich,

↑

Aus den Herzogtümern Kärnten, Krain, Steiermark, Österreich ob der Enns und unter der Enns entwickelte sich das heutige Österreich.

wieder alle Gebiete in einer Hand zu vereinen. Damit war das heutige Österreich nahezu vollständig.

Erinnern wir uns: Einer der größten österreichischen Komponisten überhaupt ist nicht als Österreicher geboren worden: Wolfgang Amadeus Mozart war Untertan des Fürstbischofs von Salzburg. Durch den Reichsdeputationshauptschluss wurde das Fürsterzbistum in ein Herzogtum umgewandelt und kam schließlich 1816 als Salzburgkreis Österreichs ob der Enns (Oberösterreich) zur Donaumonarchie. 1849 wurde es zum selbstständigen Kronland erhoben. Das Innviertel war bereits 1779 im Zuge der Beendigung des Bayerischen Erbfolgekrieges zu Österreich gekommen.

Die letzte Gebietserwerbung Österreich fand zu Zeiten der noch jungen Republik statt. Durch den Vertrag von Trianon von 1920 wurde Ungarn gezwungen, das damalige Deutsch-Westungarn an Österreich abzutreten. Das neue Gebiet nannte man Burgenland.

KURIOSE NAMENSZUSÄTZE

Beinamen für Herrscher sind eine Spezialität des hohen und späten Mittelalters. Herrscherliche Charakteristiken wurden in einem Namenszusatz gewürdigt. »Der Weise« oder »der Gerechte« sind dabei Zuordnungen, mit denen man vermeintlich herausragende Eigenschaften eines Fürsten kennzeichnete. Körperliche Beeinträchtigungen konnten sich ebenso in Beinamen widerspiegeln. Es blieb nicht aus, dass dabei so manches Kuriosum entstand. Bekannt ist das Beispiel Margarete Maultasch. Die Gräfin von Tirol dürfte von der Natur nicht gerade gesegnet gewesen sein. Auch prekäre oder gute Finanzlagen sind aus diversen Namen ableitbar. Stimmt das alles aber wirklich? Im Folgenden einige Habsburger und ihre kuriosen Beinamen.

Leopold der Glorwürdige (1290–1326) zeichnete sich durch besondere militärische Tüchtigkeit aus, konnte aber dennoch nicht die Niederlage des habsburgischen Heeres gegen die Eidgenossen in der Schlacht von Morgarten 1315 verhindern.

Albrecht II. der Lahme (1298–1358) war der erste Habsburger, der in Österreich wirklich Fuß fasste. Nur leider trugen ihn bald seine Füße nicht mehr. Polyarthritis führte dazu, dass er an Händen und Füßen gelähmt war. (Wahlspruch: Auch das Holzbein bringt den Mann voran.)

Albrecht III. mit dem Zopfe (1349/1350–1395) war der nicht unbedeutende Nachfolger von Rudolf IV. dem Stifter. Albrecht erhielt seinen Beinamen aufgrund des von ihm gestifteten weltlichen Ritterordens (Zopforden).

Wilhelm der Freundliche (1370–1406) war wohl wirklich freundlich oder »artig«, er heißt nämlich auch der Artige.

Ernst der Eiserne (1377–1424), der Vater des späteren Kaisers Friedrich III., erhielt seinen Namen aufgrund seines stattlichen Erscheinungsbilds und seines starken Charakters.

Friedl mit der leeren Tasche (1382–1439) war ein jüngerer Bruder von Ernst dem Eisernen und herrschte über Tirol und die Besitzungen vor dem Arlberg. Tatsächlich starb er als reicher Mann. Den Namenszusatz haben sich wohl ihm nicht freundlich gesinnte Gegner ausgedacht.

Herzog Albrecht II. gründete den Zopforden, also hieß er Albrecht mit dem Zopfe.

Siegmund der Münzreiche (1427–1496), Sohn des Letzteren, erhielt seinen Beinamen aufgrund der Verlegung der Münzprägungsstätte von Meran nach Hall in Tirol. In Wirklichkeit häufte er persönlich Unmengen von Schulden an.

Philipp der Schöne (1478–1506), Vater Kaiser Karls V., muss wirklich sehr attraktiv gewesen sein. Seine Frau Johanna, genannt die Wahnsinnige, verfiel nach seinem frühen Tod in geistige Dunkelheit.

Ladislaus Postumus (1440–1457) war der nachgeborene, posthume Sohn von König Albrecht II. Sein Schicksal war tragisch. Im Alter von zwölf Wochen wurde er zum König von Ungarn gekrönt. Seine ehrgeizigen Pläne konnte er nicht ausführen, er starb noch jugendlich an Leukämie.

Albrecht VII. der Fromme (1559–1621) war Regent der Spanischen Niederlande und Titularbischof von Toledo. Später entsagte er dem geistlichen Stand und heiratete.

Otto der Fröhliche (1301–1339) bezog seinen Beinamen aufgrund seiner Förderung des geselligen Hoflebens. Er stiftete die Georgskapelle in der Augustinerkirche in Wien.

Der fesche Otto (1865–1906) war der Vater Kaiser Karls. Sehr gut aussehend, führte er einen lustigen, nicht immer seriösen Lebenswandel. Letzteren bezahlte er mit der »französischen Krankheit«, der Syphilis. Am Ende war er nicht mehr fesch, denn aufgrund der Syphilis musste er eine Nase aus Leder tragen.

009

A. E. I. O. U.

An der Burg in Wiener Neustadt, heute die Militärakademie des Österreichischen Bundesheeres, prangt stolz das rätselhafte Symbol Friedrichs III.: A. E. I. O. U.
↓

Es war Kaiser Friedrich III. (1415–1493), der diese Buchstabenfolge der Nachwelt hinterließ. Dieser leicht kauzige Kaiser, dessen Regierungszeit die längste eines römisch-deutschen Herrschers war, nämlich 53 Jahre, wurde oftmals auch geschmäht als »des Heiligen Römischen Reiches Erzschlafmütze«. Untätigkeit warf man ihm vor, Zaghaftigkeit und wenig politische Initiative. Otto von Habsburg, befragt, wer ihm denn der liebste seiner Vorfahren sei, antwortete stets: Friedrich III. Denn dieser habe ja alle seine Feinde überlebt. Und da ist etwas dran. Die ärgsten Widersacher Friedrichs, auch solche, die ihm wirklich gefährlich hätten werden können, starben in dem für ihn rechtzeitigen Moment oder fielen in einer Schlacht. Und schließlich legte er die Grundlage für den dynastischen Aufstieg des Hauses, indem er die Heirat seines Sohnes, des späteren Kaisers Maximilian I., mit der reichen Erbin des Burgunderherzogs Karls des Kühnen, Maria, arrangierte.

Doch was bedeutet eigentlich dieses A. E. I. O. U? Es war Friedrichs höchstpersönliches Zeichen, welches er überall anbrachte – in Büchern, auf Gebrauchsgegenständen und Kunstobjekten. Seine Zeitgenossen betrachteten dies sicher als persönliche Marotte. Über die genaue Bedeutung lässt Friedrich uns bis heute im Unklaren. Das Monogramm begegnet uns in Wien am prachtvollen Grabmal Friedrichs im Stephansdom, vor allem in Wiener Neustadt, seiner bevorzugten Residenz, in der heute die Militärakademie untergebracht ist, in Krems, in Graz, in Linz und an vielen anderen Orten. Dieses im Ursprung höchstpersönliche Zeichen hat sich im Lauf der letzten 500 Jahre zu einem mystischen Monogramm, zu einem mystischen Zeichen des unvergänglichen Österreichs entwickelt. Eine Vielzahl von Interpretationen, teilweise ernst, teilweise humorvoll, aber auch pejorativ, hat sich entwickelt. Im Folgenden die populärsten davon:

- Austria erit in orbe ultima.
- Austria est imperare orbi universo.
- Austria est imperium optime unita.
- Aller Ehren ist Österreich voll.
- Aller Einigkeit ist Österreichs Unsterblichkeit.
- Alles Erdreich ist Österreich untertan.
- Alles Errungene ist Österreich verbürgt.
- Auf Erden ist Österreich unsterblich.

Wer bei Hofe zu Tisch saß, war häufig gezwungen, sich nach dem Essen noch in einer der umliegenden Restaurationen zu sättigen, ein Umstand, dem das Hotel Sacher unter anderem seinen Aufstieg verdankt, denn »Aerarisches. Essen. Ist. Oft. Ungeniessbar.« In den 1950er-Jahren des letzten Jahrhunderts gab es dann eine Neuinterpretation, geprägt von den bitteren Erfahrungen des Zweiten Weltkrieges: »Am End is olles umasunst.« Der Schriftsteller Willy Lorenz prägte 1961 den Spruch: »Allen Ernstes ist Österreich unersetzlich«, ein Satz, dem wir uneingeschränkt zustimmen können. Und Fritz Molden, einer der herausragenden österreichischen Journalisten, gibt sicher eine der schönsten Interpretationen des geheimnisvollen Zeichens: »Dieses A. E. I. O. U aber – das Friedrich wahrscheinlich gerade in seinen schwersten Tagen geprägt hat, gleichsam als Beweis für die Unbesiegbarkeit Österreichs oder als ständige Erinnerung, auch in besonders trostlosen Augenblicken, an seine ewige Funktion, die in den Augen Friedrichs III. unauslöschbar und weltumfassend war –, dieses A. E. I. O. U ist geblieben, und im Grunde genommen ist es auch heute noch das Geheimzeichen, das sich jene, die an Österreich glauben, wie ein Codewort zuwerfen.«[3]

DER MEDIENPROFI: KAISER MAXIMILIAN I.

»Wer sich im Leben kein Gedächtnis macht, der hat auch nach dem Tode kein Gedächtnis und wird mit dem Glockenton vergessen«, das war Maximilians Meinung über die Geschichte, und er selbst hat sich dieses Satzes würdig erwiesen. In einer Zeit, als das Rittertum vor dem Aussterben stand, inszenierte er sich als »der letzte Ritter« und vergaß nicht, dies der Nachwelt mitzuteilen. Als einer der wenigen Herrscher schrieb er mit »Weisskunig« und »Theuerdank« seine Memoiren, sich selbst natürlich ins rechte Licht setzend. Früh erkannte er die Bedeutung des Buchdrucks und setzte dieses neue Medium, das gedruckte Papier, gezielt zur Legendenbildung über seine eigene Person ein. Alle sollten wissen, dass er es war, der das Haus Habsburg neu erfunden hatte.

Alles, was Maximilian war, verdankte er Burgund. Geboren am ärmlichen Hof seines Vaters Friedrich III. in Wiener Neustadt, wuchs er zu einem nicht unansehnlichen jungen Mann heran, charakterlich das völlige Gegenteil des kaiserlichen Vaters. Extrovertiert und voller Lebensfreude genoss er Feste, Tanzvergnügen und die Gesellschaft schöner Frauen.

Die Idee Friedrichs III., seinen Sohn mit der einzigen Erbin Burgunds zu verheiraten, sollte sich zum Glücksfall sowohl für Maximilian persönlich wie das Haus Habsburg entwickeln, aber auch den Grundstein für den jahrhundertelangen Konflikt mit Frankreich legen.

Maximilian war eben 18 Jahre alt, als er am 18. August 1477 mit prächtigem Gefolge in Gent einzog und dort zum ersten Mal seiner Verlobten, Maria von Burgund, begegnete. Am nächsten Tag wurde Hochzeit gefeiert, das junge Paar schwelgte im Eheglück, was keineswegs der Normalfall bei Fürstenheiraten war. 1478 wurde Sohn Philipp geboren, 1480 Tochter Margarete. Der junge Habsburger war zutiefst beeindruckt von der Kultur Burgunds und bemühte sich, rasch die burgundische Staatskunst zu erlernen. Die geistig-kulturelle Verwurzelung Habsburgs im burgundischen Stil fand ihren ersten Ausdruck im Leben Maximilians. Der Orden vom Goldenen Vlies wurde zum Hausorden der Habsburger.

Maria von Burgund starb 1482 an den Folgen eines Reitunfalls. Maximilian kam nie so richtig über diesen Verlust hinweg. Später heiratete er Bianca Sforza, aber deren Attraktion bestand für ihn, der chronisch überschuldet war, hauptsächlich in ihrer üppigen Mitgift.

Nach dem Vorbild der burgundischen Verwaltung modernisierte er die herrschaftlichen Strukturen in seinen Erblanden und gab diesen die Form, die sie in weiten Teilen bis 1918 haben sollten. Seine Bilanz als Kaiser des Heiligen Römischen Reiches ist eher mager.

Das letzte Bildnis Maximilians und auch das bekannteste, gemalt von seinem engen Freund Albrecht Dürer: der Kaiser mit Pelzmantel und Granatapfel. Zwei Monate nach Fertigstellung starb der Kaiser. →

Immerhin gelang es ihm, auf dem Wormser Reichstag 1495 den »Ewigen Landfrieden« durchzusetzen, mit dem jedes Fehdewesen ein Ende hatte. Auch ein Reichskammergericht setzte er ein, die erste selbstständige Reichsbehörde. Bei weiteren Reformvorhaben stieß er auf den Widerstand der Reichsfürsten.

Trotz all seiner Geldnot war Maximilian ein prachtliebender Herrscher. Seine Lieblingsresidenz Innsbruck baute er aus, das »Goldene Dachl« ist bis heute ein Wahrzeichen der Stadt, deren Handel und Gewerbe kräftig von der kaiserlichen Anwesenheit profitierten. In der Hofkirche ließ er sich ein prachtvolles Grabmal bauen, umgeben von 40 überlebensgroßen Figuren seiner Vorfahren und Familienmitglieder, eines der großartigsten Kaisergräber in Europa. Am Ende wurde er doch nicht in Innsbruck begraben, sondern in der St.-Georgs-Kathedrale in Wiener Neustadt. Doch bis heute ist Maximilian in Tirol der populärste der habsburgischen Herrscher.

VERWURZELT IM BURGUND: ORDEN VOM GOLDENEN VLIES

Besucht man in Wien die Schatzkammer im Schweizer Hof der Hofburg, sieht man nicht nur die zahlreichen Zeichen habsburgischer Frömmigkeit in der Geistlichen Schatzkammer, die reich ausgestattete Krone Rudolfs II. und die Insignien des Heiligen Römischen Reiches zusammen mit der über tausendjährigen Reichskrone, sondern tritt gegen Ende des Rundgangs in die Abteilung »Das Burgundische Erbe« ein. Bilder und Exponate sprechen von der langen Geschichte des »Ordens vom Goldenen Vlies« und seiner engen Verbindung mit dem Haus Österreich. Die Kunstwerke sind erlesen, gefertigt von den größten Künstlern ihrer Zeit. Besonders beeindruckend sind die Messornate aus feinsten Stoffen, mit Gold, Silber und Edelsteinen, unglaublich fein bestickt mit Heiligen, Bischöfen und Fürsten.

An einigen Exponaten findet sich das Provenienzschild »Eigentum des Ordens vom Goldenen Vlies«, vor allem aber an den Collanen (Ordensketten) und an dem eleganten Schwurkreuz. Diese alten Zeichen werden heute noch benutzt, sie sind keine Museumsstücke, die auf alte Herrlichkeiten verweisen. Jedes Jahr trifft sich der Orden zum Festtag des heiligen Andreas am 30. November zu seinem regelmäßigen Kapitel (Zusammenkunft), meist in der Kirche des Deutschen Ordens in der Singerstraße in Wien. Collanen und Schwurkreuz werden dafür mit einem gepanzerten Fahrzeug und hoch versichert in die Deutschordenskirche in der Singerstraße gebracht. Die Ordensritter legen die Collanen um und betreten die Kirche, um an der Heiligen Messe teilzunehmen. Neue Ritter werden an diesem Tag ebenfalls aufgenommen. Sie müssen heute noch ihren Eid kniend vor dem Schwurkreuz schwören. Diese Zeremonie spielt sich noch genauso ab, wie sie vor fast 600 Jahren festgelegt wurde.

Entstanden ist der Orden in der Kultur des späten Mittelalters am burgundischen Hof Herzog Philipps des Guten. Anlässlich seiner Hochzeit mit Isabella von Portugal stiftete der Herzog diesen Orden, dem die vornehmsten Ritter der Christenheit angehören sollten. Das Zeichen des Ordens ist ein hängendes Widderfell, angehängt an einen blau emaillierten Feuerstein. Es war das Ziel Philipps, die besten Männer seines Reiches an sich zu binden und darüber hinaus andere nicht burgundische Adelige, noble Herren dem Herzog zu verpflichten.

Mit der Heirat von Maximilian mit Maria von Burgund kam der Orden zum Haus Habsburg. Der Souverän ist stets der Chef der Familie, dies ist nach dem Untergang der Monarchie 1918 so geblieben. Nach dem frühen Tod

Herzog Philipp der Gute gründete den Orden vom Goldenen Vlies.
→

Kaiser Karls auf Madeira fiel die Aufgabe an seinen Erstgeborenen Otto, der mit Erreichen seiner Volljährigkeit im November 1932 wieder Ritter ernannte. Als die Nazis 1938 in Österreich einmarschierten, verboten sie den Orden und beschlagnahmten den Ordensschatz und das Archiv.

Nach dem Krieg sollte es 21 Jahre dauern, bis Otto von Habsburg wieder in Österreich einreisen durfte. Während dieser Zeit kümmerte sich sein Vetter Herzog Max von Hohenberg um den Orden, suchte verloren gegangene Collanen und verhandelte mit der Republik über den Status. Er erreichte, dass die Republik den Orden als Rechtspersönlichkeit ausländischen Rechts anerkannte.

Karl von Habsburg, seit der Übergabe durch seinen Vater im Jahr 2000 Souverän des Ordens, geht behutsam mit dem Erbe des Ordens um, passt ihn aber dennoch an die heutigen Gegebenheiten an. Wissenschaftliche Tagungen flankieren das Ordenskapitel, das auch durchaus an anderen Orten tagt als in Wien, so etwa in Brügge, Dijon, Heiligenkreuz oder Rom, wo der Orden im Jahr 2009 von Papst Benedikt XVI. empfangen wurde.

012

MAKE LOVE, NOT WAR: HEIRATSPOLITIK

Die Wiener Doppelhochzeit von 1515 begründete die Herrschaft der Habsburger über Böhmen und Ungarn.
↓

»Bella gerant alii, tu felix Austria nube! Nam quae Mars aliis, dat tibi diva Venus.« (Lass andere Kriege führen, du glückliches Österreich heirate. Denn was Mars den anderen gibt, gibt dir die göttliche Venus!) Oder in einer modernen Fassung: »Make Love, Not War!«[4] Gemeint ist damit die habsburgische beziehungsweise österreichische (Austria und nicht Habsburgia!) Heiratspolitik. Ursprünglich wurde dieser Hexameter dem Ungarnkönig Matthias Corvinus, später Maximilian I. zugeschrieben. Neuere Forschungen weisen nach, dass er erst Mitte des 17. Jahrhunderts auftauchte. Bei vielen habsburgischen Hochzeiten wurde mit diesem Spruch und Variationen davon das glückliche Brautpaar bejubelt.

Natürlich haben die Habsburger nicht mehr und nicht weniger Kriege geführt als andere Dynastien. Neben Kriegsführung waren Erbverträge und Heiratspolitik über Jahrhunderte hinweg übliche Instrumente der Gebiets- und Machterweiterung. Das war im Übrigen nicht auf den Hochadel beschränkt. So mancher Großbauer war (und ist) darauf erpicht, dass der Sohn ebenfalls wieder eine Tochter aus einem großen Hof heiratet: »Damit die Sach' zunander kommt!«

Aber die Devise »Bella gerant alii« wurde nicht ohne Grund Teil des Habsburger-Mythos. Die wichtigsten Gebietserwerbungen, die sich anschließend in der politischen Bedeutung Habsburgs und Österreichs niederschlugen, kamen in der Tat durch Heiraten zustande. Die von Kaiser Friedrich III. eingefädelte Hochzeit seines Sohnes Maximilian mit Maria, der unfassbar reichen Erbin Burgunds, legte geopolitisch wie materiell die Basis für den Aufstieg Habsburgs zur Weltmacht. Maximilian wiederum verheiratete seine beiden Kinder nach Spanien. Philipp (der Schöne) heiratete Juana (die Wahnsinnige) von Aragón und Margarete deren Bruder Juan von Aragón.

Wesentlicher als diese Ehearrangements waren aber die Todesfälle im Hause Spanien, was zur Folge hatte, dass der Sohn Philipps und Juanas die Herrschaft erbte: der spätere Kaiser Karl V. Spanien wurde damit über 200 Jahre lang von Habsburgern regiert.

Und noch einmal organisierte Maximilian bedeutende Allianzen über das Ehebett, und zwar nach Osten. Die Kinder von Władysław II., König von Böhmen und Ungarn, Ludwig und Anna, wurden bei der Wiener Doppelhochzeit von 1515 mit den Enkeln Maximilians verheiratet. Damit war Habsburgs Herrschaft über Böhmen und Ungarn für die nächsten 300 Jahre fixiert.

Für die Töchter einer Herrscherdynastie war das Schicksal vorgezeichnet. Die jungen Frauen wurden in ihrer Erziehung bereits darauf vorbereitet, dass sie eines Tages eine arrangierte Ehe eingehen würden, die allein den dynastischen Interessen des Hauses zu entsprechen hatte. Privates Glück war vielleicht wünschenswert, aber nicht die Hauptsache. Maria Theresia verheiratete ihre Töchter nach strategischen Gesichtspunkten. Die Ehe von Marie-Antoinette mit Thronfolger Ludwig August, dem späteren Ludwig XVI., 1770 sollte das brüchige Verhältnis zu Frankreich kitten. Und auch Kaiser Franz I. unternahm den Versuch: Die Vermählung seiner Tochter Marie-Louise mit Napoleon 1810 sollte den Korsen, der sich zum Beherrscher Europas aufschwang, milde stimmen. Beide Damen fanden kein Glück in ihren Ehen.

013

KRONEN DER HABSBURGER II: STEPHANSKRONE

Die Heilige Stephanskrone Ungarns oder auch nur die »Heilige Krone« (Szent Korona) ist fast noch mehr als die Reichskrone bis zum heutigen Tage politisch aufgeladen. Aus ihr strahlt die alte mittelalterliche Kronentheologie und Staatstheorie. Bis heute ist sie der eigentliche Träger der Souveränität des Landes und Symbol der Reichseinheit. Ein wenig altes Königtum leuchtet heraus. Seit 1990 krönt sie wieder das ungarische Staatswappen und hat Eingang in die ungarische Verfassung gefunden: als ewig unveräußerliches Eigentum der ungarischen Nation. Seit dem Jahr 2000 ist die Krone im ungarischen Parlament ausgestellt, stets von einer Ehrenwache umgeben.

Es wird berichtet, dass die Krone im Jahr 1000 ein Geschenk von Papst Sylvester an den ungarischen König und Nationalheiligen Stephan war, der sich damit eindeutig zur Orientierung Ungarns am Westen, also Rom und nicht Byzanz, bekannte. Die ursprüngliche Krone gilt als im 11. Jahrhundert verschollen, die aktuelle Krone wurde im 11. und 13. Jahrhundert gefertigt. Allerdings glaubte man ab dem Mittelalter an die persönliche Hinterlassenschaft der Kroninsignien durch den heiligen Stephan. Einzig der Krönungsmantel kann eindeutig auf die Zeit des heiligen Königs datiert werden. Die Insignien sind außerordentlich gut erhalten, unter anderem aufgrund der hohen Verehrung, die ihnen über die Jahrhunderte hinweg entgegengebracht wurde.

Der Aufbau der Krone spiegelt das Wort von Paulus: »Es gibt keine Macht außer von Gott.« Die Krone hat zwei Teile: Die corona graeca ist eine offene Reifkrone mit zehn Bildplatten aus emailliertem Gold. Die Frontalplatte stellt Christus Pantokrator dar, die anderen Platten sind mit Engeln, Heiligen und Fürsten gestaltet. Die corona latina besteht aus zwei sich überkreuzenden Bügeln, ebenfalls mit emaillierten Goldplatten. Auf dem Scheitel wieder eine Christusdarstellung, auf den anderen Platten die Apostel. Auf der Scheitelplatte steht das schiefe Kreuz, das ein Charakteristikum der Krone darstellt. Bis heu-

40

Die letzte Krönung mit der »Heiligen Krone«:
Am 30. Dezember 1916 wurde Karl zu König Karl IV. von Ungarn gekrönt.

te ist ungeklärt, warum das Kreuz schief steht, erstmals wurde die Krone so im 17. Jahrhundert abgebildet.

Berühmt ist die Szene, als Maria Theresia mit der Krone auf dem Kopf und ihrem kleinen Sohn Joseph auf dem Arm an die ungarischen Stände appellierte, sie militärisch im Kampf gegen die Preußen zu unterstützen. Ganz so wahr ist die Geschichte aber nicht, zumindest trug sie nicht den kleinen Kronprinzen. Dieser wiederum hielt im Erwachsenenalter nicht sehr viel von Krönungen. Er war einer der wenigen Könige Ungarns, die sich nicht krönen ließen. Daher auch sein ungarischer Name: der König mit dem Hut. Die letzte Krönung fand am 31. Dezember 1916 statt. In festlichem Rahmen wurde Kaiser Karl zu König Karl IV. gekrönt. Seiner Frau Zita wurde die Krone auf die Schulter gelegt, als Symbol dafür, dass sie die Last der Regierung mitzutragen habe.

Keine Krone war so häufig auf Reisen und auf der Flucht wie die Heilige Krone. Auch im 20. Jahrhundert blieb ihr das nicht erspart. Der Chef des Pfeilkreuzler-Regimes, der sich der Krone ermächtigt hatte, brachte sie bei Kriegsende von Ungarn ins Salzburger Land, wo sie für etwa drei Monate in einem Fass in den Schlick des Mattsees versenkt wurde. Die Amerikaner fanden sie dort und flogen sie in die USA. In den 1970er-Jahren begannen die Verhandlungen zwischen den USA und Ungarn über eine Rückführung der Krone, was schließlich 1978 geschah.

Kaiser Karl VI. war Karl II. von Böhmen. Hier im böhmischen Krönungsornat mit der Wenzelskrone auf dem Kopf. Links im Hintergrund die Reichskrone

KRONEN DER HABSBURGER III: WENZELSKRONE

Der heilige Wenzel ist der Nationalheilige Böhmens, er genießt bis heute hohe Verehrung. Kaiser Karl IV. von Luxemburg, der auch König von Böhmen war, widmete die Krone, die er zu seiner Krönung 1347 anfertigen ließ, dem himmlischen Schutzherrn der böhmischen Länder. Er bestimmte, dass sie stets im Veitsdom auf der Prager Burg aufbewahrt werden sollte, und zwar als Eigentum des großen Heiligen auf dessen Schädelreliquiar. Lediglich zur Krönung des Königs durfte sie gegen eine Leihgebühr, die an das Domkapitel zu entrichten war, entnommen werden. Freilich hielt man sich nicht immer an diese Bestimmungen. Die Wenzelskrone hat viele Aufenthaltsorte gekannt, wenn auch nicht so viele wie die ungarische Krone. Erst 1791 erhielt sie ihren festen Bestimmungsort, in einer Seitenkapelle des Veitsdoms in Prag, die mit sieben Schlössern verschlossen ist. Sieben verschiedene Persönlichkeiten halten jeweils einen der Schlüssel.

Die Krone besteht aus einem Reif aus vier heraldischen, mit Edelsteinen und Perlen geschmückten Lilien. Scharniere verbinden die Teile miteinander, auch die Scharniernadeln sind mit Edelsteinen geschmückt. Die Steine sitzen ausdrucksstark in trichterförmigen Fassungen, dadurch und durch den Mugelschliff (glatter Schliff) kommt ihre Farbe besonders zur Geltung. Rote und blaue Steine dominieren, der einzige Rubin ist auf der Stirnseite montiert und beeindruckt durch seine Größe. Alle anderen roten Steine sind Spinelle. Über die Herkunft der Steine lässt sich wenig sagen. Man vermutet, dass die Steine zur Gestaltung der Krone aus bereits vorhandenen Stücken herausgebrochen und nicht eigens angeschafft wurden. Das Schema des Kronbügels unterscheidet sich sehr von dem des Reifs, hier finden sich feinere Goldschmiedearbei-

Die heilige Wenzelskrone mit ihrem eigentümlichen Steinbesatz aus großen gemugelten Saphiren und Spinellen
↓

↑
Die letzte Krönung mit der Wenzelskrone: Kaiser Ferdinand wurde am 7. September 1836 zu König Ferdinand V. von Böhmen gekrönt.

ten. Auf dem Scheitel des Bügels ist ein goldenes Kreuz angebracht, in dessen Mitte wiederum ein Saphir, in dem eine Kreuzigungsszene eingearbeitet ist. Innerhalb des goldenen Kreuzes befindet sich eine Reliquie, ein Stück aus der Dornenkrone Christi, worauf die Inschrift verweist: »Hic est spina de corona Domini.« (Hier liegt ein Dorn der Krone des Herrn.) Wie alle Kronen wiegt sie schwer: etwa 2,5 Kilo. 1,65 Kilo Gold sind verarbeitet, die Steine kommen auf 0,7 Kilo.

Das Königreich Böhmen und damit die Wenzelskrone kamen durch die Wiener Doppelhochzeit zum Haus Habsburg. Die letzte Krönung fand 1836 statt, als Kaiser Ferdinand I. von Österreich sich zu König Ferdinand V. krönen ließ. Nach dem Österreichisch-Ungarischen Ausgleich 1867 strebte Kaiser Franz Joseph einen Ausgleich mit Böhmen an, dazu ist es aber nie gekommen. Auch Kaiser Karl dachte an eine böhmische Krönung (ebenso wie an eine österreichische), da er den Ausgleich mit den Slawen, die ja doch mehr als die Hälfte der Bevölkerung der Monarchie bildeten, für eine absolute Notwendigkeit hielt. Aufgrund des Krieges konnten diese Pläne aber nicht verwirklicht werden. Karl war Böhmen engstens verbunden. Als junger Offizier war er in Brandeis an der Elbe, etwa 20 Kilometer nordöstlich von Prag, stationiert. Geht man von Brandeis aus über die Brücke, so gelangt man nach Stara Boleslav/Altbunzlau, dem Ort, an dem König Wenzel von seinem Bruder ermordet wurde.

Die Krone wird heute immer noch im Veitsdom in der Prager Burg aufbewahrt. Über ihre Ausstellung entscheidet ausschließlich der Staatspräsident. Das letzte Mal war sie anlässlich des Jubiläums von Karl IV. im Jahr 2016 öffentlich ausgestellt.

015

MACHT UND RESIGNATION: KARL V.

Tizian war der Lieblingsmaler von Kaiser Karl V. Sein letztes Porträt des Kaisers zeigt uns einen zweifelnden, aber willensstarken Mann.

Auf diesem Bild ist eigentlich alles gesagt. Der geniale Tizian, Lieblingsmaler Karls V., kommt damit dem alternden Kaiser ausgesprochen nahe. Wie ein alter Mann schaut er darauf aus, dabei war er erst 48, als das Bild gemalt wurde. Würdevoll in sich ruhend, aber doch voller Skepsis und Sorge, auch Krankheit. Der Gehstock ist ein kleiner Verweis auf seine schwere Gichterkrankung. Die Landschaft ist in das diesige Licht eines Sonnenuntergangs gehüllt. Aufmerksam schaut der Kaiser aus dem Bild, von seiner eisernen Willenskraft, die ihn durch die letzten drei Jahrzehnte getragen hat, ist viel spürbar. Noch etwas spricht aus dem Bild: Einsamkeit und Resignation. Wir sehen ihn aber auch in der ihm liebsten Darstellung: ohne kaiserlichen Prunk und Pomp, dunkel gekleidet, wie es das spanische beziehungsweise burgundische Hofzeremoniell vorsah. Wie ein Lichtpunkt hängt das Ordenszeichen des Goldenen Vlieses über seiner Brust.

Karl wurde im Jahr 1500 als Sohn von Philipp dem Schönen und Johanna von Kastilien geboren. Sein Großvater war Kaiser Maximilian I., der seinen Enkel nach dem frühen Tod seines Sohnes als Erben einsetzte. Erzogen wurde Karl in Mecheln am Hof seiner Tante, Erzherzogin Margarete, einer starken Persönlichkeit und Statthalterin der Niederlande. Als sein Großvater 1518 gestorben war, setzte der 19-Jährige seine Wahl zum Kaiser bei den Kurfürsten durch, nicht ohne der Wahlentscheidung noch durch Zahlungen nachzuhelfen. Damals nannte man das »Handsalben«. Heute würde man es als Bestechung bezeichnen.

Der Kaiser stand im Brennglas der Geschichte. Er selbst war noch der Welt des Mittelalters verhaftet. Die hohen ritterlichen Ideale des Ordens vom Goldenen Vlies prägten sein ganzes Leben: Gottesfurcht, Tapferkeit und Edelmut, Verteidigung des christlichen Glaubens. Karl V war der erste und der letzte Weltkaiser. Angesichts seiner Ziele und Ideale waren ihm aber wenig Erfolge beschieden. Er erbte gewaltige Gebiete, sein Weltkaisertum sprengte die Grenzen des kontinentalen Reichs. Zu der ungleichmäßigen Ausbreitung seiner europäischen Herrschaft, Spanien, die Niederlande beziehungsweise Burgund, Österreich, kamen die überseeischen Besitzungen Spaniens in der Neuen Welt hinzu. In seinem Reich ging wahrhaftig die Sonne nicht unter.

Das Scheitern seiner Mission liegt aber weniger in ihm selbst begründet, vielmehr in der Grundproblematik seiner Aufgaben: Er war Inhaber der Kaiserwürde, mit dem traditionellen Verständnis der kaiserlichen Universalgewalt, und Oberhaupt eines Reiches, das von Südosten her immer konkreter durch das expandierende Osmanische Großreich bedrängt wurde. Als König von Spanien hatte er entsprechende Interessen im Mittelmeerraum und im Maghreb. Als Herr der Niederlande musste er aufgrund der vielfältigen Handelsbeziehungen auf ein Gleichgewicht zwischen England und Frankreich achten, was wegen der Feindschaft zum französischen König fast ein Ding der Unmöglichkeit war. Und schließlich drohte im Reich die Glaubensspaltung, provoziert durch Martin Luther, der er nicht Herr werden konnte, unter anderem aufgrund der mangelnden Unterstützung des Papsttums. Diese vielen divergierenden Interessen waren kaum zu bündeln. Ein Scheitern war vorprogrammmiert. Und dieses Scheitern sehen wir auf dem Bild Tizians, nicht zuletzt am abgewetzten Samt an der Armlehne.

016

KRONEN DER HABSBURGER IV: EISERNE KRONE DER LOMBARDEI

Die Eiserne Krone ist die älteste Krone Europas. Einzelne Teile gehen bis in das 5. Jahrhundert zurück.
↓

Wenig bekannt ist, dass die alte Langobardenkrone beziehungsweise die Eiserne Krone der Lombardei auch von Habsburgern getragen wurde, von drei Kaisern als Könige von Italien beziehungsweise von Lombardo-Venezien: Friedrich III., Karl V. und Ferdinand I. von Österreich als Ferdinand von Lombardo-Venezien. Er war der letzte Träger der Eisernen Krone und der letzte Habsburger, der sich mit der böhmischen Wenzelskrone krönen ließ und das ehrwürdige Ritual der Erbhuldigung mit dem Erzherzogshut vollzog.

Die Eiserne Krone trägt ihren Namen nach einem eisernen Reif, der von innen her sechs goldene Platten zusammenhält. Viele Jahrhunderte hielt sich die Legende, der Reif sei aus einem Nagel Christi geschmiedet worden. Neuere Forschungen belegen, dass der Metallring zu über 99 Prozent aus einer Silberlegierung besteht. Die Krone ist eine der ältesten, die Europa kennt. Einige ihrer Teile lassen sich bis circa 450/500 nach Christus zurückdatieren, es kann also berechtigt von der Langobarden-Krone gesprochen werden.

Der Kronreif ist bügel- und zackenlos, zusammengestellt aus sechs Hauptfeldern, die je vier getriebene goldene siebenblättrige Rosen tragen, welche einen gemugelten Edelstein umrahmen. Sie trägt 22 gefasste Steine, und zwar sieben Granaten, vier Amethyste, zwei Saphire, sieben Luchssaphire und zwei Glassteine. Die Goldornamentik ist mit grünem Emaillegrund unterlegt. Aufbewahrt wird die Krone heute in der Theodolinden-Kapelle im Altartabernakel im Dom zu Monza in der Nähe von Mailand.

Auch Napoleon hat sich mit der Eisernen Krone zum König von Italien gekrönt. Mit den Worten »Gott hat sie mir gegeben, wehe dem, der daran rührt!« nahm er sie und setzte sie sich selbst auf den Kopf.

Obwohl die Krone im Wappen der italienischen Könige abgebildet ist, hat sie doch nie ein Haupt eines der Risorgimento-Könige berührt. Nach der Krönung von König Ferdinand wurde sie in der Schatzkammer in Wien aufbewahrt, bei der Gründung des italienischen Königreichs aber diesem übersandt. Bis heute finden jährlich am ersten Septembersonntag Prozessionen durch Monza mit der Eisernen Krone statt, sie wird wie eine Reliquie verehrt. In der Schatzkammer in Wien ist der Krönungsornat, der für Ferdinands Krönung angefertigt wurde, verblieben, reich verziert mit Silberstickereien, die die Krone darstellen.

Auch einige Stücke des zeremoniellen Ornats des Ordens der Eisernen Krone lassen sich dort besichtigen. Dieser Orden, gegründet durch Kaiser Franz I., wurde 1815 als militärischer und ziviler Verdienstorden gestiftet und bis 1918 verliehen. Er zählt zu den am meisten verliehenen Orden der Monarchie und hatte eine hohe sozialhistorische Bedeutung. In vielen Fällen war seine Verleihung der erste Schritt in Richtung Nobilitierung. Mit dem Orden III. Klasse war die Erhebung in den erblichen Ritterstand vorgesehen, die II. Klasse führte zum erblichen Freiherrenstand, die I. Klasse berechtigte zum Führen des Titels »Geheimrat«. Man sprach auch von einer Nobilitierungsmaschinerie. Immerhin wurden so das aufstrebende Bürgertum und Industrielle an die Dynastie und das Staatsgefüge gebunden. Die Nobilitierung kostete nichts, der Geehrte war glücklich. 1884 schaffte Kaiser Franz Joseph diese Privilegien, auch für den Leopolds-Orden, allerdings ab.

PHILIPP II. UND DIE SPANISCHE LINIE

Das 16. Jahrhundert gilt als das Jahrhundert der Habsburger. Das mächtige Reich Karls V. wurde aufgeteilt auf die österreichische und die spanische Linie. Es war das Familienunternehmen Europas. Die spanische Linie war lange Zeit die mächtigere, aber die Zukunft des Hauses lag dann doch langfristig auf der österreichischen Seite. Spanien war unermesslich reich dank der überseeischen Besitzungen und eine klassische Seefahrernation. Die Österreicher konnten da als Binnenmacht nicht mithalten, obwohl sie die Reichskrone innehatten. Sie waren eine Art arme Verwandtschaft, und lange galten die Spanier als die oberste Autorität des Hauses. Die Einheit wurde durch enge familiäre Bindungen gesichert. Bis tief in das 17. Jahrhundert hinein wurden zwischen Madrid und Wien die Töchter ausgetauscht, die ihre Vettern oder gar Onkel heirateten. Staatsheiraten dieser Art waren ein wesentliches Element der Machtpolitik im Zeitalter der Formierung neuer Großmächte.

König Philipp II. von Spanien, der von 1556 bis 1598 regierte, baute den Vorrang Spaniens in ganz Europa konsequent aus. Von seinem Vater Karl hatte er die hohe Auffassung von der herrschaftlichen Berufung und der Würde seines Geschlechts geerbt, allerdings ebenso eine Reihe von Konflikten und ein völlig zerrüttetes Finanzwesen. Die sich daraus ergebenden Probleme wurden nur oberflächlich durch den ständigen Goldfluss aus der Neuen Welt überdeckt. Zwei Mal kam es zum Staatsbankrott, da das Gold von den fortlaufenden Kriegen gegen Frankreich verschlungen wurde. Dennoch gelang es Philipp, der Spanien so gut wie nie verließ, sich außenpolitisch zu behaupten. Insbesondere Frankreich konnte 1559 zu einem Friedensschluss gebracht werden. Der Konflikt zwischen der Krone Spaniens und dem Sultan in Istanbul war nicht nur eine Auseinandersetzung um die Vormachtstellung im Mittelmeer, sondern hatte auch eine religiöse Komponente, da beide, Philipp II. und Süleyman I., genannt der Prächtige, sich als Vorkämpfer ihres Glaubens empfanden. In der Seeschlacht von Lepanto erkämpfte Philipps Halbbruder, Don Juan de Austria, im Oktober 1571 gegen die Türken einen viel gerühmten Sieg. 1580 gelang es Philipp, das Königreich Portugal in den Machtbereich der spanischen Krone einzubinden und damit die portugiesischen Handelsniederlassungen in Übersee. Letzten Endes begann aber schon in jener Epoche der Niedergang der spanischen Macht. Die dauerhaften Aufstände in den Spanischen Niederlanden führten schließlich zu deren Unabhängigkeit.

Einen besonderen Coup hatte sich noch sein Vater ausgedacht: die Ehe Philipps mit

Philipp II., einer der rätselhaftesten Könige. Unter ihm wurde Spanien unermesslich reich, erlitt aber gleich mehrfach den Staatsbankrott. →

Königin Mary Tudor, der katholischen Tochter Heinrichs VIII., die als Bloody Mary in die Geschichte eingegangen ist. Doch die über zehn Jahre ältere Mary starb nach nur vier Ehejahren, ohne einen Erben auf die Welt gebracht zu haben. Gedankenspiele sind hier erlaubt …

Der Frieden mit Frankreich brachte Philipp die französische Prinzessin Elisabeth von Valois als Gemahlin ein, aber auch sie starb nach kurzer Zeit. Schließlich heiratete Philipp seine 22 Jahre jüngere Nichte Anna von Österreich, die ihm fünf Kinder schenkte, darunter seinen Nachfolger Philipp III. Als Philipp 1598 starb, konnte nach ihm kein spanischer Habsburger mehr an seine Macht herankommen.

Die zahlreichen Verwandtenheiraten forderten ihren biologischen Tribut. Schon in der dritten Generation nach Philipp fanden die spanischen Habsburger mit Karl II. ihr Ende. Der Krieg um das spanische Erbe begann.

018

KÜNSTLER DER KAISER

Das gemalte Bild des Herrschers war immer ein Zeugnis der Wirklichkeit von Macht, ein Zeugnis dafür, wie der Gemalte, der Inhaber der Macht, sich vorstellte, dass er der Nachwelt als Erinnerung erhalten bleibt. Insofern stand Kunst immer ein Stück im Dienst herrscherlicher Propaganda. Eines der früheren Zeugnisse, mit denen sich ein Habsburger der Nachwelt nachhaltig einprägte, ist das um 1360 entstandene Bildnis von Rudolf IV., heute im Dommuseum in Wien zu besichtigen. Es wird das älteste Porträt des Abendlandes genannt. Selbstbewusst schaut der junge Mann aus dem Bild. Die Zackenkrone mit dem Bügel sagt gleich alles über seinen imperialen Anspruch aus.

Nicht selten kam es vor, dass zwischen Künstler und porträtiertem Herrscher eine besondere Beziehung entstand. Kaiser Maximilian I. war stets ein Förderer von Kunst und Wissenschaft. Mit Albrecht Dürer, dessen Kunst er sehr verehrte, verband ihn fast eine persönliche Freundschaft. Dürer erhielt häufiger als andere Künstler Aufträge des Kaisers und wurde von ihm sogar geadelt. Das berühmte Porträt Maximilians mit dem Granatapfel (1519) ist das letzte des Kaisers aus Dürers Hand.

Kaiser Karl V. bevorzugte und förderte den Italiener Tizian, der ihn gleich mehrfach porträtierte. Zwischen beiden entstand eine enge persönliche Beziehung, die sich in den Gemälden ablesen lässt. Zwischen dem triumphalen Bild »Karl V. bei Mühlberg« (1548) und dem Porträt des sitzenden Kaisers (siehe Kapitel 15) liegen nur wenige Monate, aber Tizian hat es verstanden, die Tragik Karls eindringlich zu verbildlichen.

Der Hofmaler der Spanier war Diego Velázquez. Seine Hauptwerke sind im Prado in Madrid und im Kunsthistorischen Museum in Wien zu bestaunen. König Philipp IV. war so begeistert von ihm, dass er zahlreiche Porträts seiner Familie anfertigen ließ. Berühmt sind vor allem die Infantinnenbilder, die nach Wien geschickt wurden, um die Heiratskandidatinnen bei den österreichischen Vettern entsprechend zu präsentieren.

Wenn wir uns heute Maria Theresia und Franz Stephan bildlich vorstellen, wurden diese Bilder hauptsächlich von Martin van Meytens geprägt, der schier unzählige Bilder der kaiserlichen Familie gemalt hat. Nicht nur Einzel- oder Familienporträts sind aus seiner Hand, die große Serie mit sechs großen Tableaus über die Krönung Josephs II. stammt ebenso aus seiner Werkstatt. Drei davon hängen in der Schatzkammer in Wien, wo sich noch sehr realitätsnah die Krönung nachvollziehen lässt. Die drei weiteren hängen in Schönbrunn.

↑
Marie-Antoinette ließ sich gleich mehrfach von ihrer Lieblingsmalerin Élisabeth Vigée-Lebrun malen: hier mit ihren drei Kindern, die leere Wiege verweist auf ein früh verstorbenes Kind.

In Versailles ließ sich Marie-Antoinette, außergewöhnlich für diese Zeit, von einer weiblichen Künstlerin, Élisabeth Vigée-Lebrun, mehrmals malen. Diese Gemälde prägen das Bild, das wir von Marie-Antoinette haben, insbesondere das Bild von Marie-Antoinette und ihren Kindern (1787). Die Aufnahme in die königliche Académie de peinture et sculpture hat Vigée-Lebrun auch der Königin zu verdanken, die sich bei ihrem Mann dafür eingesetzt hat. Als die Revolution ausbrach, floh Vigée-Lebrun nach Italien. Die Nähe zum Königshaus hätte ihr gefährlich werden können.

Und schließlich Franz Xaver Winterhalter, dessen Werk uns in jedem Souvenirladen Wiens anstrahlt. Der europaweit bekannte »Fürstenmaler« schuf jene Gemälde von Kaiserin Elisabeth, die in das kollektive Gedächtnis eingingen. Das Porträt Elisabeths mit den offenen Haaren aus dem Jahr 1846 stand stets im Arbeitszimmer Kaiser Franz Josephs.

019

MAXIMILIAN II. UND SEIN UNBEKANNTES SCHLOSS

War Maximilian ein heimlicher Protestant? Seine Sympathien für den lutherischen Glauben waren bekannt und verursachten ihm viele politische Probleme, an denen er aber aufgrund von Entscheidungsschwäche nicht ganz unschuldig war. Als Jugendlicher führte er ein lockeres Leben. Sein Vater Ferdinand I. sowie sein Onkel Karl V. beäugten dies kritisch. Gab es für Karl eventuell doch noch eine Chance, seinen Sohn Philipp als Nachfolger im Reich durchzusetzen? Auf jeden Fall handelten beide aus, dass Maximilian Maria, die einzige Tochter Karls, heiraten sollte. Lustlos trat der junge Mann seine Brautfahrt an, nicht ohne sich unterwegs mit seinen Kumpanen bei fast jeder Station mit eilig, auch mit Gewalt zusammengetriebenen Mädchen zu vergnügen, wie Zeitzeugen berichten. Wider aller Erwartung verliebte er sich in Spanien aber in seine Braut. Die Ehe wurde ausgesprochen glücklich, Maximilian war ein treuer Ehemann. Schon bald hatte er Kontakte ins protestantische Lager geknüpft und sich die Zustimmung der lutherischen Kurfürsten gesichert. Karl hatte inzwischen eingesehen, dass sein Sohn Philipp im Reich wohl nicht vermittelbar war.

1564 trat Maximilian die Nachfolge im Reich an, nicht ohne zuvor 1562 noch ein Treuegelöbnis seinem Vater und dem katholischen Glauben geleistet zu haben. Aber ihm und vielen anderen seiner Zeitgenossen war klar, dass der Augsburger Religionsfriede »Cuius regio, eius religio« nur eine kurzfristige Kompromisslösung sein konnte. Die religiöse Frage legte sich auf die gesamte Politik im Reich. Unterdessen rüsteten die Türken erneut gegen Europa. Sultan Süleyman I. walzte mit einem gewaltigen Heer brandschatzend gen Nordosten.

Wie nur wenige seiner Zeit sah Maximilian die schweren Folgen voraus, die sich aus den Glaubenskämpfen für das ganze Reich ergeben mussten. Empörend war für ihn, dass sowohl sein spanischer Vetter Philipp II. als auch die Päpste Krieg gegen die Protestanten, also gegen Christen, führten, aber für die Abwehr der Türken keinerlei Unterstützung gewährten. Auch die Reichsfürsten überboten sich, ihm religiöse Zugeständnisse abzutrotzen, bevor sie Truppen schickten. Der Feldzug gegen die Osmanen brachte schließlich keinen Erfolg für Maximilian, sodass er gezwungen war, mit Sultan Selim II., dem Nachfolger Süleymans I., 1568 den Frieden von Adrianopel zu beschließen, der den beiderseitigen Besitzstand bestätigte. Die Türken hatten sich nun in Ungarn festgesetzt und sorgten noch jahrhundertelang für Ärger.

Politisch war Maximilian erfolglos. Freude aber machten ihm die Jagd, der Aufenthalt in

Maximilian II. führte einen humanistisch geprägten Hof. Er sympathisierte sehr mit der protestantischen Sache.

der Natur, das Studium von Flora und Fauna. Im Nordosten von Wien ließ er sich vom Architekten Alexander Colin ein prächtiges Renaissanceschloss bauen, Schloss Neugebäude, umgeben von einem riesigen Garten, gedacht zur Unterbringung seiner Menagerie. Löwen, Bären und Tiger hatte er. Und aus Spanien hatte er noch einen Elefanten mitgebracht, der bei den Wienern großes Erstaunen hervorrief. Interessiert an Botanik, ließ er viele neue Pflanzen aus fernen Ländern verschiffen und in Wien anpflanzen, Tulpen und Levkojen waren darunter, aber auch aus der Türkei mitgebrachter Flieder, der zuerst einmal »Türkischer Holler« genannt wurde. Schloss Neugebäude wurde nie richtig fertiggebaut und fristete ein kümmerliches Dasein, als Steinbruch oder militärisch genutztes Gebäude. Erst seit der Jahrtausendwende erwacht es wieder zu neuem Leben und zählt trotz seines unvollständigen Zustands zu den bedeutendsten Bauanlagen des Manierismus.

020

EXZENTRIK I: KAISER RUDOLF II.

Kaiser Rudolf II., politisch atemberaubend unbegabt und uninteressiert, dafür ein Förderer der Künste. Arcimboldo setzte ihn fruchtreich in Szene.

Äpfel, Pfirsiche, Kirschen, allerlei Beeren, Mais, Weizen, Kohl, Kürbis, Zwiebeln, Gurken und ein Blumenkranz. Mit diesen Früchten und Pflanzen stellte Arcimboldo 1590/1591 auf dem Höhepunkt des Manierismus Kaiser Rudolf II. als Vertumnus, den römischen Gott der Metamorphosen in Natur und Leben, dar. Der Hof des Kaisers in Prag war das Zentrum der europäischen Kultur. Die Elite der Künstler, Arcimboldo, Hans von Aachen, Adriaen de Vries und viele mehr, fand dort ein ideales und fruchtbares Umfeld, das sie zu Höchstleistungen antrieb. Wissenschaftler wie Tycho Brahe und Johannes Kepler standen am Hof Rudolfs in lebendigem Austausch mit vielen anderen Forschern und Gelehrten, die vom Kaiser gefördert wurden.

Die Geschichte fällt kein gutes Urteil über Rudolf II., der es einem aber auch nicht leicht macht, politisch Wirkungsvolles zu finden. Grillparzer lässt in *Ein Bruderzwist in Habsburg* den Bruder Matthias sagen: »Das ist der Fluch von unserm edlen Haus: Auf halben Wegen und zur halben Tat mit halben Mitteln zauderhaft zu streben.« Zauderhaft, das war Rudolf, zugleich hochgebildet und talentvoll, willkürlich und unbeständig, eigenmächtig und nicht sehr sorgfältig in der Auswahl seiner Ratgeber. Seine Begabungen wurden überdeckt durch seine politische Uninteressiertheit, seine Schüchternheit und geistige Labilität. Von ihm wird gesprochen als dem Wahnsinnigen auf dem Kaiserthron,[5] in seinem pathologischen Immobilismus den Ahnherrn Friedrich III. noch übertreffend.[6]

Im Alter von elf Jahren wurde er mit seinem jüngeren Bruder Ernst nach Spanien geschickt, um seine Ausbildung zu vervollkommnen. Philipp II. hatte darauf bestanden, zum einen, weil er sich für den Fall der Fälle noch einen Ersatzthronfolger heranziehen wollte, zum anderen, weil er seine jungen Neffen dem Einfluss ihres Vaters, Maximilian II., entziehen wollte, der seines Erachtens zu sehr mit dem Protestantismus sympathisierte. Diese acht Jahre in Spanien waren prägend für Rudolf. Als er 1571 nach Hause zurückkam, klagte nicht nur sein Vater über seine spanische Steifheit. In Mitteleuropa erwartete man von einem Fürsten eine gewisse familiäre Art, die im Spanischen Zeremoniell nicht vorgesehen war.

Im Jahr 1576 trat er die Nachfolge des Vaters im Reich an. Rasch verlegte er seine Residenz von Wien nach Prag, was auch den strategischen Vorteil hatte, dass Prag für die ständig vorpreschenden Türken nicht so leicht erreichbar war wie Wien. In seinem dunklen Charakter spiegelte sich die dunkle Zeit: Die Pest war eine Plage, die Türken eine politische Herausforderung, der Protestantismus auf dem Vormarsch, und in ganz Europa brannten die Scheiterhaufen mit Hexen und Ketzern. Lediglich in seinen Kunstkammern fand Rudolf zu Glück und persönlicher Ausgeglichenheit. Um die politischen Ereignisse kümmerte sich Rudolf überhaupt nicht. Die beiden Hauptprobleme waren die Religionsfrage und die Türkengefahr. Rudolf verfolgte eine Politik des Ausgleichs im konfessionellen Streit, war aber nicht in der Lage, auf die verfeindeten Parteien Einfluss auszuüben. So zog er sich immer mehr aus der Reichspolitik zurück und blieb bei sich auf dem Hradschin in Prag. Das Kaisertum verlor so an Autorität, andere bestimmten die Politik. Sein politisches Versagen und die Auseinandersetzung mit seinen Brüdern waren maßgeblich verantwortlich für den Ausbruch des Dreißigjährigen Krieges.

KRONEN DER HABSBURGER V: RUDOLFSKRONE

Bereits im zweiten Raum der Schatzkammer in Wien befindet sich eines der Prunkstücke und wohl eine der schönsten Kronen, die jemals geschaffen wurden: die Rudolfskrone. Es scheint, als würde sie aus sich selbst heraus strahlen. Gekrönt wurde mit ihr nie, wenn dies auch ein von Friedrich Amerling 1832 gemaltes Bild von Kaiser Franz I. im vollen Krönungsornat vermuten lässt (siehe Abbildung Kapitel 37). Kaiser Rudolf II. gab dieses Meisterstück europäischer Goldschmiedekunst in Auftrag.

Die Reichskrone wurde lediglich zur Krönung verwendet, zudem dauerhaft in Nürnberg aufbewahrt. Für andere, repräsentative Anlässe war es durchaus üblich, eine Privatkrone anzufertigen, auch Hauskrone genannt. Ebenso üblich war es, diese Privatkronen wieder auseinanderzuschlagen, die Steine herauszubrechen und neu zu verwenden. Die Rudolfskrone aber hat überlebt. Kaiser Franz II./I. war es, der sie 1804 zur Krone des österreichischen Kaisertums bestimmte. Stilisierte Darstellungen von ihr finden sich an vielen Orten im kaiserlichen Wien.

Gold, Saphire, Rubine, Brillanten, Perlen – die edelsten Materialien verwendete Hofgoldschmied Jan Vermeyen, um dieses Prunkstück 1602 anzufertigen. Wir können davon ausgehen, dass Kaiser Rudolf II. an ihrer Gestaltung mitgewirkt hat.

Der höchste Schmuck an dieser Krone sind die Edelsteine, deren Sinngehalt sich an den alten Insignien orientiert, immerhin sollten sie die Würde des abendländischen Kaisertums ausstrahlen. Die Krone besteht aus drei Teilen: Der klassische Kronreif mit leicht nach vorn geneigten Lilienzacken als Symbole der königlichen Würde ist geschmückt mit Brillanten und Rubinen von atemberaubender Größe. Die Mitra verweist auf die geistliche Sonderstellung des Kaisers und erinnert in ihrer Form an die alttestamentarischen Hohepriester. Sie besteht nicht aus Stoff, sondern aus Goldreliefs. Der Hochbügel schließlich verweist immer auf das Kaisertum.

Kein Schmuckelement wiederholt sich an den drei Teilen. Bemerkenswert sind die Emaillebänder, ausgeschmückt mit Paradiesvögeln und phantastischer Ornamentik, jeder Vogel einzigartig gestaltet. Wie Lichtbänder ziehen sich die Perlenreihen über die Krone. Sie sind es, die der Krone das Licht und das Strahlen verleihen. Die acht großen Diamanten am Kronreif gelten als die Steine Christi und spiegeln in ihrer Achtzahl die acht Platten der Reichskrone. Die Achtzahl gilt als eine perfekte Zahl und verweist auf die Herrschaft des auferstandenen Christus. Sie verweist als doppelte Vier auf die Welt mit ihren vier Elementen, vier Erdteilen … als das vollkommene

Ein Meisterstück der europäischen Goldschmiedekunst: die Krone Rudolfs II., später die Krone des Kaisertums Österreich →

Universum. Die Lilienzacken am Kronreif erinnern an die ältesten Kronenformen, die Lilie ist ein königliches Symbol. Große Rubine sind im Zentrum von Vorder- und Rückseite, sie gelten als Symbol der Weisheit und des Feuers des Heiligen Geistes. Auf den Reliefplatten befinden sich Darstellungen, die Kaiser Rudolf in seinen wesentlichen Würden darstellen: als Feldherr und Sieger über die Türken, bei seiner Krönung zum römischen König in Regensburg, beim Ritt auf den Krönungshügel in Pressburg mit der ungarischen Krone sowie beim Krönungszug auf den Hradschin in Prag (1572). Auf dem Bügel ist über einem verhältnismäßig kleinen Kreuz ein außergewöhnlich großer Saphir aus Kaschmir montiert. Nach der *Offenbarung des Johannes* (21,19) sind Saphire die Grundsteine des himmlischen Jerusalem.

Gänzlich ist die Krone in ihrer Bedeutung und Steinallegorese nach wie vor nicht entschlüsselt. Bis heute zieht sie Betrachter in ihren Bann.

022

BRUDERZWIST: RUDOLF UND MATTHIAS

Der ehrgeizige Bruder, Matthias, später Kaiser, konnte die Untätigkeit Rudolfs nicht vertragen. Seine politischen Aktivitäten gegen ihn waren aber nicht minder ungeschickt.

Franz Grillparzers *Ein Bruderzwist in Habsburg* hält die Auseinandersetzung zwischen Kaiser Rudolf und seinem Bruder Matthias bis heute präsent. Zwar wurde das Theaterstück als reichlich handlungsarm kritisiert, galt aber nach Hugo von Hofmannsthal als »bedeutendste historisch-politische Tragödie der Deutschen«. Zwar mit einigen dichterischen Freiheiten versehen, stellt Grillparzer doch im Wesentlichen die historischen Tatsachen dar. Aber worum geht es eigentlich im Bruderzwist, dass er es verdient hatte, literarisch bearbeitet zu werden? Eifersucht und Neid auf den Erstgeborenen?

Kaiser Maximilian II. hatte aus seiner Ehe mit seiner Cousine Maria von Spanien 16 Kinder, davon sechs überlebende Söhne. Nur einer war auserwählt, Nachfolger seines Vaters zu werden, alle anderen mussten irgendwie sinnvoll untergebracht werden. Die beiden ältesten Söhne, Rudolf und Ernst, wurden zur Erziehung nach Spanien geschickt. 1576 übernahm Rudolf die Regierung nach dem Tod seines Vaters, der seine Nachfolge wohl eingefädelt hatte. Ernst blieb sein Leben lang loyal zum Kaiser, nicht aber Matthias. Ehrgeizig stürzte er sich erst einmal in seine selbstgewählte und schließlich erfolglose Aufgabe als Statthalter der Niederlande. Wieder zurück in Österreich, bemühte er sich um verschiedenste Aufgaben, wurde aber schließlich 1593 Statthalter in Österreich. Nicht vergessen werden darf hier, dass wir mitten in der Auseinandersetzung zwischen Katholiken und Protestanten waren, die im kommenden Bruderzwist ebenfalls eine Rolle spielen sollte.

Der Streit trat wegen der Nachfolge auf. Matthias und Rudolf waren unverheiratet, hatten keine legitimen Nachkommen, wie auch kein anderer aus der Brüderschar. Nur Cousin Ferdinand in Kärnten hatte einen Sohn. Matthias, Maximilian und Ferdinand machten sich nun daran, mit dem leicht intriganten Bischof Melchior Khlesl ihren kaiserlichen Bruder zur Regelung der Nachfolge zu zwingen. Vergeblich, da Rudolf einfach nicht reagierte. Ein Familienrat erklärte im April 1606 die Absetzung Rudolfs als Familienoberhaupt und setzte Matthias ein. Dieser forderte nun alle Stände in Österreich, Ungarn und jene in Böhmen und Mähren auf, diesem Beschluss zu folgen, und setzte sich selbst mit einem Heer in Richtung Prag in Bewegung. Im Frieden von Lieben 1608 einigten sich schließlich Rudolf II. und sein Bruder Matthias, die Macht aufzuteilen. Rudolf behielt Böhmen und die Kaiserwürde, Matthias erhielt Ungarn, Österreich und Mähren. Die wirklichen Gewinner in dieser Auseinandersetzung waren die Protestanten. Aufgrund ihrer jeweils schwierigen Lage mussten beide, Rudolf und Matthias, nach Verbündeten schauen und den Ständen freie Religionsausübung konzedieren.

1610 erhielt Rudolf Unterstützung von Erzherzog Leopold Wilhelm, der ihm als Passauer Bischof Truppen zur Verfügung stellte. Mit dem »Passauer Kriegsvolk«, das nicht zimperlich war und marodierend durch die Gegend zog, hoffte Rudolf, noch einmal das Rad umdrehen zu können. Letztlich konnten aber auch die Passauer den Truppen von Matthias nichts entgegensetzen, und die böhmischen Stände wechselten zu Matthias. Seine letzten Jahre verbrachte Rudolf als gefangener Kaiser in der Prager Burg. Er starb am 20. Jänner 1612.

Matthias war am Ziel seiner Wünsche, er wurde Kaiser. Doch auch er war den politischen Herausforderungen des immensen Konflikts zwischen Katholiken und Protestanten nicht gewachsen. In seine Regierungszeit fällt der Beginn des Dreißigjährigen Krieges.

023

NICHT GESCHOSSEN IST AUCH GEFEHLT. HABSBURGISCHE WAHLSPRÜCHE

Kaum ein Herrscher ohne Wahlspruch. Mitunter lassen die Wahlsprüche die charakterlichen Eigenschaften erkennen, manchmal auch als Wunsch. Es stechen vor allem die Wahlsprüche von zwei starken Frauen heraus: Erzherzogin Margarethe, Tante und Erzieherin Kaiser Karls V., und Kaiserin Maria Theresia.

Virtuti nil invium. (Der Tugend Bahn.) *Leopold III., Herzog von Österreich, Steiermark und Kärnten (1351–1386)*

Timore Domini. (In der Furcht des Herrn.) *Erzherzog Leopold Wilhelm (1614–1662)*

Consilio et Industria. (Mit Klugheit und Beharrlichkeit.) *Kaiser Leopold I., »Türkenpoldi« (1640–1705)*

Opes regum corda subditorum. (Die Schätze der Könige sind die Herzen der Untertanen.) *Leopold II. (1747–1792)*

Fugam victoria nescit. (Der Sieg kennt keine Flucht.) *Albrecht I., römisch-deutscher König (1255–1308)*

Et hic virum agit. (Auch das (Holzbein) bringt den Mann voran.) *Albrecht II. der Weise beziehungsweise der Lahme, Herzog von Österreich (1298–1358)*

Amicus Optima vitae possessio. (Ein Freund ist der größte Schatz im Leben.) *Albrecht V. (1397–1439)*

Iactor non mergor. (Ich werde geworfen, aber ich gehe nicht unter.) *Andreas von Österreich (1558–1600)*

Fiat iustitia, pereat mundus. (Gerechtigkeit geschehe, auch wenn die Welt zugrunde geht.) *Ferdinand I. (1503–1564)*

Corona legitime certantibus. (Die Krone den ehrlich Kämpfenden.) *Ferdinand II. (1578–1637)*

Iustitia et pietate. (Mit Gerechtigkeit und Frömmigkeit.) *Ferdinand III. (1608–1657)*

Deo et populo. (Für Gott und das Volk.) *Ferdinand IV. (1633–1654)*

Recta tueri. (Das Recht schützen.) *Kaiser Ferdinand I. von Österreich (1793–1875)*

»Plus oultre« oder »Plus ultra« (Immer weiter). So lautete der Wahlspruch Kaiser Karls V.

Pro Deo et imperio. (Für Gott und das Reich.) *Kaiser Franz I. Stephan von Lothringen (1708–1765)*

Iustitia regnorum fundamentum. (Gerechtigkeit ist das Fundament der Königreiche.) *Kaiser Franz II./I. (1768–1835)*

Lege et fide. (Durch Gesetz und Glauben.) *Kaiser Franz II./I. (1768–1835)*

Viribus unitis. (Mit vereinten Kräften.) *Kaiser Franz Joseph (1830–1916)*

Ad huc stat. (Noch steht er.) *Friedrich III., Herzog von Österreich und Steiermark (1289–1330)*

Rerum irrecuperabilium summa felicitas est oblivio. (Das größte Glück liegt im Vergessen.) *Kaiser Friedrich III. (1415–1493)*

Amore et timore. (Durch Liebe und Furcht.) *Kaiser Joseph I. (1678–1711)*

Virtute et exemplo. (Mit Tugend und Beispiel.) *Kaiser Joseph II. (1741–1790)*

Plus ultra. (Immer weiter.) *Kaiser Karl V. (1500–1558)*

Constanter continet orbem. (Unabänderlich hält er die Welt zusammen.) *Kaiser Karl VI. (1685–1740)*

Fortune – infortune – fortune. (Glück – Unglück – Glück.) *Margarete von Österreich (1480–1530)*

Justitia et clementia. (Durch Gerechtigkeit und Milde.) *Maria Theresia (1717–1780)*

Concordia lumine maior. (Eintracht ist stärker als Licht.) *Kaiser Matthias (1557–1619)*

Per tot discrimina rerum. (Durch so viele Gefahren.) *Kaiser Maximilian I. (1459–1519)*

Providebit Deus. (Gott wird schützen.) *Kaiser Maximilian II. (1527–1576)*

Dominus adiutor meus. (Gott ist mein Helfer.) *Philipp der Schöne (1478–1506)*

Utrum lubet. (Wie's beliebt.) *Rudolf I., römisch-deutscher König (1218–1291)*

Insipiens Sapientia. (Die arge List mit Weisheit ist.) *Herzog Rudolf IV. (1339–1365)*

Fulget Caesaris astrum. (Es leuchtet des Kaisers Gestirn.) *Kaiser Rudolf II. (1552–1612)*

Ars vincit naturam. (Die Kunst besiegt die Natur.) *Herzog Wilhelm (1370–1406)*

Nicht geschossen ist auch gefehlt. *Dr. Otto von Habsburg, Erzherzog von Österreich (1912–2011)*

KRONEN DER HABSBURGER VI: ERZHERZOGSHUT

Fein und elegant wirkt der Erzherzogshut, ausgestellt in der nicht minder feinen Schatzkammer des Stifts Klosterneuburg. Die prachtvolle Anlage mit den habsburgischen Kronen auf den Kuppeln sollte eigentlich noch viel prachtvoller werden. Karl VI. hatte vor, eine Art Escorial nördlich von Wien entstehen zu lassen. Gebaut wurde nur ein kleiner Teil, nach seinem Tod 1740 stoppten die Augustiner Chorherren aufgrund Geldmangels das Projekt.

Klosterneuburg ist eng verbunden mit den Babenbergern. Über die Klostergründung berichtet die sogenannte Schleierlegende. Bei der Hochzeit Leopolds III. (genannt der Heilige) mit Agnes, der Tochter König Heinrichs IV., im Jahr 1106 soll ein Windstoß den Brautschleier verweht haben. Leopold schwor, dort ein Kloster zu bauen, wo der Schleier gefunden würde. Dies geschah schließlich neun Jahre später. Das Stift wurde zum zentralen Ort der Verehrung des heiligen Leopold.

Die Habsburger haben es wohl verstanden, sich in die Kontinuität der Babenberger zu stellen. Dies manifestiert sich im Erzherzogshut, der auch die »Krone des Landes« genannt wird. Erzherzog Maximilian III., Hochmeister des Deutschen Ordens und Regent in Tirol, sah die Notwendigkeit, dass Österreich ob der und unter der Enns eine Krone haben sollte und ließ in Anlehnung an die Herzogshüte Tirols, Kärntens und der Steiermark das Kleinod anfertigen. Am 15. November 1616 schenkte er ihn dem heiligen Leopold, dem Schutzpatron des Landes, und bestimmte, der Erzherzogshut solle stets in unmittelbarer Nähe zum Haupt des Heiligen aufbewahrt werden. Allein zum Zweck der österreichischen Erbhuldigung durfte er von Klosterneuburg nach Wien in das Landhaus in der Herrengasse gebracht werden. Eine eigens gebaute Sänfte, getragen von zwei Eseln, transportierte die Krone, gefolgt vom Abt des Klosters, dem der Kaiser eine Kutsche gesandt hatte. Traten die Landstände zusammen, um dem neuen Herrscher zu huldigen und von diesem ihre Privilegien bestätigen zu lassen, lag der Erzherzogshut feierlich ausgestellt zentral im Zeremoniensaal. Wer den Erzherzogshut länger als 30 Tage von Klosterneuburg entfernte, zog sich härteste Strafen zu, bis hin zur Exkommunikation. Dies hatte sich Maximilian durch eine päpstliche Bulle bestätigen lassen.

Kaiser Joseph II. scherte sich darum nicht und ließ, neben den anderen Kronen, den Erzherzogshut nach Wien in die Schatzkammer bringen. Als er 1790 starb, war es eine der ersten Handlungen Kaiser Leopolds II., die Kronen wieder an ihre angestammten Plätze bringen zu lassen.

Elegant und reduziert: der Erzherzogshut, die »Krone des Landes« Ober- und Niederösterreich – und eigentlich die Krone des heiligen Leopold →

Die Krone ist von ausgesprochener Harmonie und Eleganz. Ein roter Samthut wird von einer Hermelinkrempe geschmückt. Dazwischen lugt eine Zackenkrone heraus, geschmückt mit Emaille, Perlen, Diamanten sowie gemugelten Rubinen und Smaragden. Letztere weisen auf die besonders alte Erzherzogswürde hin. Reich mit Perlen besetzt sind die beiden an eine Königskrone erinnernden Bügel (andere Herzogshüte haben nur einen Bügel). Auf dem Scheitelpunkt befindet sich ein großer Saphir, geschmückt mit einem kleinen Kreuz. Der Schöpfer des Erzherzogshutes kannte wohl auch die anderen Kronen der Habsburger, die an zentralen Stellen ebenfalls Saphire tragen, die sowohl die Herrscherwürde als auch Jesus Christus als König symbolisieren. Insgesamt vereint diese Krone, äußerst raffiniert umgesetzt, die wesentlichen Würden des Hauses Habsburg: das römische Kaiser- und Königtum durch Bügel und Kreuz mit Rubin, das Fürstentum durch Hut und Zackenkrone.

025

DIE HABSBURGER UND DER DEUTSCHE ORDEN

Das Haus Habsburg und der Deutsche Orden sind historisch eng miteinander verbunden. Schon als Margarete Maultasch ihr Testament beeiden ließ, mit dem Tirol an Habsburg fallen sollte, war ein Vertreter des Deutschen Ordens einer von 15 Zeugen, die das Testament bestätigten. In Tirol wirkte auch der erste Hochmeister aus dem Hause Habsburg, Erzherzog Maximilian III., der am Beginn einer langen Kette von Hoch- und Deutschmeistern aus der österreichischen Dynastie stand. Maximilian war recht reformfreudig. Die von ihm 1606 erneuerten Generalstatuten des Ordens blieben bis in das frühe 19. Jahrhundert in Kraft. Ebenso ebnete er den Weg für die Nachfolge seines Großneffen Karl, der zugleich Bischof von Brixen und Breslau war, zum Hochmeister. Im Zwist seiner Brüder Rudolf und Matthias versuchte er, zwischen den beiden zu vermitteln, stand dann aber Matthias näher. Bereits 1599 hatte er, noch von der Ordensresidenz in Mergentheim aus, eine Reise zu

Erzherzog Eugen, der letzte Hoch- und Deutschmeister aus dem Hause Habsburg. Er leitete die Umgestaltung des Ordens ein. Bis heute aber sind Deutscher Orden und Habsburg eng verbunden.

protestantischen und altkirchlichen Reichsfürsten unternommen, die ihm tiefe Einblicke in das religiös-konfessionelle Dilemma gaben. Mit dem geistlichen Ritterinstitut erschloss sich dem Haus Habsburg ein illustres Beziehungsfeld im Reich.[7] Insgesamt zehn Hochmeister stellte das Haus.

Nach den Napoleonischen Kriegen stand die Existenz beziehungsweise die wirtschaftliche Grundlage des Ordens, der weithin karitativ und seelsorgerisch wirkte, infrage. Napoleon hatte den Orden verboten, die Güter enteignet. Kaiser Franz I., dem nach dem Frieden von Pressburg 1805, alle Besitzungen zugesprochen worden waren, verzichtete auf seine Anrechte und setzte den Orden als selbstständiges geistliches Institut wieder in alle früheren Rechte und Pflichten ein.

Weithin bekannt ist der letzte habsburgische Hochmeister, Feldmarschall Erzherzog Eugen, hochdekorierter Offizier, der im Ersten Weltkrieg hauptsächlich an der Südfront diente. Erzherzog Eugen war hochgebildet und als Förderer von Kunst und Kultur bekannt. Dem Deutschen Orden trat er 1887 bei, 1894 wurde er als Hochmeister inthronisiert. Nach dem Ersten Weltkrieg verzichtete er auf das Amt des Hochmeisters, um dessen Weiterexistenz in den Nachfolgestaaten der Monarchie nicht zu gefährden. Schon 1921 hatte er den Umbau des Ordens in einen rein geistlichen Orden eingeleitet, nach ihm waren und sind ausschließlich Geistliche Hochmeister des Ordens. Erzherzog Eugen starb 1954 und wurde als letzter Hochmeister aus dem Hause Habsburg im Dom St. Jakob zu Innsbruck im gleichen Grab beigesetzt wie der erste, Maximilian III.

Otto von Habsburg war dem Orden sehr eng verbunden und in den 1960er-Jahren häufig mit seiner Familie zu Gast in der Generalprokuratur in Rom. Eine Schwester des Deutschen Ordens pflegte Kaiserin Zita. Sowohl Otto von Habsburg als auch sein Sohn Karl wurden von Hochmeister Arnold Wieland mit der Ehrenritterwürde ausgezeichnet. Hochmeister Bruno Platter hielt in Santa Maria Maggiore am 4. Oktober 2004 die Dankpredigt für die am Tag zuvor erfolgte Seligsprechung von Kaiser Karl.

Das jährliche Kapitel des Ordens vom Goldenen Vlies in Wien findet stets in der Deutschordenskirche in der Singerstraße statt.

Habsburgische Hoch- und Deutschmeister: Maximilian III. (1595–1618), Karl (1619–1624), Leopold Wilhelm (1641–1662), Karl Joseph (1662–1663), Maximilian Franz (1780–1801), Karl (1801–1804), Anton Viktor (1804–1835), Maximilian Josef Este (1835–1863), Wilhelm (1863–1894), Eugen (1894–1923).

026

IL POMO D'ORO: IM GLANZ DES BAROCK

Eine Oper von Antonio Cesti, die nur ein Mal aufgeführt wurde, teilweise komponiert von einem Kaiser. *Il Pomo d'Oro (Der Goldene Apfel)* stellte alles bisher Gekannte in den Schatten. Die Uraufführung als Höhepunkt der barocken Prachtentfaltung am Wiener Hof fand anlässlich der Hochzeitsfeierlichkeiten Kaiser Leopolds I. mit Margarita Teresa von Spanien im Jahr 1665 statt, die sich über ein Jahr hinzogen, nur kurz unterbrochen zur Fastenzeit. Ganz im Stil der Zeit griff *Der Goldene Apfel* die griechische Mythologie auf, mit 65 Bühnenbildern. Eris, die Göttin der Zwietracht, wirft einen Apfel auf die göttliche Tafel, der nur der Schönsten gehören darf. Hera, Athene und Aphrodite wollen ihn natürlich haben. Ein Riesenspektakel entfaltet sich im Kampf um die Frucht. Schließlich entscheidet Zeus den bitteren Kampf und gibt den Apfel der perfekten Dame: Margarita Teresa, der jugendlichen Gattin Leopolds. Ein Huldigungschor bejubelt Margarita Teresa, der der ganze Olymp zu Füßen liegt. *Il Pomo d'Oro* war die erste italienische Oper, die nördlich der Alpen aufgeführt wurde. Ein eigenes Theater auf dem Platz der heutigen Nationalbibliothek war dafür gebaut worden, die Aufführung kostete 100 000 Gulden. *Der Goldene Apfel* läutete die Glanzzeit der italienischen Oper ein. Noch jahrelang sprach man in Europa von diesem Ereignis.

In Mode gekommen waren Spektakel dieser Art am französischen Hof Ludwigs XIV. Abgesehen von der Unterhaltung der anwesenden Hofgesellschaft hatten diese »Festa teatrali« ihren Hauptzweck in der Verherrlichung des Herrscherhauses und dienten der Darstellung kultureller Überlegenheit sowie des politischen Führungsanspruchs.

1667 ging es weiter mit dem Hochzeitsfest. Irgendwie musste sich der Versailler Hof doch übertrumpfen lassen. An dem Pferdeballett *La Contessa dell'aria e dell'acqua* nahm Leopold höchstselbst auf seinem Pferd Speranza teil. Es ging um den Wettstreit zwischen Luft und Wasser und war noch etwas teurer als *Der Goldene Apfel*. Die Proben zogen sich über Monate hin, die Wiener waren als Statisten Teil der Inszenierung. Ein prachtvoller Aufzug mit mehr als 1300 Beteiligten aus dem Adel, mit teuersten Kostümen ausstaffiert. Eigene Theatermaschinen wurden gebaut, die als Schiffe in den Burghof einfuhren, Gestalten schwebten in der Luft. Künstliche Berge wie Ätna und Parnass waren der Hintergrund für ein Feuerwerk, bei dem 80 000 Raketen mit insgesamt 500 Kilo Pulverladung verschossen wurden, die das A. E. I. O. U. in den Himmel zeichneten. Das Rossballett begann mit einem Aufzug der vier Elemente, jeweils mit Kampfwagen, Reitern und Lakaien, die den Gott des jewei-

Ein barocker Fürst mit Vorliebe für Monumentalfestspiele:
Kaiser Leopold I. im Kreise seiner Familie

ligen Elements begleiteten. Auf dem Höhepunkt des Schauspiels schließlich öffnete sich in einem Triumphwagen eine riesige silberne Muschel mit dem Porträt des Kaisers und einer schimmernden Perle – zu Ehren von Margarita Teresa (auf Spanisch heißt Margarita »Perle«), zur Begeisterung des Publikums und zur Freude Leopolds. Die Musik begleitete ihn sein ganzes Leben. Er schrieb knapp 80 kirchliche Kompositionen, 150 weltliche Werke, Ballette, Tänze, Singspiele und Oratorien. Noch heute taucht auf dem einen oder anderen Spielplan eine Komposition von Kaiser Leopold auf.

Die große politische Herausforderung seines Lebens waren die Türken, die 1683 zu einer existenziellen Bedrohung nicht nur für Österreich, sondern auch für das Reich wurden. Diesmal half eine internationale Allianz, die Osmanen endgültig aus dem Donauraum zu vertreiben. Die Blütezeit des Barocks begann.

SAMMLER UND MÄZENE

Es gibt die Theorie, wahres Mäzenatentum für die hohe Kunst könne nur in Monarchien oder in der Kirche entstehen, das heißt, es führe im rein republikanisch verfassten Staatswesen ein eher kümmerliches Dasein. Dieser Theorie können wir uns nicht vollumfänglich anschließen. Tatsache ist aber, dass in vergangenen Jahrhunderten mehr oder weniger nur Monarchen, Adel und Kirchenfürsten über die materiellen Mittel verfügten, um Künstler zu fördern und Kunst zu ermöglichen. Mit dem Aufstieg des Bürgertums wurde dies anders, und auch in der Gegenwart erleben wir immer wieder großzügigste Stiftungen kunstbegeisterter Persönlichkeiten für die Öffentlichkeit.

Die habsburgischen Sammlungen, die heute im Kunsthistorischen Museum, in der Schatzkammer, im Schloss Belvedere und in Schloss Ambras zu sehen sind, entstanden über Jahrhunderte hinweg. Am Anfang gab es die Wunderkammern oder Kunstkammern. Schon Herzog Rudolf IV. regte die Begründung eines Habsburgischen Hausschatzes an. Es wurden Kuriosa gesammelt, Münzen, Antiken, Insignien, kostbare Gerätschaften aus Gold und Silber. Ein erster systematischer Sammler war Kaiser Friedrich III. Die umfangreichen Sammlungen des kunstbegeisterten Kaisers Rudolf erlitten eheblich Einschnitte durch die Plünderungen während des Dreißigjährigen Krieges, manches davon befindet sich in Stockholm, Dresden und München. Kaiser Joseph II. hatte keinerlei künstlerischen Sinn und ließ manche Stücke aus dieser Sammlung unter Wert verramschen. Bedeutend war die Sammlung von Ferdinand II. in Tirol, die heute noch in Teilen in Schloss Ambras zu sehen ist.

Die vor wenigen Jahren neugestaltete Kunstkammer im Kunsthistorischen Museum lohnt einen Besuch. Unter anderem ist dort die Saliera ausgestellt, die einzige erhalten gebliebene Arbeit des italienischen Goldschmieds Benvenuto Cellini, deren Diebstahl im Jahr 2003 weltweites Medieninteresse erregte. Die Vielfalt in der Kunstkammer ist überwältigend, es empfiehlt sich, einen geführten Besuch zu machen, um einen Überblick über die habsburgische Sammeltätigkeit zu bekommen.

Den Grundstock zur Gemäldesammlung legte Erzherzog Leopold Wilhelm (1614–1662), Hochmeister des Deutschen Ordens. Der jüngere Sohn des späteren Kaisers Ferdinand II. sammelte zuerst einmal geistliche Würden, Titel sowie Bischofssitze und gilt als einer der größten Pfründenbesitzer der deutschen Kirchengeschichte. Ab 1646 Statthalter der Spanischen Niederlande, trug er binnen kürzester Zeit eine Sammlung von Bildern, Zeichnungen, Kleinplastiken und Tapisserien zusammen. Der Reichtum des Kunsthistorischen

Erzherzog Leopold Wilhelm sammelte nicht nur geistliche Titel, sondern auch Kunst. Seine Sammlungen bilden den Grundstock des Kunsthistorischen Museums. →

Museums an Bildern von Giorgione, Tizian, Tintoretto und Veronese ist ihm zu verdanken. Die Gemäldegalerie war zunächst in der kaiserlichen Stallburg untergebracht, Maria Theresia und Joseph II. entschieden, ganz im Sinne des aufgeklärten Absolutismus, die kaiserliche Galerie der Öffentlichkeit zugänglich zu machen. 1781 wurde die Galerie im Oberen Belvedere als eines der ersten öffentlichen Museen der Welt eröffnet. Kaiser Franz Joseph, der sehr kunstinteressiert war, ließ weiter sammeln. Die Verantwortung für die Sammlungen unterlag dem kaiserlichen Oberstkämmerer. Vor allem aber widmete Franz Joseph sich der inneren und äußeren Neuordnung des familiären Kunstbesitzes. Im Rahmen der Ringstraßenanlage wurden das Kunsthistorische und das Naturhistorische Museum gebaut und 1891 eröffnet.

BAUHERREN I: HOFBURG, WIEN

Nicht nur im Bewusstsein der Wiener und Österreicher ist die Hofburg Symbol eines jahrhundertealten kulturellen Erbes. Man sieht es ihr nicht an, aber die Wiener Hofburg ist der größte Burgkomplex in Europa. Sie umfasst 240 000 Quadratmeter, zählt 18 Trakte und 19 Höfe mit insgesamt 2600 Räumen. Der älteste Teil, der Schweizertrakt, stammt noch aus der Babenbergerzeit und ist über 700 Jahre alt. Jedes Jahrhundert hat an der Burg gebaut, fast jeder Kaiser hat dort baulich seine Spuren hinterlassen, und so ist sie ebenso ein Abbild einer 700-jährigen Architekturgeschichte.

Als habsburgische Residenz hat sich die Hofburg schon relativ früh herausgebildet. Bereits im 13. Jahrhundert residierten die Landesfürsten dauerhaft in Wien in ihrer Burg. König Rudolf I. blieb nach seinem Sieg über Ottokar II. Přemysl lange in Wien und ordnete von dort aus seine neuen Besitzungen. Einzig Kaiser Rudolf II. zog Prag vor und verlegte die Residenz komplett in die böhmische Metropole. Dies entsprach nicht nur seinen persönlichen Vorlieben, sondern hatte den Hintergrund, dass Wien angesichts der stets drohenden osmanischen Gefahr wesentlich exponierter war. Nach dem Sieg über die Türken 1683 ging der Aus- und Weiterbau der Burg in großen Schritten voran. Immer weitere Trakte kamen hinzu. Der Baukomplex hatte allerdings keine ansehnliche Schaufassade (einzig die Nationalbibliothek), ein Umstand, dem man im 19. Jahrhundert mit dem Bau des Michaelertors Abhilfe schuf. Auf der anderen Seite, zum Ring hin, sollte ein großes Kaiserforum entstehen, welches nur zur Hälfte gebaut wurde. Die neue Burg mit der halbrunden Fassade sollte noch ein ebensolches Gegenüber bekommen, zur Umsetzung kam es nicht mehr.

Die Hofburg war ein ständig geschäftiger Ort, fast wie eine kleine quirlige Stadt. Ungefähr 1500 Angestellte hatte sie zur Zeit Kaiser Franz Josephs, Diener und Beamte, die teilweise dort wohnten. Der Kaiser selbst wurde täglich um halb vier Uhr morgens geweckt. Damit war er als einer der Ersten wach in der Burg. Sein Leibdiener half ihm beim Ankleiden, und nach einem kleinen Frühstück am Schreibtisch ging es an die Arbeit. Die Hofküche begann ihre Arbeit mit der Herstellung von Hunderten Frühstückstabletts, später mussten die mindestens 500 Mittag- und Abendessen vorbereitet werden. Die Hofbeamten begannen ihren Dienst um halb acht, als der Kaiser schon drei Stunden Aktenstudium hinter sich hatte. Dieser empfing der Reihe nach seine Adjutanten, seinen Leibarzt und den Obersthofmeister, mit dem er den Tag besprach. Danach begannen die Audienzen.

↑
Es fällt nicht so auf, aber die Hofburg
ist Europas größte Burganlage.

Standen keine Audienzen am Plan, waren am Vormittag Aktenstudium und kurze Gespräche mit Beamten und Ministern vorgesehen. Das Mittagessen nahm der Kaiser stets am Schreibtisch ein. Anschließend schaute er sich von seinem Fenster aus die Wachablöse auf dem Burghof an, danach widmete er sich wieder den Akten und absolvierte am späten Nachmittag einen kleinen Spaziergang. Drei Mal in der Woche gab es die sogenannten Seriendiners, zu denen Persönlichkeiten aus Politik, Wissenschaft und öffentlichem Leben eingeladen waren. Auf diese Weise kam der Kaiser unter anderem in Kontakt mit der Außenwelt, nicht umsonst galt er als extrem gut informiert.

Heute muss die Burghauptmannschaft ähnlich große Aufgaben bewältigen wie einst der Obersthofmeister des Kaisers. Es gilt, reibungslose Abläufe zu organisieren zwischen den verschiedenen Nutzungen der Burg: als Präsidentschaftskanzlei, Museum, Hofreitschule und als Schauplatz vieler eleganter Bälle.

029

DIE MUTTER DER NATION: MARIA THERESIA

Maria Theresia verteidigte gegen alle Vorhersagen ihr Erbe und setzte ein umfangreiches Reformwerk in Gang.

Die Geschichte lehrt, dass es in schwierigen Momenten nur eine einzige Person braucht, um das Rad noch einmal herumzureißen und drohendes Chaos zu verhindern. Eine solche Person war Maria Theresia (1717–1780). Als letzte Alt-Habsburgerin war sie die Stammmutter des neuen Hauses Habsburg-Lothringen. Karl von Habsburg, der heutige Familienchef, bezeichnete sie einmal als den Mittelpunkt einer Sanduhr. 40 Jahre währte ihre Regierungszeit, und in dieser Zeit krempelte sie ihr Reich von oben bis unten um und machte es damit zukunftsfähig.

Als Maria Theresia 1740 nach dem Tod ihres Vaters, Kaiser Karls VI., mit gerade einmal 23 Jahren die Regierung übernahm, standen alle Zeichen auf Sturm. Das Reich befand sich in einem desaströsen Zustand, die Kassen waren leer, die Armee ohne Schlagkraft, die Verwaltung versank im Chaos. Einzelne Länder wie Ungarn und die Österreichischen Niederlande hüteten eifrig ihre Sonderstellung. Die Wirtschaft lag am Boden, das Volk war unzufrieden. Später schrieb sie, sie sei von Geld, Truppen und Rat entblößt gewesen. Doch damit nicht genug. Zwar hatte ihr Vater zur Sicherung der weiblichen Erbfolge mit den Staaten Europas mühsam die Pragmatische Sanktion verhandelt, doch als der Erbfall eintrat, zeigte sich, dass die Nachbarländer auf ihre Unterschrift pfiffen und sich darauf vorbereiteten, den österreichischen Kuchen unter sich aufzuteilen. Kurfürst Karl Albrecht von Bayern marschierte nach Prag, König Friedrich II. streckte seine Hand nach Schlesien aus. Wäre Maria Theresia nicht so stur, selbstbewusst und willensstark gewesen, hätte die Geschichtsschreibung hier das Ende des habsburgischen Reiches notiert. Doch mit all ihrer Kraft stürzte sie sich gegen ihre Widersacher in den Kampf. Von den ewig rebellischen Ungarn erbat sie sich mit viel Emotion erfolgreich die notwendige militärische Unterstützung. Am Ende musste sie zwar auf Schlesien verzichten, aber der Plan der Nachbarn war nicht aufgegangen. Österreich blieb bestehen, und Maria Theresias Mann, Franz Stephan von Lothringen, wurde 1745 zum Kaiser des Heiligen Römischen Reiches gekrönt.

Die außenpolitische Bedrängnis hatte ihr eines klargemacht: Innenpolitisch konnte es ebenfalls so nicht weitergehen. Und so stieß die junge Frau, die mitnichten auf ihr verantwortungsvolles Amt vorbereitet worden war, eines der größten und folgenreichsten Reformwerke für Österreich an. Die maria-theresianischen Reformen stellten die Grundlage des modernen österreichischen Staates dar, der bis dahin noch in feudalen Strukturen verhaftet war. Mit dem Willen, effizientere Regierungsinstitutionen zu schaffen, setzte Maria Theresia ein State Building in Gang, womit eine entsprechende Bewusstseinsbildung verbunden war. Pieter M. Judson schreibt darüber in seinem 2017 erschienenen, höchst empfehlenswerten Buch *Habsburg. Geschichte eines Imperiums*. Dabei bediente sich Maria Theresia ausgezeichneter Ratgeber, die sie von überallher anwarb. Auch ihr Mann, offiziell wenig an den Regierungsgeschäften beteiligt, unterstützte sie direkt und indirekt. Seine vielfältigen und erfolgreichen wirtschaftlichen Unternehmungen legten den Grundstock zum späteren Familienversorgungsfonds.

1780 starb die große Herrscherin, geliebt von ihren Untertanen, respektiert von ihren Gegnern. Friedrich von Preußen schrieb über sie: »Sie hat ihrem Throne Ehre gemacht und ihrem ganzen Geschlecht.«

030

HABSBURG UND LOTHRINGEN

Kaiser Karl VI. und seine Frau Elisabeth Christine von Braunschweig-Wolfenbüttel waren im Zugzwang. Es gab keine männlichen Habsburger mehr. Karls Vorgänger, Joseph I., hatte außer zwei Töchtern nur einen Sohn, der als Kleinkind gestorben war. In Spanien waren die Habsburger ebenso ausgestorben, und der Spanische Erbfolgekrieg war für das Haus Bourbon ausgegangen. Mit einem Mal stand das Haus Habsburg auf der Kippe.

Karl und Elisabeth waren bereits sieben Jahre verheiratet, als sich die erste Schwangerschaft ankündigte. Im April 1716 kam Leopold Johann auf die Welt. Das Kind kränkelte und verstarb im gleichen Jahr im November. Eine Katastrophe! Die nächsten drei Kinder waren Mädchen, nur zwei überlebten. Das Haus Habsburg war im Mannesstamme ausgestorben, die kaiserliche Politik stand unter einem enormen Druck um die Nachfolgefrage. Mit der Pragmatischen Sanktion von 1713 sollte die dynastische Kontinuität zugunsten der ältesten Tochter Maria Theresia gesichert werden. Umso wichtiger war die richtige Auswahl ihres Ehemannes,

Bereits seit 1724 war der junge Franz Stephan von Lothringen am Hof in Wien. Die Lothringer suchten stets die Nähe Österreichs, da Frankreich gern die Hand nach dem Herzogtum ausstreckte. Als sich die Möglichkeit einer Ehe zwischen Maria Theresia und Franz Stephan ergab, konnte Frankreich zuschlagen. Franz Stephan musste schweren Herzens auf seine Heimat Lothringen verzichten, die später über einen Umweg, nach dem Tod von Stanislaus I. Leszczyński, an Frankreich kam. Als Kompensation erhielt Franz Stephan die Toskana. Die Familie Habsburg-Lothringen war geboren.

Die Verbindung nach Lothringen riss nie ganz ab. Kaiser Franz Joseph stiftete einige Kirchenfenster für die Kathedrale in Nancy. Und der spätere Kaiser Karl besuchte als junger Mann während seiner Studienreise das Land seiner Vorväter, das nach dem Krieg von 1870/71 zum Deutschen Reich gekommen war. In Lothringen kam er zur Erkenntnis, dass dieses Land kulturell und politisch eher zu Frankreich gehörte, als zu Deutschland. Aus diesem Grund war er bereit, in möglichen Friedensverhandlungen mit der Entente die seiner Ansicht nach »gerechtfertigte Rückforderung Elsass-Lothringens« durch Frankreich zu unterstützen.

Für Otto von Habsburg war die Verbindung zu Lothringen sehr wichtig gewesen. In den 1930er-Jahren und unmittelbar nach dem Zweiten Weltkrieg reiste er in Frankreich stets unter dem Titel »Duc de Bar«, einem alten Titel aus dem Lothringer Erbe. Da er in den

Otto von Habsburg und Regina von Sachsen-Meiningen heirateten am 10. Mai 1951 in Nancy, der Hauptstadt Lothringens.
→

1950er-Jahren nicht nach Österreich einreisen konnte, feierte er seine Hochzeit mit Prinzessin Regina von Sachsen-Meiningen in Nancy, der alten Lothringischen Metropole. In der Église des Cordeliers, neben dem Palais des Duc de Lorraine, gaben sich beide ihr Ja-Wort. In der Krypta der Kirche sind die Herzöge von Lothringen bestattet. In Lothringen wurden diese Hochzeit und die Geste, dass sie in Nancy gefeiert wurde, mehr als wohlwollend aufgenommen. Exakt 50 Jahre später, am 10. Mai 2001, feierten Otto und Regina von Habsburg ihre Goldenen Hochzeit ebenfalls wieder in Nancy und gingen genau den gleichen Weg wie 1951. Zehntausende säumten ihren Weg. Die Autorin selbst hat die Jubelrufe gehört: »Vive notre Duc et notre Duchesse de Lorraine!« (Es leben unser Herzog und unsere Herzogin!) Der Präsident des Département Meurthe-et-Moselle gab einen Empfang zu Ehren des Jubelpaares. Otto von Habsburg reiste immer wieder gern nach Lothringen. Für ihn war das Land sowohl eine Brücke in die Vergangenheit als auch in die Zukunft.

AUSZEICHNUNGEN: MARIA THERESIEN-ORDEN, ST.-STEPHANS-ORDEN UND LEOPOLDSORDEN

Auf dem offiziellen Reichswappen Österreichs ist der Doppeladler reichlich mit Orden geschmückt. Neben dem Orden vom Goldenen Vlies, der zuoberst hängt, sehen wir darunter den militärischen Maria-Theresien-Orden, den königlich-ungarischen St.-Stephans- und den österreichisch-kaiserlichen Leopolds-Orden.

Das Goldene Vlies war (ist) kein Verdienst, sondern ein Hausorden. Die Mitgliedschaft erschließt sich aus den Statuten, sie war den vornehmsten Rittern der Christenheit vorbehalten, also dem katholischen Hochadel.

Die anderen Orden konnte jedermann aufgrund seiner Verdienste erhalten, es handelt sich dabei um Verdienstorden.

Der Maria-Theresien-Orden wurde nach der Schlacht bei Kolin 1757 gestiftet, er wurde »für aus eigener Initiative unternommene, erfolgreiche und einen Feldzug wesentlich beeinflussende Waffentaten, die ein Offizier von Ehre hätte ohne Tadel auch unterlassen können«, verliehen. Es kam also auf die Eigeninitiative an. Der Orden war nicht nur dem Adel vorbehalten, ganz im Gegenteil, mit der Verleihung des Ordens war die Erhebung in den Adelsstand verbunden. Die letzte Ordensverleihung in der Monarchie fand 1917 durch Kaiser Karl in der Villa Wartholz statt. Dieser Orden überlebte die Monarchie bis 1931. Insgesamt wurde der Orden 1243 Mal verliehen.

Wenige Jahre später stiftete Maria Theresia den königlich-ungarischen St.-Stephans-Orden, nicht zuletzt aus Dankbarkeit gegenüber den Ungarn, die ihr militärische Unterstützung gegen den preußischen Friedrich gaben. Im Gegensatz zum Maria-Theresien-Orden wurden mit dem Stephans-Orden zivile Leistungen honoriert. Auch die Verleihung dieses Ordens war mit der Erhebung in den Adelsstand verbunden, Ordensträger waren automatisch hoffähig. In der Schatzkammer sind die Ordensgewänder noch heute zu besichtigen. Im Prinzip hörte dieser ranghöchste Zivilverdienstorden nach 1918 auf zu existieren. Miklós Horthy, ungarischer Reichsverweser, begründete ihn neu, verlieh ihn aber zwischen 1938 und 1944 nur vier Mal. Im Jahr 2011 wurde in Ungarn ein ungarischer St.-Stephans-Orden gestiftet, der mit nahezu identischen Insignien verliehen wird.

Schließlich gründete Kaiser Franz den österreichisch-kaiserlichen Leopolds-Orden, der

Der prunkvolle Ornat des St.-Stephans-Ordens ist neben anderen Ordensornaten in der Schatzkammer zu sehen. Rot, Weiß und Grün sind die dominierenden Farben.

in der Namensgebung an den Schutzpatron des Landes, den heiligen Leopold, und an seinen Vater erinnert. Der Orden diente als österreichisches Pendant zum Stephans-Orden. Nicht österreichische Träger des Ordens waren unter anderem der französische Außenminister auf dem Wiener Kongress, Charles-Maurice de Talleyrand-Périgord, und Johann Wolfgang von Goethe. Auch mit diesem Orden wurde der Adelsstand verliehen. Unter Kaiser Franz Joseph strich man jedoch 1884 dieses Privileg, ebenso wie beim Orden der Eisernen Krone.

Orden sind nicht nur Männern vorbehalten. Für die Damen gibt es den 1668 gegründeten und bis heute existierenden Sternkreuzorden. Kaiserin Eleonore stiftete ihn zur Erinnerung an ein bei einem Brand verloren gegangenes Kreuz, das völlig unversehrt wiedergefunden wurde. Der Orden soll die Andacht zum Heiligen Kreuz, ein tugendhaftes Leben und wohltätige Handlungen fördern. Die oberste Schutzfrau des Ordens ist immer eine Dame aus dem Haus Habsburg-Lothringen, gegenwärtig ist dies Gabriela von Habsburg.

032

BAUHERREN II: SCHÖNBRUNN

Schönbrunn von der Gartenseite.
Ein Zentralort der Geschichte Österreichs und Habsburgs.
↓

Schönbrunn ist ein habsburgischer Zentralort und nicht umsonst eine der Hauptattraktionen des imperialen Tourismus in Wien. Tag für Tag schieben sich unendliche Besuchermassen durch das Schloss, das damit immer wieder fast an seine Grenzen gerät. Nach dem Ende der Öffnungszeiten ist es etwas ruhiger, aber insbesondere in der wärmeren Jahreszeit nutzen viele den Schlossgarten und den Park für einen kleinen Spaziergang, bis auch diese schließen. Im Jahr 2016 besuchten 3,7 Millionen Personen das Schloss, weitere fünf Millionen den Park und seine Attraktionen.

Insgesamt zählt das Haus über 1440 Räume. Die Repräsentationsräumlichkeiten sowie einige Privatappartements der einstigen Bewohner sind zur Besichtigung freigegeben. In den Nebengebäuden befinden sich Wohnungen, die an Privatleute vermietet werden. Es ist zu vermuten, dass die Warteliste für solche Appartements relativ lang ist. Wer hätte nicht gern eine solche Adresse?

Angefangen hat die Geschichte Schönbrunns, wie so häufig, mit einem kleinen Jagdschlösschen. Erworben hat es Kaiser Maximilian II. Kaiser Matthias entdeckte der Legende nach die Quelle, die dem Schloss den Namen gab: »Schöner Brunnen«. Seine Nachfolger nutzten das Haus etwa für Jagdgesellschaften oder als Witwensitz von Kaiserin Eleonore. Während der Zweiten Türkenbelagerung wurde das Schloss in Mitleidenschaft gezogen, die Barockzeit ließ es aufblühen und seine jetzige Form finden. Johann Fischer von Erlach zeichnete den ersten Entwurf. Er sah vor, das Schloss auf dem Schönbrunner Berg zu bauen. Von diesem ehrgeizigen Plan ist nur die Gloriette vorhanden. Aus Kostengründen wurde eine kleinere Variante gewählt, die aber nicht weniger eindrucksvoll ist. Maria Theresia und ihr Mann Franz Stephan ließen das Haus nach ihrem Geschmack umbauen und machten daraus den glanzvollen Mittelpunkt des höfischen und gesellschaftlichen Lebens. Das Schönbrunner Gelb war nicht immer die Farbe des Schlosses, diese Farbe setzte sich erst Mitte des 19. Jahrhunderts durch. Vorherige Farben waren Orangerot, Ziegelrot, Weiß, Hellocker, Hellbeige und Hellgrau. Bis zum Ende der Monarchie wurde am Schloss immer wieder gebaut und umgebaut, man adaptierte Räume und veränderte sie. Kaiserin Zita ließ moderne Badezimmer einbauen.

Schönbrunn war der letzte Schauplatz der Monarchie. Hier unterzeichnete Kaiser Karl am 11. November 1918 seinen Verzicht auf Anteil an den Regierungsgeschäften, am Abend desselben Tages verließ die kaiserliche Familie das Schloss in Richtung Eckartsau.

Im Zweiten Weltkrieg erlitten sowohl Gloriette als auch der Hauptflügel erhebliche Schäden, die aber dank der britischen Besatzung, die das Schloss als Hauptquartier nutzte, eingedämmt werden konnten. Heute nutzt die Bundesregierung die festlichen Räumlichkeiten zu Repräsentationszwecken und für große Empfänge. Eine kleine Anekdote ist vom äthiopischen Kaiser Haile Selassie überliefert, der im November 1954 Wien besuchte. Damals waren die großen Hotels noch von den Kontrollmächten belegt. Man konnte ihn also nicht adäquat unterbringen. Schließlich bot man an, der Kaiser und sein Gefolge könnten in Schönbrunn wohnen. Aber Haile Selassie lehnte ab: Er schätze es nicht, in einem Haus zu wohnen, in dem der Hausherr nicht da sei. Ein Empfang für ihn fand trotzdem dort statt.

BAUHERREN III: INNSBRUCK

Kaiser Maximilian liebte Innsbruck, und Innsbruck liebte ihn. Der Reisekaiser ohne festen Wohnsitz hielt sich besonders gern in Innsbruck auf, was Handel und Gewerbe kräftig aufblühen ließ – zwangsläufig ließ er seine Residenz in der Stadt ausbauen. Bereits Herzog Siegmund der Münzreiche hatte auf dem Areal eine Burg errichten lassen, Maximilian machte sie zu einem der schönsten Bauwerke der Spätgotik, das schon Zeitgenossen als Denkmal beschrieben. Prägnant ist das Goldene Dachl, bis heute ein Wahrzeichen der Stadt, unter dem sich Maximilian mit seinen beiden Gemahlinnen Maria von Burgund und Bianca Sforza verewigen ließ.

Zu den beeindruckenden Baudenkmälern Innsbrucks zählt weiters die Hofkirche, in der Maximilians prunkvolles Kenotaph (leeres Grab), bewacht von überlebensgroßen Bronzefiguren (»schwarzen Männern«, daher auch »Schwarzmanderkirche« genannt), steht. Schon zu Lebzeiten plante Maximilian sein Grabmal und ließ einen Teil der Figuren gießen. Im Tode wollte er von seiner Familie und seinen Ahnen umgeben sein. Kurz bevor er starb, bestimmte er allerdings die St.-Georgs-Kathedrale in Wiener Neustadt zu seiner letzten Ruhestätte. Die Innsbrucker Hofkirche und das Kenotaph wurden erst etliche Jahre nach seinem Tod baulich umgesetzt. Ferdinand I., ein Enkel Maximilians, ließ die Kirche bauen, unter seinem Nachfolger Ferdinand II. wurde das Grabdenkmal vollendet. Von den ursprünglich geplanten 40 Bronzefiguren wurden nur 28 gegossen und aufgestellt, darunter die beiden Frauen Maximilians, seine Eltern, Kinder und Ahnen (unter anderem König Rudolf I., Herzog Ernst der Eiserne und Herzog Siegmund der Münzreiche). Als Symbol eines wehrhaften Christentums ließ er Gottfried von Bouillon und den ersten christlichen König Frankreichs, Chlodwig, in den Reigen aufnehmen, neben den Burgunderherzögen Karl und Philipp ebenso Markgraf Leopold und Elisabeth von Görz-Tirol. In der Hofkirche befinden sich auch echte Gräber: Erzherzog Ferdinand II., Regent von Tirol, und seine Frau Philippine Welser liegen hier begraben. Und die letzten Ruhestätten von Andreas Hofer, dem Helden Tirols, und seiner Mitstreiter finden sich ebenfalls hier. Im Jahr 1655 war die Hofkirche Schauplatz für eine ganz spezielle Zeremonie: Die abgedankte Königin Christina von Schweden vollzog hier öffentlich ihre Konversion zum katholischen Glauben, bevor sie nach Rom weiterreiste.

Die Hofburg Innsbruck wiederum, die mit Schönbrunn und der Wiener Hofburg zu den bedeutendsten Baudenkmälern Österreichs zählt, wurde unter Maria Theresia zu dem ba-

↑
Die Hofburg in Innsbruck, barockes Ensemble mitten in der Stadt.
Bereits im Mittelalter stand an dieser Stelle eine Burg.

rocken Ensemble umgebaut, das wir heute kennen. Besonders sticht der Riesensaal heraus, der mit Bildern aus der Schule von Hofmaler Martin van Meytens geschmückt ist. In der Hofburg hat sich das persönliche Drama Maria Theresias abgespielt. Für den 5. August 1765 war dort die prunkvolle Hochzeit ihres Sohnes Peter Leopold (später Kaiser Leopold II.) mit Maria Ludovica von Spanien angesetzt. Die Feierlichkeiten dauerten im Stil jener Zeit viele Tage. Am 18. August starb Kaiser Franz Stephan, wahrscheinlich an einem Schlaganfall oder Herzinfarkt, in der Innsbrucker Hofburg. Sein Sterbezimmer wurde später in eine Kapelle umgewandelt. Maria Theresia versank in Trauer, verschenkte all ihren Schmuck und trug für den Rest ihres Lebens nur noch das Witwenschwarz. Die Triumphpforte in Innsbruck erinnert sowohl an die Hochzeit als auch an den Tod.

034

ZWEI UNGLEICHE REFORMER

Joseph II. und Leopold II. Der eine hinterlässt mit seinen Reformen großes Chaos, das der andere wieder aufräumen muss.

Kaiserin Maria Theresia schrieb an ihre engste Freundin, Sophie Gräfin Enzenberg, über ihren Sohn, Joseph II.: »Was den Kaiser betrifft, so verfüge ich nicht über ihn, (...) aber man ist nie sicher, was er macht, und er ändert im letzten Moment seine Beschlüsse, er will immer überraschen.«[8] Nein, besonders harmonisch war das Verhältnis zu ihrem ältesten Sohn nicht. Nach dem Tod von Kaiser Franz Stephan regierte er gemeinsam mit ihr. Besonders seine Reiselust schien sie immer wieder zu erstaunen, aber Joseph II. wollte sein Reich aus eigener Anschauung kennenlernen, auch das machte seine Volkstümlichkeit aus. Berühmt ist die Geschichte, die davon erzählt, wie er eines Tages einem Bauern half, dessen Pflug sich festgefressen hatte. Auch Joseph II. unterliegt der Mythisierung. Für kaum einen anderen Habsburger wurden so viele Denkmäler aufgestellt wie für ihn. Die Reformierung des Staates, die unter seiner Mutter so erfolgreich begonnen wurde, setzte er fort. In seine Zeit fallen die Aufhebung der Leibeigenschaft, die Abschaffung der Todesstrafe, das Toleranzedikt, die Judenemanzipation, die Säkularisierung, die Gründung von Krankenhäusern und Pflegeheimen, die Modernisierung des Justizwesens sowie strengste Maßnahmen gegen Korruption, Willkür und Schlendrian der Behörden.

Den geistigen Strömungen seiner Zeit, Aufklärung und Rationalismus, strengstens verpflichtet, trieb er den Wandel des Herrscheramtes voran: Der Herrscher sei der oberste Beamte seines Staates, der Staat von der Dynastie unabhängig, ihr sogar übergeordnet. Solche Gedanken waren noch 20 Jahre vor ihm undenkbar gewesen. Josephs Gestaltungswille, seine rastlose Energie, seine Einsicht in die Erfordernisse der Zeit gingen jedoch nicht einher mit Einfühlungsvermögen in die Eigenheiten seiner Völker, in die traditionsbedingten Faktoren oder seelischen Unwägbarkeiten. Nein, er war davon überzeugt, dass der Staat die Aufgabe hatte, seine Untertanen zu erziehen. Mit Menschenkenntnis oder politischem Instinkt hatte das nicht sehr viel zu tun. Und so ist viel Porzellan von Joseph II. zerschlagen worden. Seine Kirchenpolitik stieß auf Widerstände, in der Nationalitätenpolitik machte er strategische Fehler. Es war einfach nicht möglich, Ungarn dem gleichen zentralistischen System zu unterwerfen wie Österreich. Gegen Ende seines Lebens musste Joseph daher so manche Reform widerrufen und zurücknehmen, was in ihm ein Gefühl des Scheiterns hinterließ.

Sein Bruder Leopold II., der nur zwei Jahre regierte, war ein völlig anderer Typus. Auch er sah sich als erster Diener des Staates, hatte aber bereits in der von ihm 25 Jahre regierten Toskana ein umfangreiches Reformwerk in Gang gesetzt – mit Rücksicht auf alle Beteiligten, Bürger und Stände. Das Großherzogtum Toskana wurde zu einem der modernsten Staaten Europas seiner Zeit. Bis heute erfreut sich Pietro Leopoldo ungetrübter Beliebtheit in Florenz. Kaum in Wien angekommen, machte er sich daran, die Josephinischen Reformen auf jenes Maß zurückzuführen, das allgemein verträglich war. Besonders prägnant ist sein Ratgeber zur Prinzenerziehung, den er noch in Florenz verfasst hatte: »Keine Mühen dürfen gespart werden, den Prinzen Gefühl für ihr Land und Achtung vor dessen Eigenart einzuflössen. Man begründe in Ihnen eine Abneigung dagegen, der Bevölkerung Steuern aufzuerlegen.«[9]

035

FAMILIENLINIEN: DIE UNGARN, DIE ESTES UND DIE TOSKANAS

Die meisten der heutigen Habsburger gehen auf Kaiser Leopold II. zurück.
↓

Mitunter wird Maria Theresia als Stammmutter des Hauses Habsburg-Lothringen bezeichnet. Dies ist in einem gewissen Sinn richtig, allerdings haben nur zwei ihrer Kinder beziehungsweise ihrer Söhne das Haus weitergeführt. Von ihren 16 Kindern waren elf Töchter, die entweder strategisch verheiratet wurden, in den Ordensstand traten oder auch früh starben. Von ihren fünf Söhnen verstarb Karl Joseph mit 16 Jahren, Maximilian wurde Erzbischof von Köln, hatte also naturgemäß keine Nachkommen, Joseph II. hatte außer einer früh verstorbenen Tochter keine Kinder. Ferdinand Karl (1754–1806) hingegen, das 14. Kind, war durch seine Ehe mit Maria Beatrice d'Este, Tochter des Herzogs von Modena, der Begründer der Linie Österreich-Este. Sein Enkel Franz V., der letzte regierende Herzog von Modena, übertrug den Titel auf Erzherzog Franz Ferdinand, der später in Sarajevo ermordet wurde. Nach seinem Tod ging der Titel auf Erzherzog Robert über, den zweiten Sohn von Kaiser Karl und Kaiserin Zita. Sein Sohn Lorenz, verheiratet mit der belgischen Prinzessin Astrid, trägt bis heute den Namen Österreich-Este.

Leopold II., das neunte Kind Maria Theresias, führte mit seiner Frau Maria Ludovica von Spanien eine außergewöhnlich glückliche Ehe, aus der 16 Kinder hervorgingen – und fünf Familienäste der Habsburger. Die kaiserliche Linie führte von Franz II./I., dem ältesten Sohn Leopolds, zu Kaiser Ferdinand I. Unter Umgehung des nächsten Sohnes Franz Karl wurde dessen Sohn Franz Joseph der nächste Kaiser. Sein Sohn Rudolf kam ums Leben, sein Neffe Franz Ferdinand ebenso, also wurde sein Großneffe Karl der nächste Kaiser.

Die Toskana-Linie: Diese Linie ist bewusst als Sekundogenitur geschaffen worden. Franz Stephan von Lothringen war für seinen Verzicht auf sein Stammland Lothringen, den er für die Heirat mit Maria Theresia leisten musste, mit der Toskana abgefunden worden. In ihrer jungen Ehe verbrachten beide eine kurze Zeit in Florenz, bevor Maria Theresia ihr Erbe antreten musste. Franz Stephan kümmerte sich nicht sehr um die Toskana, dafür aber umso mehr sein Sohn Leopold, der einer der bemerkenswertesten Reformfürsten des 18. Jahrhunderts wurde. Er setzte ebenfalls seinen zweiten Sohn, Ferdinand III., als Großherzog ein. Die Habsburg-Toskanas regieren bis 1859, bis zum Risorgimento, und kehrten anschließend nach Österreich zurück.

Die Linie Karl wurde begründet durch Erzherzog Karl von Österreich-Teschen. Bekannter ist er als Sieger von Aspern, der Napoleon 1809 die erste wichtige Niederlage zuführte. Seine Linie wird auch als Feldherrenlinie bezeichnet. Er heiratete die protestantische Henriette von Nassau-Weilburg, die die Tradition des Weihnachtsbaumes nach Wien brachte. Die Linie ist im Mannesstamm ausgestorben.

Die ungarische Linie entstand durch Erzherzog Joseph, der 1796 zum Palatin von Ungarn ernannt wurde. Die ungarische Nation förderte er kulturell wie wirtschaftlich, und er trug viel zur Modernisierung und Entwicklung Budapests bei. Die ungarische Linie erfreut sich bis in die Gegenwart zahlreicher Nachkommen, einer von ihnen, Erzherzog Eduard, ist seit 2015 Botschafter Ungarns im Vatikan.

Ferner gibt es noch die Linie von Erzherzog Rainer (ausgestorben) und die polnische Linie. Aus ihr stammte Wilhelm von Habsburg, auch der »rote Prinz« genannt, der kurze Zeit als König der Ukraine im Gespräch war (siehe Kapitel 76).

036

PIETAS AUSTRIACA: DIE HABSBURGER UND DIE KIRCHE

Die Pietas Austriaca, die österreichische Frömmigkeit, ist sprichwörtlich. Nahezu alle Habsburger-Herrscher zeichnen sich durch eine ausgesprochene Religiosität aus. Obwohl Maximilian II. etwa mit den Protestanten liebäugelte, kann man ihm doch einen tiefen Glauben nicht absprechen. Die Beziehung zwischen Habsburg und der katholischen Kirche war (und ist) eng. Man konnte aber auch mit dem Papst in Konflikt geraten. Kaiser Karl V. musste sich in seinem Leben mit neun Päpsten herumschlagen, die die Reformation verschlafen hatten, teilweise stand er mit ihnen sogar in kriegerischer Auseinandersetzung. Maria Theresia, die ihre Erstkommunion in Mariazell gefeiert hatte, ermahnte ihre Kinder stets, dem Glauben treu zu bleiben. Aus Angst, ihr Sohn Leopold würde zu viele aufklärerische Bücher lesen, empfahl sie ihm, vor jeder neuen Lektüre den Beichtvater zu fragen. Im Zeitalter der Gegenreformation entwickelten sich zwei spezifische Frömmigkeitsformen: die Verehrung der Heiligen Eucharistie und der Muttergottes.

Zentralort der Pietas Austriaca ist Mariazell in der Steiermark, dessen Geschichte bis in das Hochmittelalter zurückgeht und seit jeher intensiv mit dem Landesherrn verbunden war, schon in der Babenbergerzeit. Die Gründungslegende besagt, dass Mönch Magnus auf dem Weg zu seelsorgerischen Aufgaben von einem Felsblock am Weitergehen behindert wurde. Er stellte seine Muttergottes-Statue auf den Felsen, worauf dieser gespalten wurde. Magnus baute eine kleine Kapelle, Cella, und Mariazell war geboren. Die Gnadenkapelle steht heute noch auf der ursprünglichen Stelle der alten Cella. Die Gnadenstatue selbst, eine knapp 50 Zentimeter hohe Madonna aus Lindenholz, trägt je nach der Zeit im Kirchenjahr wechselnde, prachtvolle Gewänder. Mehr als 50 soll die Muttergottes besitzen, teilweise Stiftungen von Mitgliedern des Kaiserhauses, war doch die Muttergottes von Mariazell die Schutzpatronin der Dynastie, aber ebenso der Länder. Magna Mater Austriae, Magna Mater Hungariae und Mater Gentium Slavorum sind die Namen der Mariazeller Madonna. Damit ist der kleine Ort in der Steiermark bis heute einer der wichtigsten Wallfahrtsorte Mitteleuropas. Dies schlug sich etwa im großen Mitteleuropäischen Katholikentag 2004 nieder, zu dessen Anlass die Madonna wieder ein neues Kleid erhielt, bestickt mit den Wappen von acht Staaten Mitteleuropas.

Die Familie Habsburg ist Mariazell bis in die Gegenwart auf das Engste verbunden. Bei der

↑
Die Muttergottes von Mariazell im sogenannten Mitteleuropa-Kleid, das alle Wappen der Länder Mitteleuropas trägt

Hochzeit von Otto und Regina von Habsburg 1951 im lothringischen Nancy stand eine Kopie der Gnadenstatue auf dem Altar. Gerüchte besagten, es sei die Originalstatue. Aufgeregt rief Bundeskanzler Figl bei Wallfahrtsdirektor Pater Beda an: »Pater Beda, wo ist die Muttergottes?« Dieser antwortete verschmitzt: »Im Himmel, natürlich, Herr Bundeskanzler!« Otto und Regina von Habsburg feierten sowohl ihre Silberne als auch Goldene Hochzeit in Mariazell. Erzherzogin Regina stiftete Teile ihres Familienschmucks an die Muttergottes, woraus eine Krone gefertigt wurde. Als Erzherzogin Regina am 3. Februar 2010 starb, wurde die Gnadenstatue mit dieser Krone geschmückt. Kaiserin Zita unternahm, als sie wieder einreisen durfte, bald eine Wallfahrt nach Mariazell. Und Karl von Habsburg heiratete dort 1992 Francesca von Thyssen. Nach dem Tod von Otto von Habsburg war Mariazell eine wichtige Station bei den Trauerfeierlichkeiten.

037

KAISER FRANZ UND DER UNTERGANG DES HEILIGEN RÖMISCHEN REICHES

Mit voller Wucht krachte die Französische Revolution in das Ancien Régime und brachte mit ihren Folgen das europäische System ins Wanken. Die Jakobiner scheuten nicht davor zurück, den König aufs Schafott zu schicken. Kurze Zeit später wurde auch »l'Autrichienne«, die Österreicherin, Königin Marie-Antoinette, im Namen von Freiheit, Gleichheit und Brüderlichkeit enthauptet.

Kaiser Franz II. kam im Jahr 1792 mit 24 Jahren auf den Thron. In den folgenden 43 Jahren seiner Regierung führte er sieben Kriege, die fast alle unmittelbar Folgen der Revolution waren. Das neue Frankreich machte Österreich und den Habsburgern die Vormachtstellung in Europa streitig. Berühmt ist der Ausspruch Goethes nach der Kanonade von Valmy (1792): »Von hier und heute geht eine neue Epoche der Weltgeschichte aus, und ihr könnt sagen, ihr seid dabei gewesen.« Bis heute ist allerdings unklar, ob Goethe diese Aussage tatsächlich am Abend der Schlacht getätigt hat. Nach einem Staatsstreich war Napoleon Bonaparte an die Macht gespült worden, der mithilfe seiner lange erfolgreichen Armeen bald weite Teile Kontinentaleuropas beherrschte. Nach dem Zweiten Koalitionskrieg kam es zum Frieden von Lunéville (1801), der gewissermaßen den Untergang des Heiligen Römischen Reiches in Gang setzte. Alle linksrheinischen Gebiete fielen an Frankreich, die Fürsten wurden mit Gütern und Herrschaften entschädigt, die durch die Säkularisation frei geworden waren.

In Vorahnung der noch kommenden Umwälzungen und als Reaktion auf Napoleons Kaiserkrönung begründete Kaiser Franz II. 1804 das österreichische Kaisertum als Erbmonarchie. Das Heilige Römische Reich war inzwischen immer brüchiger geworden, die Reichsfürsten untereinander zerstritten. Geschickt hatte Napoleon Fürsten und Kaiser gegeneinander ausgespielt. Nach Gründung des Rheinbunds drohte er, in Österreich einzumarschieren, würde Franz nicht als Kaiser des Heiligen Römischen Reiches zurücktreten. Schließlich erklärte Kaiser Franz am 6. August 1806 das Heilige Römische Reich für erloschen. Nicht von ungefähr fürchtete er, dass der selbst ernannte Kaiser der Franzosen auch vor dieser ältesten Würde des Abendlandes nicht haltmachen würde. Zwar hatten ihm die französischen Überbringer der napoleonischen Erpressung versichern müssen, dass der Korse nicht nach der Reichskrone greifen würde, aber er hatte schon zu oft sein Wort gebrochen.

Kaiser Franz.
Als Zweiter seines Namens war er
Kaiser des Heiligen Römischen Reiches,
als Erster seines Namens Kaiser von Österreich,
wie hier abgebildet.
→

Bis heute ist es juristisch fragwürdig, ob der Kaiser das Reich wirklich für erloschen erklären konnte, das eine eigene Rechtspersönlichkeit besaß. Zumindest hätte der Reichstag befragt werden müssen. Aber es gab niemanden mehr, der dazu noch den Willen und die Kraft hatte. Während des Wiener Kongresses (1814/1815) setzten sich nicht wenige Persönlichkeiten, darunter Kaiser Franz, lebhaft für eine Wiedererrichtung des Heiligen Römischen Reiches ein. Allein Metternich war dagegen, ausgerechnet hier fehlte dem sonst so genialen Staatsmann die notwendige Fantasie.

»Der Untergang des Reiches war die Tragödie der Deutschen«, schrieb Otto von Habsburg, und damit hat er recht. Ein Vakuum war entstanden und ein verunsichertes Volk suchte seinen Platz und seine Form, bis es glaubte, sein Heil im Nationalismus zu finden. Die Nostalgie über das verlorene Reich setzte mit der Romantik ein, wurde dann aber fleißig instrumentalisiert, als es an die Gründung des Zweiten Reiches, des Deutschen Kaiserreiches, ging. In Österreich aber lebte der alte reichische Gedanke fort.

038

EIN BESONDERES FEDERVIEH: DER DOPPELADLER

Ein sonniger Doppeladler schaut frisch und lebendig nach Osten und Westen.
↓

Er ist präsent, er ist überall. In Wien, im gesamten Donauraum sowieso – in Deutschland ebenso. Man findet ihn in Italien, in Frankreich, in den Niederlanden ohnehin, in Belgien, Spanien und in der Schweiz. Vereinzelt auch im Norden Europas, in Jerusalem, Amerika und Asien. Im Allgemeinen wird der Doppeladler stark mit Österreich-Ungarn identifiziert. So hat er sich ins kollektive Gedächtnis eingegraben und löst bei manchem heimelige Gefühle aus, warme Gedanken an die gute alte Zeit. Andere erfasst pure Ablehnung und die erschreckende Vorstellung eines restaurativen Vogels.

Aber der Doppeladler ist noch viel älter. Schon lange vor der Existenz Österreichs war der doppelköpfige Adler als herrschaftliches Zeichen bekannt, vor allem im byzantinischen Raum. In der Regel gilt die Zweiköpfigkeit als das duale Prinzip von König und Kaiser, ist somit ein imperiales Symbol. Der älteste bekannte europäische Doppeladler wurde in Regensburg im Kloster St. Emmeram gefunden und datiert aus der Zeit um 1180. Im hohen Mittelalter begegnen wir dem Doppeladler als kaiserliches Wappentier, in Gold ein schwarzer Doppeladler war ein Zeichen Kaiser Friedrichs II. Ab Anfang des 15. Jahrhunderts schmückte er offiziell das Reichswappen, und Kaiser Friedrich III. war der Erste, der die Wappen seiner Länder im Kreis um den Doppeladler anordnen ließ.

Städte schmücken sich bis heute mit dem Vogel, so ist er unter anderem in den Stadtwappen von Köln, Duisburg, Essen, Groningen (Niederlande), Nijmegen (Niederlande), Lübeck, Neuss, Krems, Toledo (Spanien) und Wiener Neustadt zu finden. Auch das Wiener Wappen zierte der Doppeladler, allerdings nur bis 1946, zuvor wurde ihm noch ab 1938 anstatt der kaiserlichen Rudolfskrone die deutsche Reichskrone verpasst, die die Nazis gern für ihre Zwecke missbraucht hatten.

Und was kann uns dieses Wappentier heute noch sagen? Es schaut nach Ost und nach West, hat seine Augen überall. Es ist langlebig und mitnichten nur ein Symbol vergangener Zeiten, die höchstens nostalgische Gefühle hervorrufen. Als kaiserliches Zeichen des Heiligen Römischen Reiches verweist es auf die ausgleichende Funktion des Reiches. Im Hinblick auf Österreich meint es wohl das größere Österreich, als Mitteleuropa noch eine Einheit war, Österreich kein Nationalstaat, sondern vielmehr eine Idee des Ausgleichs unter den Völkern. Der Adler mit den zwei Köpfen versöhnt Gegensätze, lässt aber jedem seine Eigenheiten. In Mitteleuropa erfreut er sich wieder größter Sympathie, hat man doch dort die schlimmsten Erfahrungen gemacht, seit der Vogel 1918 verjagt wurde.

Gehen wir durch Wien und richten unsere Blicke nach links und rechts, sehen wir das traurige Schicksal des Vogels, der so manchen Kitsch ertragen muss. Einstige Hoflieferanten (und solche, die es gern wären) haben ihn werbewirksam auf Geschäftsemblemen, Hersteller von Bonbonnieren, allerlei sonstigem Zuckerwerk, Biergläsern, Basecaps und dem üblichen Touristenkitsch missbrauchen das arme Tier. Der Adler weiß es mit Würde zu ertragen. Richten wir unsere Blicke nach oben, sehen wir ihn stolz auf den Fassaden der Hofburg und anderer Gebäude mit ausgebreiteten Schwingen, die beiden Köpfe stolz in die Luft gereckt, so als wollte er uns sagen: Ich bin noch da, und so schnell fliege ich nicht weg.

DIE KAISERIN VON BRASILIEN

Von einem Märchenprinzen in einem exotischen Land hatte sie geträumt. Und in einer Ehe mit einem ungebildeten Rüpel mit zahlreichen Liebschaften wachte sie auf. Aber sie wurde zur Mutter der brasilianischen Nation. Leopoldine, geboren 1797 als fünftes Kind von Kaiser Franz I., war fast 20 Jahre alt, als man sie mit dem brasilianischen Prinzregenten Dom Pedro verheiratete. Gekannt hat sie von ihrem Mann nur ein kleines Bild, als die Ehe per procurationem in Wien am 13. Mai 1817 geschlossen wurde.

Das portugiesische Königshaus war im Zuge der Napoleonischen Kriege in die portugiesische Kolonie Brasilien geflohen und hatte aus Rio de Janeiro rasch eine Metropole gemacht. Da war es nur zu passend, sich an einem der ersten Höfe Europas eine Braut für den Ältesten auszusuchen. Nach dreimonatiger Schiffsreise betrat Leopoldine das erste Mal brasilianischen Boden. Ihr Vater hatte zugleich beschlossen, mit ihr eine wissenschaftliche Expedition in das ferne Land zu schicken. Alexander von Humboldt diente als Berater. Die Schiffe reisten zurück nach Wien, schwer beladen mit exotischen Mitbringseln. Noch heute besitzt das Naturhistorische Museum eine der größten und ältesten Sammlungen brasilianischer Tiere und Pflanzen, die von dieser Expedition stammen.

Leopoldine kehrte nicht mehr zurück, obwohl sie sich schon bald in einer Ehehölle wiederfand. Mit ihrem Mann war die Verständigung anfangs schwierig, er sprach kaum Französisch, sie kaum Portugiesisch. Sein Benehmen war alles andere als königlich, eheliche Treue war ein Fremdwort für ihn. Er erkannte schnell, dass die hochgebildete und hochintelligente Leopoldine, die sich für Botanik, Physik und Mineralogie interessierte, ihm intellektuell haushoch überlegen war. Er rächte sich mit ehelicher Gewalt, öffentlichen Demütigungen und Mätressen. Immerhin nahm er ihren politischen Rat an. 1822 kehrte die portugiesische Königsfamilie nach Lissabon zurück. Dom Pedro blieb mit seiner habsburgischen Frau in Rio. Die politische Situation war instabil, niemand wollte mehr aus Lissabon, sondern aus Rio regiert werden. Bevor es aber zu einer Unabhängigkeitserklärung als Republik kommen konnte, brachte Leopoldine ihren Mann dazu, Brasilien zum Kaiserreich auszurufen. Mit viel Geduld und diplomatischem Geschick erreichte sie, dass das Mutterland Portugal die Unabhängigkeit akzeptierte. Weitere Anerkennungen folgten. Die Brasilianer dankten es ihr mit dem Ehrentitel »Mutter der brasilianischen Nation«. Das Gelb in der Flagge Brasiliens ist eine Hommage an das habsburgische Gelb.

↑
Leopoldine wurde von ihrem Mann politisch respektiert und auch als Regentin eingesetzt. Privat malträtierte er sie bis zum Tod.

Wissenschaftler, aber auch Siedler kamen auf ihre Initiative ins Land, woran noch heute viele österreichische Familiennamen erinnern. Sie selbst nahm ihr Schicksal an, schrieb aber ihrer Schwester Marie-Louise: »Hört wenigstens den Notschrei eines Opfers, das von Euch nicht Rache, aber Mitleid erbittet.« Um ihren frühen Tod am 11. Dezember 1826, mit 29 Jahren, ranken sich immer noch Gerüchte. Dom Pedro soll sie so sehr in den Bauch getreten haben, dass sie eine Fehlgeburt erlitt und wenige Tage später starb.

In Brasilien erinnert man sich gern an sie. Eine der berühmtesten Sambaschulen des Landes trägt ihren Namen: Imperatriz Leopoldinense. Vor einigen Jahren erfuhr sie ein Comeback als Serienstar. Eine Telenovela namens *Novo Mundo* zog täglich die Brasilianer mit dem Schicksal der traurigen Kaiserin in ihren Bann.

040

GEISTLICHE HABSBURGER

Der Titel »Geistliche Habsburger« mag leicht in die Irre führen. Nicht immer war mit einem geistlichen Amt die dazugehörige Berufung verbunden. Die Eltern bestimmten, was die Kinder machten, und so war es auch bei den meisten Habsburgern, die ein geistliches Amt innehatten. Sie wurden schon früh für eine kirchliche Laufbahn vorgesehen, und es war nicht immer gegeben, dass der Inhaber eines kirchlichen Amtes die Priesterweihe erhielt. Bis zur Revolutionszeit waren kirchliche Ämter häufig Versorgungsposten. Was nicht heißt, dass die Amtsinhaber sich nicht durch Frömmigkeit auszeichneten. Für die Töchter war die Entscheidung, ins Kloster zu gehen, die einzig selbstbestimmte Handlung, die sie setzen konnten. Hier eine Auswahl der geistlichen Habsburger:

Kardinal Andreas (1558–1600), Fürstbischof von Brixen, Bischof von Konstanz, nahm als Protektor der österreichischen Erblande an drei Papstwahlen teil. Er starb in Rom und ist in der Kirche Santa Maria dell'Anima begraben.

Anna Katharina (1566–1621), zweite Gemahlin von Ferdinand II. von Tirol, förderte die Errichtung eines Servitinnenklosters in Innsbruck, daran anschließend das Regelhaus als eine Art Damenstift, in das sie mit zwei Töchtern eintrat.

Maximilian Franz (1756–1801), Erzbischof und Kurfürst von Köln und Münster, förderte Mozart, Haydn und Beethoven. Er residierte in Bonn und gründete und förderte die Bonner Universität im Geiste der Aufklärung.

Maria Anna (1738–1789), Äbtissin des von Maria Thereseia gegründeten Damenstifts in Prag, das sie aber nie betreten hat. Sie baute sich in Klagenfurt in der Nähe eines Klosters eine kleine Residenz, die heute das bischöfliche Palais beherbergt.

Leopold V. (1586–1632), Bischof von Passau und Straßburg, verzichtete 1625 auf seine geistlichen Ämter und heiratete Claudia von Medici.

Leopold Wilhelm (1614–1662), Hochmeister des Deutschen Ordens sowie Bischof von Passau und Straßburg, Halberstadt und Olmütz.

Magdalena (1532–1590) gründete mit ihren Schwestern Helene und Margarethe das Königliche Damenstift in Hall und übertrug die seelsorgliche Leitung den Jesuiten.

Kardinal Rudolf von Österreich, Kardinal-Erzbischof von Olmütz, war ein Freund und Förderer Beethovens.
→

Margarethe (1567–1633) war Sor Margarita de la Cruz im Konvent der Descalzas Reales in Spanien.

Rudolf (1788–1831), Kardinal-Erzbischof von Olmütz, war eigentlich für die militärische Laufbahn vorgesehen, aus gesundheitlichen Gründen aber wählte er den geistlichen Stand. Musikalisch sehr begabt, gehörte er zu den Hauptförderern Beethovens. Er förderte die mährische Wirtschaft, auch aus dem eigenen Vermögen, und versuchte, die Priesterausbildung zu reformieren. Dem armen Häuslersohn Johannes Kutschker ermöglichte er das Theologiestudium und damit den Aufstieg zum Kardinal von Wien.

Siegmund Franz (1630–1665), Bischof von Augsburg, Bischof von Gurk und Bischof von Trient, verzichtete auf seine kirchlichen Ämter, als er beschloss, zu heiraten. Es kam aber nie dazu, da er kurz vor der Eheschließung starb.

Auch in der Gegenwart hört der geistliche Ruf nicht auf. *Paul von Habsburg,* geboren 1968, aus der ungarischen Linie, trat nach seinem Wehrdienst in die Ordensgemeinschaft der Legionäre Christi ein und empfing 2001 in Rom die Priesterweihe.

DIE MORGANATISCHEN I: JOHANN, ANNA UND DAS HAUS MERAN

Johann war der beliebteste Habsburger im 19. Jahrhundert. Der »steirische Prinz« hat vor allem in der Steiermark große Spuren hinterlassen. Ohne einen »offiziellen« Auftrag ausgestattet, ist es vor allem ihm zu verdanken, dass das Land den Anschluss im 19. Jahrhundert nicht verpasst hat. Dabei hat seine »Karriere« als Erzherzog nicht sehr erfolgreich begonnen. Er war das 13. Kind von Kaiser Leopold II. und seine militärische Laufbahn war nicht von Erfolg gekrönt, etwa sein Einsatz für den Aufstand in Tirol unter Andreas Hofer ohne Unterstützung seines Bruders, Kaiser Franz II., und Metternichs. Johann zog sich daraufhin in die Steiermark zurück. Sein Onkel Albert von Sachsen-Teschen hatte ihm eine ordentliche Summe vermacht, die es ihm ermöglichte, seine Reformideen zu verwirklichen. Den Brandhof bei Mariazell baute er zu einem landwirtschaftlichen Mustergut aus, er erwarb mehrere Radwerke in Vordernberg und beeinflusste die Modernisierung von Erzabbau und Erzförderung.

Da sich aber Gründungen von wissenschaftlichen Lehranstalten, Landwirtschaftsgesellschaften, Sparkassen, Musterbetrieben, zahlreichen kulturellen Einrichtungen und die Förderung des Ausbaus der Südbahn bis Triest nicht so publikumswirksam in Szene setzen lassen, ist Johann dem breiteren Publikum hauptsächlich durch seine Liebe zu Anna Plochl, der Postmeisterstochter aus Bad Aussee, bekannt. Filmische Umsetzungen erfuhr diese Liebesgeschichte 1950 mit O. W. Fischer und Marte Harell in *Erzherzog Johanns große Liebe* und 2009 mit Tobias Moretti und Anna Maria Mühe in *Geliebter Johann. Geliebte Anna*.

1819 lernte der 37-jährige Johann die 15-jährige Anna kennen. Hätte sich Johann das junge Mädchen als Geliebte genommen, wäre niemand aus seinen Kreisen (sicherlich aber Annas Vater, der Postmeister) auf die Idee gekommen, sich darüber zu beschweren. Immerhin war dies eine nicht unübliche Verhaltensweise, auch unter Erzherzögen. Nach Ablegen der Geliebten wurde selbige meist großzügig finanziell abgefunden. Aber Johann wollte seine Anna unbedingt heiraten, was für die Hofgesellschaft eine Ungeheuerlichkeit war. 1823 informierte er seinen kaiserlichen Bruder über seine Heiratsabsichten. Franz stimmte erst zu, lehnte dann aber ab. Erst 1829 willigte er in die Heirat ein, die auf dem Brandhof ohne große Feierlichkeiten vollzogen wurde. Es spricht für die Charakterfestigkeit des Brautpaars, das durchgehalten zu

Erzherzog Johann und Anna Plochl:
eine romantische Geschichte und
Gegenstand von Mythenbildung

haben. Immerhin war die lange Wartezeit mit ungewissem Ausgang eine Zumutung für Anna, wie auch die befohlene Heimlichkeit der Hochzeit. Erst 1833 durfte sich Johann öffentlich zu seiner Frau bekennen, ein Jahr später wurde sie zur Freifrau von Brandhofen erhoben. Erst zehn Jahre nach der Hochzeit stellte sich mit Sohn Franz Nachwuchs ein. Das kaiserliche Haus reagierte mit der Erhebung Annas und Franzens zu Grafen von Meran.

Im Zuge der Revolution von 1848 kam es zur Wahl der Frankfurter Nationalversammlung. Hier erhielt Johann doch noch eine offizielle Aufgabe. Es schien angebracht, den populären Erzherzog, der eine Bürgerliche geheiratet hatte, zum Vorsitzenden der ersten deutschen demokratischen Versammlung zu machen. Nachdem das Experiment Paulskirche gescheitert war, kehrte Johann in die Steiermark zurück.

Er starb 1859 in Graz. Seine Frau überlebte ihn um 26 Jahre. Beide sind im Mausoleum von Schloss Schenna begraben, das noch heute der Stammsitz der mittlerweile sehr zahlreichen Familie der Grafen von Meran ist.

042

BAUHERREN IV:
KAISERVILLA IN BAD ISCHL

Der kaiserliche Sommersitz in Bad Ischl,
für Kaiser Franz Joseph über sechs Jahrzehnte hinweg
der Ort der Sommerfrische und der Privatheit
↓

Alljährlich spielt sich in der Stadt Bad Ischl und in der Kaiservilla am 10. August der große Kaisergeburtstag ab. In der Pfarrkirche wird eine Festmesse gefeiert, die Bruckner-Orgel intoniert das *Gott erhalte*, die ganze Stadt leuchtet in Schwarz-Gelb. Entlang der Promenade zieht die Festgesellschaft hoch zur Kaiservilla, Hunderte, fast Tausende Traditionsregimenter paradieren vor Markus Habsburg-Lothringen. Ein buntes Fest. Wenn auf einmal der Kaiser um die Ecke käme, würde es niemanden wundern.

Die Kaiservilla ist bis heute in Familienbesitz und von ihr auch bewohnt. Erzherzog Markus, Enkel von Erzherzogin Marie Valerie und damit Urenkel von Kaiser Franz Joseph und Kaiserin Elisabeth, widmet sich zusammen mit seiner Familie liebevoll und kompetent der Erhaltung dieses Besitzes, was sie mitunter vor große Herausforderungen stellt.

Das Haus wird bis heute mit romantischen Mythen belegt, hat doch in Ischl die Geschichte von Franz Joseph und Elisabeth einst angefangen. Die berühmte Verlobung hat jedoch nicht in der Villa stattgefunden, da sie sich damals noch nicht im Besitz der Familie befand. Die kaiserliche Familie reiste gern nach Bad Ischl zum Kuren. Da sich bei Erzherzogin Sophie erst nach den Sole-Bädern der erwünschte Kindersegen eingestellt hatte, nannte man die Buben im Volksmund »Salzprinzen«. Zum Aufenthalt mietete man die Seeauer-Villa (das heutige Stadtmuseum), wo dann die erste Begegnung und die Verlobung von Franz Joseph und Elisabeth stattfanden. Zur Hochzeit 1854 schenkte Erzherzogin Sophie schließlich dem jungen Brautpaar die damalige Villa Elz, die Franz Joseph und Elisabeth in den darauffolgenden Jahren weitläufig umbauen und ergänzen ließen. Der Park wurde im Stil eines englischen Landschaftsgartens gestaltet, auf dem Hügel baute man das Marmorschlössl, das Elisabeth gern als Rückzugsort nutzte. Bis 1914 kam Kaiser Franz Joseph regelmäßig jeden Sommer, nur vier Mal konnte er die geliebte Sommerfrische aufgrund der politischen Entwicklungen nicht aufsuchen. Insgesamt verbrachte er 82 Sommer seines Lebens in Ischl und feierte dort 81 Geburtstage. Die Regierungstätigkeit machte dabei natürlich keine Pause. Der Hof wurde als Ganzes nach Ischl verlegt, das Reich vom Arbeitszimmer der Kaiservilla aus regiert.

Das Haus war von Anfang an als Privathaus konzipiert. Natürlich gab es Minister- und Staatsbesuche, doch die Gäste wurden in den Grandhotels der Stadt untergebracht. Mitunter ging der Kaiser mit seinen Besuchern auf die Jagd – eine seiner Lieblingsbeschäftigungen, wovon bis heute die vielen Trophäen im Treppenaufgang der Villa Zeugnis ablegen. Schon vor der Morgendämmerung ging es los, zusammen mit Jagdaufseher und Büchsenspanner. Gejagt wurden meistens Gämsen.

Nach dem Tod von Kaiserin Elisabeth kümmerte sich Tochter Marie Valerie sehr um ihren Vater. Er liebte es, wenn die Enkelkinder um ihn herum spielten. Es gibt nette Fotos aus diesen Zeiten in Ischl. Burgschauspielerin Katharina Schratt, die sich ebenfalls im Sommer in Ischl einmietete, traf er täglich.

Die Nachricht vom Attentat auf Erzherzog Franz Ferdinand in Sarajevo erreichte den Kaiser in Bad Ischl. An seinem Schreibtisch im Arbeitszimmer unterzeichnete er am 28. Juli 1914 das Manifest *An meine Völker,* mit dem der Erste Weltkrieg begann. Am 30. Juli reiste er nach Wien ab. Er sollte nie mehr nach Ischl zurückkehren.

DER VATER DER NATIONEN: KAISER FRANZ JOSEPH

Als der amerikanische Präsident Theodore Roosevelt im Zuge seiner Europareise im Jahr 1911 Kaiser Franz Joseph besuchte, fragte er ihn, was denn der Sinn der Monarchie im 20. Jahrhundert sei. »Meine Völker vor ihren Regierungen zu beschützen!«, lautete die Antwort. Manchmal wünscht man sich auch heute jemanden, der uns vor den Regierungen beschützt …

Bis heute ist Kaiser Franz Joseph in den Ländern der einstigen Donaumonarchie gegenwärtig. Derzeit findet nahezu eine Renaissance statt. Im kroatischen Opatija, dem alten österreichischen Seebad Abbazia, wurde jüngst die Uferpromenade in Kaiser-Franz-Joseph-Promenade umbenannt, obwohl sie zur Zeit der Monarchie nicht so hieß. Kaiser Franz Joseph war nicht nur aufgrund seiner langen Regierungszeit, die von 1848 bis zu seinem Tod 1916 währte, zur Integrationsfigur seines Vielvölkerreichs geworden, er war ein politisches und menschliches Symbol für fast drei Generationen. Schon zu seinen Lebzeiten entstanden Legenden über seine Selbstdisziplin, Arbeitsmoral und Religiosität. Sein Bild als gütiger, fürsorglicher »Übervater seiner Völker« hält sich bis heute und überdeckt die Strenge und den Neoabsolutismus, mit denen er etwa als junger Herrscher die Revolution und den Freiheitskampf der Ungarn niedergeschlagen hat. Nach dem Ungarischen Ausgleich bekam er von den Ungarn den Kosenamen Ferenc Joska. In seiner Regierungszeit erreichte das Reich einen ungeheuren Wohlstand, hohe Stabilität und eine kulturelle Blüte. Wien, Budapest und Prag wurden wirtschaftlich prosperierende und pulsierende Metropolen.

Die Integrationskraft Franz Josephs macht sich an der Kontinuität fest sowie an dem Bild von Sicherheit, welches er seinen Untertanen vermittelte. Er war ein Kontinuum in einer Zeit des Wandels. Als er geboren wurde, hatte die Welt des 18. Jahrhunderts noch nicht aufgehört zu wirken. In seine Regierungszeit fielen die ungeheure Dynamik der Industrialisierung, die das alte Europa veränderte, sowie das nationale Erwachen Deutschlands und Italiens. Österreich war 1866 aus Deutschland herausgedrängt worden und hatte sieben Jahre zuvor die Lombardei verloren. Das Reich musste umgebaut werden, 1867 folgte der Ausgleich mit Ungarn, zu dem geplanten Ausgleich mit Böhmen und Mähren kam es nicht mehr. Allein die Nationalitätenkonflikte konnten zum Beispiel mit dem Mährischen Ausgleich von 1905 eingedämmt werden. Bald übernahm die Bukowina das Modell, mehr konnte aufgrund des Ersten Weltkrieges nicht mehr umgesetzt werden.

Kaiser Franz Joseph: »Der alte Kaiser« wurde zu seinen Lebzeiten zum Mythos.
→

Gern wird der alte Kaiser als unnahbar dargestellt, als fantasieloser und unbeweglicher Bürokrat. Otto von Habsburg[10] spricht hier aber von einem bewussten Zurücktreten der Person zugunsten der Funktion. Franz Joseph hat sich unter das Amt gebeugt und seine Person dem Kaiser zum Opfer gebracht. Seine hohe Selbstdisziplin und sein Arbeitseifer mit einer 80-Stunden-Woche wirkten beispielgebend auf die gesamte Bürokratie im Land. Privatheit gönnte sich der alte Herr lediglich in der Sommerfrische in Bad Ischl. Dort fühlte er sich kommod, trug Lederhose und Jägerleinen, ging zur Jagd und führte ein anspruchsloses Leben.

Bemerkenswert nicht zuletzt im Hinblick auf heutige Gepflogenheiten der Staatsoberhäupter waren seine allgemeinen Audienzen. Jeder Bürger hatte das Recht, vom Kaiser in Audienz empfangen zu werden. Ein einfaches Ansuchen genügte, und der Termin wurde erteilt. Kaum vorstellbar in Zeiten von bürgerlichen Bundespräsidenten.

044

DAS HOFZEREMONIELL

Kaiser Karl lockerte das Hofzeremoniell in vielen Bereichen. Sichtbar wurde dies bei der Beerdigung von Kaiser Franz Joseph, als er das Protokoll änderte und mit seiner Frau, Kaiserin Zita, und dem Kronprinzen direkt hinter dem Sarg ging.

Wer kennt sie nicht, die Filmszenen und Erzählungen. Man habe den Herrscher selbst nicht anzusprechen, sondern zu warten, bis dieser einen selbst anspricht. Und auf keinen Fall sei es erlaubt, dem Kaiser beim Verlassen des Raumes den Rücken zuzukehren. Noch in den 1960er-Jahren wurde ein österreichischer Journalist von seinen Kollegen mit solchen Geschichten auf einen Besuch bei Otto von Habsburg im bayerischen Pöcking vorbereitet. Er habe einen tiefen Diener zu machen und nur auf Ansprache zu reden. Überrascht war er dann doch, als nichts davon eintrat. Otto von Habsburg begrüßte ihn freundlichst und brachte ihn nach Abschluss des Gesprächs persönlich zur Tür.

Am kaiserlichen Hof war das freilich völlig anders. Über die Jahrhunderte hinweg hatte sich das Hofzeremoniell entwickelt. Im Grunde genommen handelt es sich dabei um eine Eigenheit der Neuzeit. Im Mittelalter war der Umgang zwischen Herrscher, Höflingen und Untertanen um ein Vielfaches unkomplizierter. Das österreichische Zeremoniell kam aus der spätmittelalterlichen höfischen Gesellschaft des Herzogs von Burgund und ist von dort nach Spanien und Österreich gekommen: Kaiser Karl V. brachte aus Spanien seine Höflinge und Berater mit und diese das Zeremoniell. 1548 schrieb der Kaiser nach burgundischem Vorbild die feierliche schwarze Hofkleidung vor, die wir noch heute auf dem Tizian-Bild Kaiser Karls (siehe Kapitel 15) bewundern können. Auch nach der Teilung der Familie in die spanische und die österreichische Linie blieb das Zeremoniell am Wiener und Prager Hof bestehen. Es schrieb genau vor, wer sich wann und wie dem Kaiser nähern durfte. Der Rang spielte eine große Rolle, das blieb nahezu bis zum Ende der Monarchie so. Am formellsten war das Protokoll in der Hofburg selbst. Auf den Sommerschlössern, wo man etwas privater war, galt das »Teutsche Campagne-Zeremoniell«, das etwas ungezwungener war. Seinen Höhepunkt entwickelte das Zeremoniell im Zeitalter des Barock. Joseph II., dem all dies ein Gräuel war, vereinfachte es wesentlich.

Der Hof selbst war ein Mikrokosmos. Unter Kaiser Franz Joseph dienten etwas über 1500 Menschen in verschiedensten Funktionen am Hof. Die wichtigste Person war der Erste Obersthofmeister, die graue Eminenz, der Verwalter des Hofes und Herr über das Zeremoniell. Kaiser Franz Joseph selbst lebte nach einem genau festgelegten Tagesplan, und entsprechend hatten sich Protokoll und Zeremoniell danach zu richten. Für die regelmäßigen Audienzen war die Kleiderordnung genau festgeschrieben. Militärs hatten Uniform zu tragen, zivile Personen einen Frack. Für Damen galten geschlossene Kleider in gedeckten Farben als Pflicht. Wer sich keinen Frack leisten konnte, durfte in seiner Landestracht kommen. Als einmal Karl Seitz, der spätere Wiener Bürgermeister, zu einer Audienz einen Gehrock trug, wollte der Kaiser wissen, ob denn Sozialisten keinen Frack trügen. »Majestät, auch das Proletariat hat sein Zeremoniell«, erwiderte Seitz.

Als Kaiser Karl die Regierung übernahm, brach er mit vielen alten Zöpfen des Zeremoniells. Nicht wenige der Höflinge waren entsetzt darüber. Er bestimmte beispielsweise, dass bei der Beisetzung von Kaiser Franz Joseph sein kleiner Sohn Otto mit ihm und der Kaiserin zusammen direkt hinter dem Sarg gehen sollte, völlig entgegen dem Protokoll. Mit den Worten »Ich bin der Kaiser, und ich bestimme das Protokoll« wischte er die Bedenken vom Tisch.

045

K. K. ODER K. U. K.?
KAKANISCHE VERWIRRUNG

Das kaiserlich und königliche Wappen Österreich-Ungarns in der kleinen Form
↓

»Überhaupt, wie vieles Merkwürdige ließe sich über dieses versunkene Kakanien sagen! Es war zum Beispiel kaiserlich-königlich und war kaiserlich und königlich; eines der beiden Zeichen k. k. oder k. u. k. trug dort jede Sache und Person, aber es bedurfte trotzdem einer Geheimwissenschaft, um immer sicher unterscheiden zu können, welche Einrichtungen und Menschen k. k. und welche k. u. k. zu rufen waren.«[11] So schreibt Robert Musil über Kakanien in seinem Hauptwerk *Der Mann ohne Eigenschaften*. Kaiserlich-königlich oder kaiserlich und königlich? Was und warum und wann? Versuchen wir, diese Geheimwissenschaft ein wenig zu entschlüsseln.

Bis zum Ausgleich 1867 mit Ungarn war alles recht einfach. Da hießen alle Behörden, Hofämter und Ministerien etc. k. k., kaiserlich-königlich. Kaiser Franz I. nahm den Kaisertitel als Chef des Hauses Österreich an. Die Kronländer waren in ihrem staatsrechtlichen Status davon unberührt. Er war König von Ungarn, Böhmen, Galizien, Lodomerien, Kroatien, Dalmatien und Slawonien. Kaiserlich-königlich waren also alle Einrichtungen des Gesamtstaates Kaisertum Österreich, das am 8. Juni 1867 aufhörte zu existieren und durch die Realunion Österreich-Ungarn ersetzt wurde.

Und nun wird es kompliziert, denn es existierte weiterhin k. k., aber k. u. k. war geboren. Mit dem Ausgleich mit Ungarn wurde der Staat in Cisleithanien und Transleithanien geteilt, benannt nach dem Leitha-Gebirge (eher eine Hügelkette), das geografisch an der Landesgrenze zwischen Niederösterreich und dem Burgenland liegt. Die offizielle Bezeichnung war freilich für Cisleithanien »die im Reichsrat vertretenen Königreiche und Länder« und für Transleithanien »die Länder der ungarischen Krone«. Als Faustregel gilt: Alles, was in Cisleithanien war, war kaiserlich-königlich, also k. k. Alles, was in Transleithanien war, war k. u. beziehungsweise kgl. ung., also königlich ungarisch.

Beide Teile waren nun autonome Staaten mit eigenen Einrichtungen und Ministerien. Es gab aber auch gemeinsame Ministerien und Einrichtungen: Der gesamte Hofstaat vom Obersthofmeister über die Leibgarden bis hin zu den Burghauptmannschaften war kaiserlich und königlich. Selbstverständlich gab es Ausnahmen wie die ungarische Leibgarde, die eine königlich ungarische war oder die kaiserlich-königlichen Hoftheater in Wien. Drei Ministerien waren kaiserlich und königlich: das k. u. k. Finanzministerium, das k. u. k. Außenministerium und das k. u. k. Kriegsministerium. Natürlich hatten beide Teile aber zusätzlich eigene Finanzministerien. Alle Gesandtschaften und Konsulate, also diplomatischen Vertretungen, waren kaiserlich und königlich.

Der Kaiser war »Seine kaiserlich und königlich apostolische Majestät«, und auch alle Erzherzöge und Erzherzoginnen waren kaiserlich und königlich.

Alles klar?

EINE HYMNE – 15 TEXTE

Demjenigen, der der österreichischen Tradition und Geschichte verbunden ist, klingt sie warm und vertraut, fast heimelig: die alte *Volkshymne*, manchmal auch *Kaiserhymne* genannt, die mit den Worten »Gott erhalte, Gott beschütze« beginnt. Bei entsprechenden Veranstaltungen muss kaum jemand ins Textheft schauen, um lauthals mitzusingen. Bei den katholischen österreichischen Landsmannschaften gehört sie zum festen Bestandteil einer jeden Kneipe. Die Monarchisten singen sie ohnehin, bei Gedenkgottesdiensten wird sie ebenso intoniert wie auf Festen mit imperialem Charakter. Dabei ist sie nicht einmal sehr alt. 1797 komponierte Joseph Haydn ein Lied zu den Worten »Gott erhalte Franz den Kaiser«. Erstmals wurde es am 12. Februar 1797 bei einer Aufführung im Nationaltheater (heute Burgtheater) zu Ehren von Kaiser Franz gesungen, anlässlich seines 29. Geburtstages. In den darauffolgenden Jahren wurde der Text mehrfach geändert oder gar neu gedichtet, zumal der jeweilige Kaiser eigens erwähnt wurde. Kaiser Franz Joseph schließlich verfügte eine Neufassung des Textes, die nicht mehr bei jedem Thronwechsel neu geschrieben werden musste, und so lautete der bis heute bekannte Text:

Gott erhalte, Gott beschütze
Unsern Kaiser, unser Land!
Mächtig durch des Glaubens Stütze
Führ' er uns mit weiser Hand!
Laßt uns seiner Väter Krone
Schirmen wider jeden Feind:
Innig bleibt mit Habsburgs Throne
Österreichs Geschick vereint.

Die Kronländer hatten nur im Einzelfall eigene Hymnen beziehungsweise nationale Lieder. Eine Ausnahme bildet Ungarn, dessen Hymne »Isten, áldd meg a magyart« ab 1903 die offizielle Hymne war und bis heute blieb. Allerdings hatten die Ungarn immer nur eine Textversion, obwohl im Königreich viele nationale Minderheiten lebten.

Die Volkshymne wurde in zehn Sprachen übersetzt und gesungen: Tschechisch, Kroatisch, Ungarisch, Italienisch, Hebräisch, Rumänisch, Polnisch, Slowenisch, Serbisch, Kirchenslawisch. Für die ältere Textversion sind noch Illyrisch, Ruthenisch, Walachisch, Neugriechisch und Aramäisch verbürgt. Die Volkshymne war also ein starkes Identifikationsmoment der Völker für den Kaiser, der als Klammer das Vielvölkerreich zusammenhielt. Nach dem Ende der Monarchie war es nicht aus für die alte Haydn-Melodie. Scherzhaft wurden folgende Zeilen dazugedichtet:

↑ Die Reinschrift der von Joseph Haydn komponierten Volkshymne

Gott erhalte, Gott beschütze
Unsern Renner, unsern Seitz,
Gott erhalte vorsichtshalber
Auch den Kaiser in der Schweiz.

Schließlich entschied man sich doch für ein anderes Lied, bis 1929 die alte Melodie wiedereingeführt wurde, die bis zum »Anschluss« galt, freilich mit einem anderen Text: »Sei gesegnet ohne Ende«. Zwischenzeitlich hatten sich die Deutschen ebenfalls der Haydn-Komposition bemächtigt. Das von Hoffmann von Fallersleben gedichtete *Lied der Deutschen* diente mit der ersten Strophe als deutsche Hymne bis zum schmählichen Ende des Nationalsozialismus. Auch das war der Grund, weshalb man in Österreich nach 1945 darauf verzichtete, die Haydn-Melodie mit einem neuen Text zu revitalisieren.

Doch das »Gott erhalte« wird immer wieder fortgeschrieben. Auf den im Exil lebenden Otto von Habsburg wurde folgender Text gedichtet:

In Verbannung, fern den Landen
Weilst Du, Hoffnung Österreichs.
Otto, treu in festen Banden
Steh'n zu Dir wir felsengleich.
Dir, mein Kaiser, sei beschieden
Alter Ruhm und neues Glück!
Bring den Völkern endlich Frieden,
Kehr zur Heimat bald zurück!

047

DAS TRAUMA VON KÖNIGGRÄTZ UND DIE FOLGEN

Die Schlacht von Königgrätz war ein fataler Wendepunkt in der europäischen Geschichte.
↓

3. Juli 1866: Im Deutschen Krieg trafen preußische Truppen in der Nähe von Königgrätz auf die Armeen Österreichs und Sachsens. Über 400 000 Soldaten bekämpften sich in einer verlustreichen Schlacht. Österreich unterlag, Preußen wurde Führungsmacht in Deutschland, und Otto von Bismarck konnte sein Kleindeutschland bauen, das in der Reichsgründung 1871 mündete. Es gibt Stimmen, die sagen, dass eigentlich erst in der Schlacht von Königgrätz das Ende des Heiligen Römischen Reiches besiegelt wurde. Im Prinzip handelte es sich nicht nur um die Auseinandersetzung zwischen Preußen und Österreich, sondern auch zwischen zwei politischen Prinzipien: dem des Nationalismus und, wie Otto von Habsburg es formulierte, dem reichischen Prinzip, das heißt einer Politik des Ausgleichs und des Gleichgewichts nach dem Muster des Heiligen Römischen Reiches in Europa. Das 19. Jahrhundert war bestimmt vom Kampf dieser beiden Prinzipien, der schließlich in den Kriegen zwischen 1848 und 1870/71 gipfelte.

Nach dem Wiener Kongress 1814/1815 war der Deutsche Bund gegründet worden, der einen friedlichen Dualismus zwischen Preußen und Österreich vorsah. In diese Zeit fiel ein ungeahnter wirtschaftlicher Aufschwung, die Industrialisierung brach sich ihre Bahn. Als Preußen federführend an der Gründung des Deutschen Zollvereins beteiligt war, hatte der sonst so kluge Metternich diese Entwicklung verschlafen. Sein Nachfolger Schwarzenberg wollte das korrigieren und die habsburgischen Länder in diesen Zollverein integrieren, scheiterte aber am Widerstand der Preußen. So konnte mittels des Zollvereins eine Art wirtschaftliches Kleindeutschland entstehen. Die Nichtzulassung Österreichs kann man im Nachhinein nur als äußerst kurzsichtig und grob fahrlässig bezeichnen. Aber die Zeichen der Zeit standen auf Nationalismus, und Bismarck wollte seinen Plan, nämlich ein Deutschland ohne Österreich, durchsetzen. Eine Auseinandersetzung über das von Österreich und Preußen gemeinsam verwaltete Schleswig-Holstein diente als Anlass. Preußen erklärte den Austritt aus dem Deutschen Bund und marschierte gegen Österreich. Bei Königgrätz kam es zur Konfrontation. Die Neuordnung Europas wurde also nicht durch einen Staatenbund vollzogen, sondern kleindeutschnationalstaatlich. Das materialistische Prinzip des Nationalismus hatte gesiegt. Der Weg zu einem föderalistisch gebauten Europa war auf lange Zeit blockiert, kleinräumige Lösungen traten in den Vordergrund. Gleichzeitig wurde Österreich aus Italien hinausgedrängt, seiner Stellung in Deutschland und Italien beraubt. Österreich war nun ganz auf den Donauraum verwiesen, österreichische Außenpolitik war auf den Balkan konzentriert.

Bismarck baute indessen das Deutsche Reich, und die Deutschen besoffen sich an ihrem Nationalismus. Übrigens auch in Österreich, wo die Ritter-von-Schönerer-Bewegung von einem Anschluss der deutschen Österreicher an den Hohenzollernstaat träumte. Am überhitzten Nationalismus des Schönerer-Jüngers Hitler ist der von Bismarck gegründete kleindeutsche Nationalstaat dann zugrunde gegangen.[12]

Fast zwangsläufig musste es zu einer weiteren Auseinandersetzung kommen. Österreich stand mit seiner übernationalen Tradition in krassem Gegensatz zum nationalen Materialismus, der sich in der ersten Hälfte des 20. Jahrhunderts seine grausamste Bahn brach. Krieg, Genozid, Vertreibung und die Teilung Europas waren die Folge.

048

EXZENTRIK II: KAISERIN ELISABETH

Kaiserin Elisabeth betrieb den Reitsport auf Spitzenniveau.

Über kein anderes weibliches Mitglied der Familie Habsburg ist so viel geschrieben worden wie über Kaiserin Elisabeth, über kein Mitglied der Familie Habsburg existieren so viele Mythen, sowohl positive wie negative. Das stärkste Bild, das sich auf diese Persönlichkeit gelegt hat, ist das süßlich kitschige Klischee der Filmtrilogie von Ernst Marischka. Aber auch seriöse Autoren schrieben klischeehaft über die Kaiserin, charakterisierten sie als Esoterikerin, Revoluzzerin und heimliche Republikanerin oder Feministin. Niemand machte sich die Mühe, Elisabeth als Kind ihrer Zeit und vor allem im Kontext ihrer Zeit zu betrachten. In Wahrheit verhielt sich Kaiserin Elisabeth ihrer Zeit viel entsprechender, als es aussehen mag. Zeit also für ein neues Elisabeth-Bild.

Natürlich war es für die blutjunge, frei aufgewachsene Prinzessin aus Bayern ein Schock, an den streng reglementierten Wiener Hof zu kommen. Und natürlich hat ihre Schwiegermutter alles darangesetzt, um aus dem jungen Wildfang eine würdige Kaiserin zu machen. Was ihr auch gelungen ist, denn mit den Jahren entwickelte Elisabeth das perfekte Profil einer strahlenden Kaiserin. Wo immer sie mit ihrem Mann hinkam, waren die Menschen von ihrer Persönlichkeit, ihrer Schönheit und ihrem eleganten Auftreten hingerissen. Man konnte stolz sein auf diese Kaiserin. In Europa gab es niemand Vergleichbaren. Elisabeths Aufgabe war die Repräsentation, und diese hat sie erfüllt. Der Mythos, sie habe ihren Mann viel und lange allein gelassen, kann nicht gehalten werden. Es war damals üblich, auf lange Reisen zu gehen. Wer immer es sich leisten konnte, fuhr über Monate hinweg durch die Welt. Wenn sie bei Hof war, erfüllte sie ihre Pflichten, wie wir aus den Protokollen ersehen können. Dem Hofleben zu entfliehen, war keine Schande. Jeder hat auf seine Weise versucht, sich dem zu verweigern, denn Hofleben war anstrengend. Das wusste Kaiser Franz Joseph. Er liebte diese Frau so sehr, dass er ihr alles ermöglicht hat, was sie wollte. Und sie wiederum verstand die Einsamkeit ihres Mannes und förderte dessen Freundschaft mit der Burgschauspielerin Katharina Schratt.

In vielem, was sie tat, war sie absolut im Mainstream. Ihr Schlankheitswahn war nicht singulär, vielleicht etwas exzentrisch in der Ausübung (etwa drei Mal am Tag Gewicht zu messen), aber immerhin war die Mode jener Zeit auf schlanke Frauen ausgerichtet. In Bezug auf ihre Ernährung hielt sie sich an neueste Erkenntnisse und ließ den Speiseplan auf ihre zahlreichen sportlichen Aktivitäten abstimmen. Stunden-, fast tagelange Märsche in den Bergen waren in einer Zeit des aufkommenden Alpinismus nichts Ungewöhnliches. Nach dem Tod ihre Sohnes Rudolf 1889 wurde ihr Leben noch rastloser. Mit Einverständnis ihres Mannes zog sie sich weitestgehend aus der Öffentlichkeit zurück. Keine zehn Jahre später, bei einem Aufenthalt am Genfer See, wurde Kaiserin Elisabeth, die unter einem Pseudonym unterwegs war, von einem Anarchisten erstochen.

Das Interesse an ihr ließ nicht ab. Ihre erste Biografie erschien 1901, die Biografie von Egon Conte Corti aus dem Jahr 1935 wurde zum Bestseller. Erste Filme gab es ab den 1920er-Jahren noch zur Stummfilmzeit. Ihre Tochter Marie Valerie trug sich mit dem Gedanken, eine Biografie ihrer Mutter zu schreiben, wie wir aus ihrem Tagebuch wissen, um falschen Bildern zuvorzukommen. Hätte sie es doch bloß getan!

FEZ UND DOPPELADLER

Mit der Schwächung des Osmanischen Großreiches versuchte vor allem Russland, seine Position in dieser Region auszubauen. Das war einer der Hintergründe der österreichischen Besetzung Bosnien-Herzegowinas nach dem Berliner Kongress 1878. Aus heutiger Sicht betrachtet war die Zeit zwischen 1878 und 1914 für Bosnien-Herzegowina eine Periode wirtschaftlicher Prosperität, des Aufschwungs und ein Beispiel gelebter Multikulturalität. Das neue Gebiet stand unter gemeinsamer, österreichischer und ungarischer, Verwaltung.

Nachdem Bosnien 1908 annektiert worden war, beschloss man ein Islamgesetz. Kaiser Franz Joseph war der Meinung, die neue Religionsgemeinschaft in seinem Reich solle entsprechend organisiert sein und einen religiösen Führer haben. Das Amt des Reis-ul-Ulema wurde errichtet, des Großmufti von Sarajevo. Bis heute residiert der Großmufti in der Kaisermoschee, außerhalb des Stadtzentrums von Sarajevo am Ufer der Miljacka gelegen. Für Kaiser Franz Joseph verfasste Reis-ul-Ulema Mehmed Džemaludin Čaušević ein Gebet, das zu jedem kaiserlichen Geburtstag in den Moscheen verlesen wurde:

Unser geliebter Herr, halte jeden, der einen Gedanken hegt, ihm oder seiner edlen Familie zu schaden, von der Tür deiner Gnade fern. Geliebter Herr, hilf und unterstütze unseren erhabenen Kaiser Franz Joseph I. und stärke sein Heer. Geliebter Herr, sorge für seine Zufriedenheit und den Schutz und Wohlstand seines Königreichs. Unser Herr, mache ihn erfreut über Dinge, die dich erfreuen, dich zufriedenstellen und öffne ihm den Pfad der Liebe und lass die Liebe für den Schutz seines beständigen Schicksals durch die Pracht deiner Boten und Propheten in sein Herz eintreten. Allmächtiger Gott, führe uns zusammen, vereinige unsere Herzen und leite unseren Weg zum Pfad des Friedens. Amen! Amen! Amen! Oh du, der du die hörst, die beten. Gepriesen sei Gott, der Herr der Welten. El-fatiha!

Die vier bosniakischen Regimenter, die mit ihrer typischen Uniformierung mit dem Fez als Kopfbedeckung besonders exotisch aussahen, galten als besonders verlässlicher Teil der österreichisch-ungarischen Armee. Der ehemalige österreichische Bundespräsident Adolf Schärf diente in einem solchen Regiment. Da jede Religionsgemeinschaft ihre Heeresgeistlichen hatte, gab es folgerichtig auch Heeresimame. In einem Interview erinnerte sich Otto von Habsburg fast ein wenig wehmütig an die Bosniaken: »Das waren unsere Wachsoldaten. Die waren bis zuletzt loyal und treu.« Alle an-

Kaiser Franz Joseph während seines
Besuchs in Bosnien-Herzegowina
auf der berühmten Brücke von Mostar,
die ganz mit orientalischen Teppichen
bedeckt worden war

deren Schönbrunner Garden waren im Herbst 1918 davongelaufen.

Österreich war im Übrigen im 19. Jahrhundert der weltgrößte Fez-Produzent. Fast monopolartig wirtschaftete die Aktiengesellschaft der österreichischen Fez-Fabriken, die den internationalen Fez-Markt bediente.

Otto von Habsburg sprach sich immer wieder für einen intensiven Dialog mit den gemäßigten Kräften des Islam aus. Zeit seines Lebens pflegte er Kontakte nach Marokko, Jordanien und in den Oman. In Marokko war er gar Mitglied in der Académie royale du Maroc, einer der wichtigsten islamischen Akademien. Mehrfach besuchte er nach dem Krieg von 1993 bis 1995 Sarajevo und traf dort mit den Führern aller Religionen zusammen. Nach seinem Tod sprach der Großmufti von Sarajevo, Dr. Mustafa Cerić, im Rahmen eines interreligiösen Gebets ein Gebet an den Särgen von Otto und Regina von Habsburg, gemeinsam mit dem ehemaligen Münchner Oberrabbiner Steven Langnas und dem Wiener Weihbischof Stephan Turnovszky.

050

DER VERHINDERTE WISSENSCHAFTLER: KRONPRINZ RUDOLF

Das Bild Kronprinz Rudolfs ist vielschichtig und nicht zuletzt geprägt durch sein tragisches Ende. Im Lebenswandel eine ambivalente Persönlichkeit, war er doch eher ein Wittelsbacher- als ein Habsburger-Kind. Sein erster Erzieher, Leopold Graf Gondrecourt, Träger des Maria-Theresien-Ordens, war gewiss ein talentierter Heerführer, aber wenig geeignet für einen sechsjährigen, sensiblen Buben. Kaiser Franz Joseph wünschte sich, dass sein Sohn einmal ein ordentlicher Soldat werden sollte, kümmerte sich aber sonst nicht sehr um den Jungen. Erst als ein »Untererzieher«, Josef Latour, der im Ausland weilenden Kaiserin zur Kenntnis brachte, mit welch brachialen Methoden der Bub gequält wurde, kündigte man Gondrecourt und ersetzte ihn durch Latour. Dieser entschied zusammen mit der Kaiserin, die sich aber weiter nicht kümmerte, die Anlagen Rudolfs nach Kräften zu fördern.

Seine Lehrer waren durchaus prominente Vertreter ihrer Fächer. Es war fast eine bürgerliche Ausbildung, die Rudolf erhielt. Neugierig und wissbegierig war der Kleine und legte sich schon bald eine Naturaliensammlung an. Sein Naturkundelehrer Josef Krist, der ihn zehn Jahre lang begleitete, ermutigte ihn, seine Erfahrungen, Beobachtungen und Wahrnehmungen schriftlich festzuhalten. Da die Praxis für Rudolf viel interessanter war als jede Theorie, wurde der Unterricht gewürzt mit Exkursionen, Experimenten und Museumsbesuchen. Krist prägte ihn auch stilistisch, bis heute sind die Texte Rudolfs spannend und anschaulich zu lesen. Bereits als Zwölfjähriger schrieb er einen zwölfseitigen Text über die Adlerjagd. Es war insbesondere die Ornithologie, die es ihm angetan hatte und die ihn ein Leben lang begleitete.

Die liberale und intellektuelle Erziehung des Kronprinzen war so manchem bei Hof ein Dorn im Auge, und diese Kreise erreichten es, dass ihm Graf Bombelles als Obersthofmeister zur Seite gestellt wurde, Musiker und Komponist, krachkonservativ und ein Weiberheld. Das unstete Liebesleben des Kronprinzen nahm mit dieser Personalie ihren Anfang.

Nach seiner Großjährigkeitserklärung unternahm Rudolf umfangreiche Reisen. In Frankreich und England begeisterte er sich für den technischen und wissenschaftlichen Fortschritt. Sein Lehrer für Ökonomie war Professor Carl Menger, einer der Begründer der Österreichischen Schule der Nationalökonomie. Mit seinem väterlichen Freund, dem berühmten Zoologen Alfred Brehm, reiste er nach

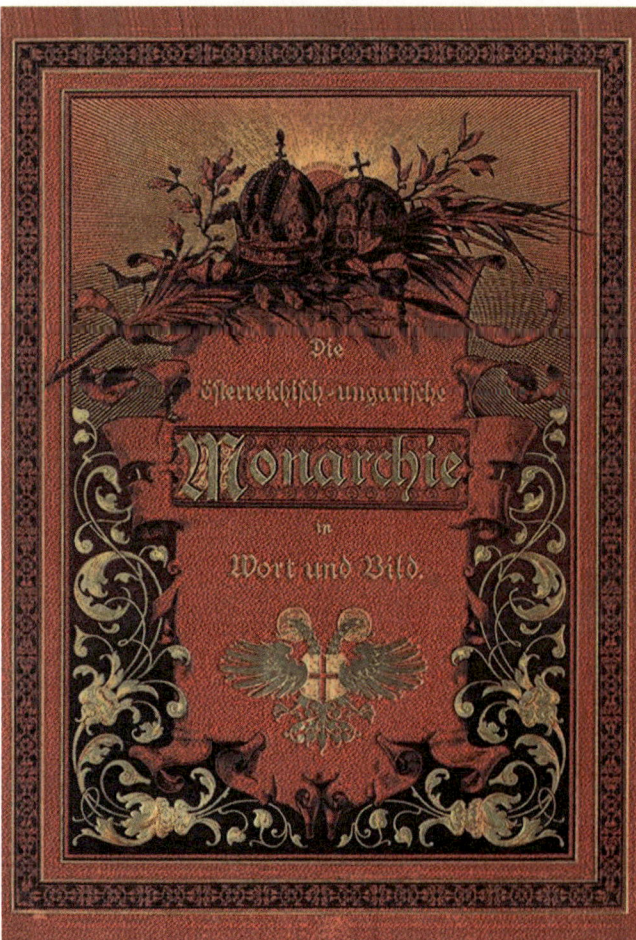

Das Titelbild der Erstausgabe
des Kronprinzenwerks
*Die österreichisch-ungarische
Monarchie in Wort und Bild*

Spanien, eine Forschungsreise führte die beiden nach Südungarn. Der danach veröffentlichte Bericht *15 Tage auf der Donau* wurde zum Bestseller und brachte ihm die Ehrenmitgliedschaft in der Akademie der Wissenschaften ein. Später musste er sich von Brehm distanzieren, nachdem Gerüchte über dessen angebliche Mitgliedschaft bei den Freimaurern in Umlauf gebracht worden waren. Er setzte aber seine Forschungen über die Vogelwelt fort und blieb mit Brehm in schriftlichem Kontakt. In dessen *Brehms Tierleben* stammen einige Tierbeschreibungen von Kronprinz Rudolf. Mittlerweile war Rudolf auch in europäischen Forscherkreisen als fachkundiger Laie anerkannt. Regelmäßig erschienen Artikel von ihm in den *Ornithologischen Notizen*. Er kümmerte sich um Forschungseinrichtungen und organisierte einen ornithologischen Kongress. Nach einer Reise nach Ägypten und Palästina publizierte er das viel beachtete Buch *Eine Orientreise*.

Sein ehrgeizigstes Projekt aber war eine große Landeskunde: *Die österreichisch-ungarische Monarchie in Wort und Bild*, eine 24-bändige Enzyklopädie über die Donaumonarchie, für die er selbst Beiträge schrieb, neben über 400 anderen Autoren. Bis zu seinem Tod waren 17 Bände erschienen, danach nahm sich seine Witwe des Werks an.

051

DER FORSCHER: ERZHERZOG LUDWIG SALVATOR

Er war ein echter Aussteiger, der »dicke Luigi« (1847–1915). Schon früh war ihm klar, nur ungern die übliche Erzherzogskarriere im Militär machen zu wollen. Als spät geborener Sohn des vertriebenen Großherzogs Leopold von Toskana konnte er es sich erlauben, sich den naturwissenschaftlichen Studien zu widmen. Leopold ging nach dem Ende seiner Herrschaft in der Toskana 1859 mit seiner Familie nach Böhmen und ließ sich in Brandeis an der Elbe nieder. Zeit seines Lebens blieb Ludwig Brandeis eng verbunden.

Schon als 20-Jähriger machte er eine Reise auf die Balearen. Besonders Mallorca hatte es ihm angetan. In Prag studierte er Naturwissenschaften, Jura, Sprachen und Zeichnen. Insbesondere Letzteres sollte ihm für die zahlreichen Illustrationen seiner Bücher dienlich sein. Als Sprachgenie beherrschte er neben Deutsch neun andere Sprachen: Tschechisch, Ungarisch, Französisch, Englisch, Italienisch, Spanisch, Griechisch, Latein und Arabisch. In der Familie galt er als der »gelehrte Erzherzog«.

Der eher unkonventionelle Typ – er fiel immer wieder durch besondere Nachlässigkeit in Fragen seiner Kleidung auf – widmete sich ab 1870 völlig seinem wissenschaftlichen und Forscherleben. Mit seiner Yacht Nixe reiste er als Ludwig Graf Neudorf kreuz und quer durchs Mittelmeer und begeisterte sich für kleine unentdeckte Inseln.

Schon früh begann er zu publizieren. Sein siebenbändiges Monumentalwerk *Die Balearen* widmete er Kaiser Franz Joseph, der erste Band erschien 1869. Auf der Pariser Weltausstellung 1878 erhielt er dafür die Goldmedaille. Über 70 Bücher schrieb der naturverbundene Erzherzog. Auf Mallorca kaufte er über drei Jahrzehnte hinweg einen ganzen Küstenstreifen von etwa 16 Kilometer Länge auf. Auf der Insel war der »Archiduque« sehr beliebt, um seine Person ranken sich etliche Geschichtchen und Anekdoten. Aufgrund seiner einfachsten Kleidung wurde er so manches Mal für einen Landarbeiter gehalten. Ein mallorquinischer Bauer, dem er half, einen Karren aus dem Dreck zu ziehen, gab ihm ein Trinkgeld, das er aufhob und später stolz herumreichte: »Mein erstes selbstverdientes Geld!« Kaiserin Elisabeth besuchte ihn gleich zwei Mal auf Mallorca, wo er ihr die schönsten Seiten der Insel zeigte. Ihr Mann telegrafierte aus Wien : »Ich hoffe, dass der dicke Luigi für Dein Wohlergehen sorgt.«

Wer die Abenteuerromane von Jules Verne schätzt, wird eventuell auch einmal Ludwig Salvator begegnet sein. Mit dem französischen Schriftsteller war er eng befreundet und befand sich in ständiger Korrespondenz

Erzherzog Ludwig Salvator war ein wirklicher Aussteiger. Auf Mallorca war er nicht nur wissenschaftlich tätig, seine illegitimen Kinder ließ er aber gut versorgt zurück.
→

mit ihm. Ludwig Salvator war das Vorbild für Mathias Sandorf im gleichnamigen Roman, der als Dr. Antekirrt über das Mittelmeer kreuzt, sich wissenschaftlich betätigt und unbekannte Inseln besiedelt.

Geheiratet hat Ludwig Salvator nie, was ihn aber nicht daran hinderte, der Schönheit der Mallorquinerinnen zu erliegen. Etliche uneheliche Kinder hinterließ er dort, alle finanziell wohlabgesichert. Einen besonderen Platz in seinem Herzen hatte Catalina Homar, Tochter eines Tischlers, die nach einer adäquaten Ausbildung Verwalterin seiner Weingüter wurde. Ihr damals gemeinsam bewohntes Landhaus, die Villa S'Estaca, gehört heute dem Hollywoodschauspieler Michael Douglas. Auf Mallorca erinnert ein Ludwig-Salvator-Museum an diesen großen, unangepassten Mann.

Als der Erste Weltkrieg ausbrach, beorderte Kaiser Franz Joseph Ludwig Salvator wieder zurück in die Heimat. Er starb am 12. Oktober 1915 auf Schloss Brandeis.

052

BAUHERREN V: SCHLOSS MIRAMARE

Eine der schönsten Ansichten in der Bucht von Triest ist das Schloss Miramare, und zwar auf zweifache Weise. Nähert man sich ihm von der langen Zufahrt her, liegt es auf einem Felsen über dem Meer, strahlend weiß im Sonnenlicht. Von den Terrassen des Schlosses wiederum blickt man über Triest, seinen Hafen und bei gutem Wetter bis zur slowenischen und kroatischen Küste. Ein Traumort, aber mit einer traurigen Geschichte.

Schon als Kind hatte Maximilian, der jüngere Bruder von Kaiser Franz Joseph, sich ein schönes Haus gewünscht »und einen großen Garten am Ufer des Meeres«. Die Liebe zum Meer schlug sich 1854 in seiner Ernennung als 22-Jähriger zum Kommandanten der k. u. k. Kriegsmarine nieder. Nach seiner Eheschließung mit Charlotte von Belgien wurde er zum Generalgouverneur von Lombardo-Venetien ernannt. Zwei Jahre später ging die Lombardei nach der Schlacht von Solferino verloren, Maximilian und Charlotte gingen nach Triest. Dort baute er das schöne »Haus am Meer«. Zusammen mit dem Architekten Carl Junker entwarf er ein Schloss im Stil des romantischen Historismus und den Park mit den Hofgärtnern Josef Laube und Anton Jelinek, aufgeteilt in einen italienischen Garten und einen englischen Landschaftspark. So harmonisch und schön das Schloss von außen bis heute auf den Betrachter wirkt, im Inneren dominiert der schwerfällige Stil der 1860er-Jahre. Für sein Arbeitszimmer ließ Maximilian seine Kajüte auf der Novara nachbauen. Von jedem Fenster des Hauses sieht man das Meer. Sogar ein kleiner Hafen wurde angelegt, an dessen Vorsprüngen eine ptolemäische Sphinx aus der ägyptologischen Sammlung Maximilians steht.

Leider hatte Maximilian, außer sich um den Ausbau von Miramare und dessen Gärten zu kümmern, nicht wirklich etwas zu tun. Der Ehrgeiz seiner Frau Charlotte tat sein Übriges, war sie doch der Meinung, sie beide seien zum Herrschen geboren. Als ein verlockendes mexikanisch-französisches Angebot kam, verschwendete man nicht viel Zeit darauf, es zu prüfen. Napoleon III. wollte in Mexiko ein an Frankreich angelehntes Reich errichten und schickte seine Emissäre nach Miramare. Exil-Mexikaner, Großgrundbesitzer und Monarchisten schilderten dem entzückten Maximilian und seiner Frau das Land in den schillerndsten Farben, das nur darauf warte, endlich von einem Habsburger regiert zu werden.

Die Realität sah freilich anders aus. Der mexikanische Thron war ein Thron von Gnaden französischer Gewehre. Als Napoleon III. seine Truppen abzog, wurde es eng für Maximilian. Weder das Volk noch die Eliten wollten ihn. Charlotte fuhr in der größten Krise noch

↑
Das Traumschloss von Erzherzog Maximilian,
dem glücklosen Kaiser von Mexiko

einmal nach Europa, um Napoleon und den Papst um Hilfe anzuflehen, aber vergeblich. Nach einem kurzen Kampf um Querétaro wurde Maximilian zum Tode verurteilt und am 19. Juni 1867 erschossen.

Admiral Tegetthoff, sein einstiger Vertrauter aus der Zeit in der Kriegsmarine, setzte mit der Novara nach Mexiko über und brachte den Leichnam des toten Kaisers nach Hause. Die Reise war von Pannen begleitet, so fiel der Sarg beim Verladen ins Wasser und ging leck.

Die Novara legte in Triest an, von dort aus ging es mit der Bahn weiter nach Wien. Als seine Mutter, Erzherzogin Sophie, den Leichnam ihres Sohnes sah, konnte sie kaum glauben, dass er es war, so entstellt war er mittlerweile. Erzherzogin Charlotte überlebte ihren Mann um fast 60 Jahre – in der Umnachtung des Wahnsinns.

Schloss Miramare blieb vorerst in Familienbesitz und war ein beliebter Ort zur Sommerfrische.

053

HABSBURG UND DIE JUDEN

Kaiserbesuch in Pressburg im Juni 1918.
Ein Rabbiner spricht einen Segen über
Kaiser Karl und Kaiserin Zita.
↓

Das Toleranzpatent Josephs II. vom 2. Januar 1782 erließ den Juden die Kopfsteuer, hob die Ghettos auf und gestand ihnen Gewerbefreiheit zu. Damit war bei Weitem noch nicht ihre völlige Gleichberechtigung erreicht, aber es war ein wichtiger Schritt, den Österreich als einer der ersten Staaten setzte.

Jahrhundertelang waren Juden in einer gesellschaftlichen Randposition. Das war auch lange Zeit in Österreich so. Das zähe Ringen um religiöse Toleranz betraf erst einmal Katholiken und Protestanten, von Juden war da überhaupt keine Rede. 1669 hatte Kaiser Leopold I., unter Anstiftung seiner spanischen Gattin Margerita Teresa, angeordnet, alle Juden aus Wien und Niederösterreich auszuweisen. Im jüdischen Gedächtnis blieb dies als Zweite Wiener Gesera haften, in Anlehnung an die Erste Wiener Gesera von 1421, als Herzog Albrecht V. die jüdischen Gemeinden im Herzogtum Österreich vernichten ließ.

Die zweite Hälfte des 19. Jahrhunderts brachte den einzigartigen Aufstieg des industriellen Bürgertums und damit auch großer jüdischer Familien. Viele Ringstraßenpalais wurden von vermögenden Juden gebaut und verliehen der Stadt ihr heutiges Gesicht. In der k. u. k. Armee hatten sich Herresrabbiner etabliert. »Ich will, dass alle meine Soldaten gläubig sind«, sagte Kaiser Franz Joseph und förderte entsprechend deren Religionsausübung. 1867 hatte er die Religionsfreiheit in die Verfassung schreiben lassen und damit die Juden zu gleichberechtigten Bürgern gemacht, ein bis dahin einzigartiger Vorgang in Europa. 40 000 Juden lebten in Wien, immerhin fast sieben Prozent der Gesamtbevölkerung.

Über 400 jüdische Gemeinden unterschiedlichster Richtungen gab es im Reich. Ihre Netzwerke, soziologische Zusammensetzung und ihre Mobilität machten die Juden zu einem dynamischen und zugleich verbindenden Element zwischen den verschiedenen Nationalitäten. Das war Kaiser Franz Joseph bewusst, der, ebenso wie die Juden, übernational denken musste. Sowohl die Mehrheit der orthodoxen Juden als auch die assimilierten aus den k. u. k. Metropolen waren glühende Anhänger der Vielvölkermonarchie und verehrten den Kaiser, der ihnen immer wieder den Rücken stärkte. Als der politische Antisemitismus stärker wurde und sich der eine oder andere Minister entsprechend äußerte, wurde er von dem alten Herrn zurechtgewiesen: »Ich dulde keine Judenhetze in meinem Reich.« An seine Frau schrieb er 1895: »Der Antisemitismus ist eine bis in die höchsten Kreise ungemein verbreitete Krankheit, die Auswüchse sind entsetzlich.«[13] Seine Sympathien brachten ihm den Spottnamen »Judenkaiser« ein.

Jüdische Künstler und Literaten machten die kulturelle Atmosphäre Wiens, Prags und Budapests einzigartig und auf nie mehr gesehene Weise fruchtbar. Friedrich Torberg setzte diesem kulturellen Melting Pot mit seinem Buch *Die Tante Jolesch oder Der Untergang des Abendlandes in Anekdoten* 1975 ein humoristisches Denkmal.

Mit dem Ende der Monarchie machten sich in gewissen Kreisen immer wieder Verschwörungstheorien breit. Als ein Besucher, ein hoher Offizier, im Winter 1918/1919 in Schloss Eckartsau, wo die kaiserliche Familie nach dem 11. November residierte, begann, über die Juden als angebliche Drahtzieher des Umsturzes zu schimpfen, beendete Kaiser Karl den Besuch umgehend. »Das einzige Mal, dass ich meinen Vater wirklich wütend gesehen habe«, berichtete Otto von Habsburg später.

054

HABSBURG IN JERUSALEM

Im *Großen Titel des Kaisers von Österreich* befand sich bis 1918 auch die Bezeichnung »König von Jerusalem«. Über das alte Kreuzfahrerreich, die Fürsten von Antiochia und das Königreich von Neapel kam der Titel zum Haus. Als man Neapel 1738 verlor, behielt Kaiser Karl VI. diesen Titel dennoch bei. Am großen Doppelsarg von Maria Theresia und Franz Stephan tragen die vier Genien an den Seiten die wichtigsten Kronen der Habsburger: die Reichskrone, die Wenzels- und die heilige Stephanskrone – und die Dornenkrone Christi auf einem Helm. Das Wappen darunter bildet das Jerusalemkreuz ab. Ein eindeutiges Indiz dafür, dass der Titel des Königs von Jerusalem von hoher Wichtigkeit war.

Bis in das 19. Jahrhundert hinein war aber Rom der wesentliche Pilgerort für die Christenheit, in diesem Zentrum der katholischen Kirche liegen Märtyrergräber und relevante Reliquien. Nur vereinzelt pilgerten Habsburger vorher nach Jerusalem. Das änderte sich zur Mitte des 19. Jahrhunderts, als das allgemeine Interesse am Heiligen Land und an Pilgerreisen nach Jerusalem anstieg und die Großmächte sich für diese Region interessierten.

Als sichtbares Zeichen Österreichs als Schutzmacht der Christen im Nahen Osten wurde der Bau eines Hospizes beschlossen. Erzherzog Ferdinand Max, der später unglückliche Kaiser von Mexiko, reiste als 23-Jähriger 1855 ins Heilige Land und setzte sich für den Bau des Hauses ein. Anlässlich dieser Reise stiftete er den heute noch sichtbaren Altar in der Kreuzauffindungskapelle in der Grabeskirche von Jerusalem. Am 19. März 1863 wurde das Pilgerhaus des Österreichischen Hospizes zur Heiligen Familie eröffnet. Es liegt mitten in der Jerusalemer Altstadt an der vierten Station des Kreuzwegs an der Via Dolorosa.

Kaiser Franz Joseph nutzte die Reise zur Eröffnung des Sueskanals 1869 zu einer Pilgerreise ins Heilige Land und wohnte selbstverständlich im Hospiz. Seine Reise hatte für die Entwicklung des Pilgerwesens, aber ebenso für das Hospiz eine enorme Signalwirkung. In den folgenden Jahren kamen zahlreiche Mitglieder des Erzhauses in das Hospiz, darunter die Erzherzöge Ernst und Rainer, Erzherzog Franz Ferdinand und Kronprinz Rudolf. Ihre Wappen kann man heute in der Kapelle des Hauses betrachten. Letzterer hinterließ wertvolle Paramente und Messornate als Geschenk, die nach Aussagen des gegenwärtigen Rektors des Hospizes immer noch genutzt werden. Erzherzog Karl Ludwig fand 1896 nach einer Reise ins Heilige Land den Tod, da er verseuchtes Jordanwasser getrunken hatte.

↑
In der Kapelle des Österreichischen Hospizes hängen im Altarraum links und rechts die Wappen Österreichs und Ungarns.

Das Haus hat eine wechselvolle Geschichte. Es erfüllte nach dem Ersten Weltkrieg viele Funktionen: Waisenhaus, Pensionsheim, Internierungslager, Offiziersschule, Lazarett und Krankenhaus. Nach dem Sechstagekrieg 1967 war die Rechtslage lange unklar, lag das Gebäude doch im völkerrechtlich umstrittenen Teil Jerusalems. Erst 1988 wurde es wieder an die Kirche zurückgegeben und seiner Ursprungsbestimmung als Pilgerhaus gewidmet.

Das Österreichische Hospiz will nicht nur Pilgerherberge sein, sondern auch ein Ort des interreligiösen Dialogs. Zu diesem Zweck hat Rektor Markus S. Bugnyar die Akademie Österreichisches Hospiz Jerusalem gegründet. Die heutigen Habsburger sind wieder in Jerusalem engagiert. Dem Freundeskreis Österreichische Gesellschaft vom Heiligen Land sitzt Georg von Habsburg vor, der jüngste Sohn von Otto von Habsburg. In der Kapelle ist Kaiser Karl durch eine Reliquie stets präsent, das Reliquiar wurde von seiner Enkelin Gabriela von Habsburg gestaltet. Und wer sich vom Trubel der Jerusalemer Altstadt etwas erholen will, dem sei ein Besuch im Wiener Kaffeehaus des Hospizes bei einem kleinen Braunen und Apfelstrudel angeraten.

055

AUSREISSER UND SCHRÄGE TYPEN

Erzherzog Ludwig Viktor, der jüngste Bruder von Kaiser Franz Joseph, war bei Hof und in der Familie aufgrund seiner spitzen Zunge nicht sehr beliebt.

Kaiser Franz Joseph hatte es nicht immer leicht mit seiner Familie. Selbst in seiner unmittelbaren Verwandtschaft gab es Ausfälle und tragische Geschichten. In der zweiten Hälfte des 19. Jahrhunderts zählte man etwa 70 Erzherzöge und Erzherzoginnen, die mehr oder weniger ihren Aufgaben nachgingen, sofern sie Aufgaben hatten. Für die weiblichen Mitglieder war die Aufgabe immer klar: heiraten und Kinder in die Welt setzen. Im Lauf der Zeit gönnte man den Töchtern ein (kleines) Mitspracherecht bei der Wahl des Ehemannes, zumindest insofern, als dass sie zwischen drei bis vier anvisierten standesgemäßen Kandidaten auswählen durften. Bei den Erzherzögen war die Lage im Prinzip nicht anders, dennoch nahm sich der eine oder andere das Recht heraus, völlig frei zu entscheiden, wie er sein Leben gestalten wollte, wenn ihm das Leben in den vorgegebenen Bahnen zu eng wurde.

Erzherzog Johann Salvator, der jüngste Sohn von Großherzog Leopold II. von Toskana, bat von sich aus 1889 um die Entlassung aus dem Kaiserhaus, verzichtete auf seine Titel und nannte sich Johann Orth. Er heiratete die Tänzerin Milli Strubel, erwarb das Kapitänspatent und kam wahrscheinlich 1890 beim Untergang seines Schiffes in der Nähe von Kap Hoorn ums Leben.

Erzherzog Leopold, der älteste Sohn von Großherzog Ferdinand IV. von Toskana, bat ebenfalls von sich aus um Entlassung aus der kaiserlichen Familie, da er eine Prostituierte heiraten wollte. Er lebte als Leopold Wölfling zunehmend in prekären Verhältnissen und starb als Anhänger der Nationalsozialisten 1935 in Berlin.

Auch der jüngste Bruder Kaiser Franz Josephs, Erzherzog Ludwig Viktor, »Luzi-Wuzi« genannt, führte ein Leben, das mit den Vorgaben des Hofes nicht konform war. Mit hoher Wahrscheinlichkeit war er homosexuell, was in der damaligen Zeit als höchst skandalös und verachtenswert eingestuft wurde. Sein scharfes Mundwerk war gefürchtet, Fürstin Nora Fugger bezeichnete seine Zunge als »scharf wie die einer Giftschlange«. Nach einer tätlichen Auseinandersetzung in einer öffentlichen Badeanstalt – Ludwig Viktor hatte sich nach einem Annäherungsversuch eine Ohrfeige eines Offiziers eingefangen – riss Kaiser Franz Joseph die Hutschnur. Er »verbannte« ihn nach Schloss Klessheim bei Salzburg und stellte ihn unter die Vormundschaft von Erzherzog Eugen.

Der direkte Neffe des Kaisers, Ferdinand Karl Ludwig, der sich noch über die nicht standesgemäße Ehe seines Bruders Franz Ferdinand mit Sophie Chotek echauffiert hatte, verliebte sich in Berta Czuber, die Tochter eines Mathematikprofessors, und heiratete sie heimlich. Als die Ehe aufflog, musste auch er aus dem Haus ausscheiden. Nur noch ein Mal durfte er nach Österreich einreisen: zum Begräbnis von Franz Ferdinand. Mit nur 47 Jahren starb er 1915 in München.

Aber auch wenn man als Erzherzog nicht aus dem Kaiserhaus ausbrach, hieß das noch lange nicht, dass man ein Ausbund an Tugend war. Kronprinz Rudolf nahm seine Geliebte mit, als er nach Brüssel auf Brautschau fuhr, und zog sich bei Bordellbesuchen eine gefährliche Geschlechtskrankheit zu, die sich auf seine Frau Stephanie übertrug, was dazu führte, dass sie keine Kinder mehr bekommen konnte. Sein Cousin, der musisch äußerst begabte Erzherzog Otto, auch der »fesche Otto« genannt, führte ein lustiges Leben. Berühmt ist die Anekdote, die davon erzählt, dass er einmal durch das Foyer des Hotel Sacher tanzte, lediglich mit seinem Säbel und dem Goldenen Vlies bekleidet. Er starb mit 41 Jahren an Syphilis.

056

EINHÖRNER UND KREUZNÄGEL CHRISTI: DIE GEISTLICHE SCHATZKAMMER

Die Geistliche Schatzkammer in der Kaiserlichen Schatzkammer der Wiener Hofburg ist ein Abbild der religiösen Sammelleidenschaft der Habsburger. Kleine Hausaltärchen und Reliquiare ermöglichen die private Andacht, eine Fülle von besonderen Stücken hoher und höchster Kunstfertigkeit ist zu bewundern.

Unmittelbar vor dem Eingang in die eigentliche Geistliche Schatzkammer sind zwei merkwürdige Stücke ausgestellt: die sogenannten unveräußerlichen Erbstücke des Hauses Österreich, von denen Maximilian II. bestimmte, dass sie nie verkauft werden dürfen. Die Achatschale ist ein außergewöhnliches Stück. Über 1600 Jahre alt, gelangte sie wahrscheinlich über Konstantinopel in den Besitz Karls des Kühnen von Burgund und mit dem burgundischen Schatz zum Haus Habsburg. Sie ist aus einem Stück hergestellt – man muss sich vorstellen, dass ein Steinschleifer an einer solchen Schale über Jahre hinweg gearbeitet hat. Innerhalb des Steines wird bei besonderem Lichteinfall ein Schriftzug sichtbar, der bis heute noch nicht genau entschlüsselt ist. Es sind Buchstaben zu erkennen, die auf den Namen »Christus« hinweisen. Aus diesem Grund wurde die Schale immer wieder mit der Legende des Heiligen Grals in Verbindung gebracht. Joseph von Arimatäa, ein Jünger Jesu, soll das Blut Christi in einem Kelch oder einer Schale aufgefangen haben. Gegenüber steht das »Ainkhürn«, das Einhorn. Das sagenhafte Tier wurde schon früh mit christlicher Allegorie belegt, bekannt sind viele Jungfrauendarstellungen mit dem Einhorn, das zum Symbol für die göttliche Macht Christi und seine Heilssendung für die ganze Menschheit wurde. Dieses hier ist ein besonders großes Einhorn und war ein Geschenk des polnischen Königs Sigismund II. an Kaiser Ferdinand I. im Jahr 1540. Es stammt freilich nicht von einem Einhorn, sondern ist ein Narwalzahn. Diese seltene Naturalie wurde ab circa 1200 mit dem Einhorn gleichgesetzt. Man nahm an, das sie enorme Heilkräfte besäße, und noch im 17. Jahrhundert gehörte pulverisiertes Edeleinhorn zur Ausrüstung einer jeden ordentlichen Apotheke.

Je näher eine Reliquie an Jesus Christus herankam, desto höher war ihr Wert. Neben vielen Reliquiaren mit diversen Überresten Heiliger finden sich in der Schatzkammer Reliquien der Heiligen Drei Könige und der Muttergottes. Am begehrtesten waren Passionsreliquien, das heißt Stücke, die mit dem Leiden Jesu Christi verbunden sind. Kreuzpartikel sind in prachtvolle Kruzifixe eingearbeitet, Dornen aus der Dornenkrone Christi lassen sich in wertvollen Kristallbehältern bewundern. Am bedeutendsten ist aber das Kreuznagelreliquiar. Zwei auf Wolken kniende Engel tragen einen Glasbehälter, mit kostbaren Edelsteinen und Emaillearbeiten geschmückt. Im Inneren ist ein gut erhaltener Nagel zu sehen, daran angebracht die Authentiken. Die rechte Hand Christi soll mit diesem Nagel ans Kreuz geschlagen worden sein. Die Reliquie war ein Geschenk an Ferdinand III., die Echtheit darf jedoch getrost bezweifelt werden. Es werden in Europa etwa 33 heilige Nägel gezählt.

Ein besonderes Filetstück ist der 1,90 Meter hohe Bernsteinaltar. Gefertigt in Dänemark um die Mitte des 17. Jahrhunderts, war er ein Geschenk von Kurfürst Friedrich III. von Brandenburg-Preußen im Jahr 1700 an Kaiser Leopold I. zum Dank, dass dieser ihm als Kurfürsten die Königswürde zuerkannt hatte. Der Hintergrund: Leopold war im Spanischen Erbfolgekrieg dringend auf die militärische Hilfe Preußens angewiesen. Die Preußen dankten den Habsburgern diese Erhebung in den Königsstand nicht, schon 40 Jahre später marschierte Friedrich II. mit räuberischer Gesinnung in Schlesien ein.

↑
Das Einhorn in der Schatzkammer, eines der unveräußerlichen Stücke des Hauses Habsburg, ist in Wahrheit ein Narwalzahn.

HABSBURG UND WEIN

Eine Kreation von Marchfelder Winzern, in Erinnerung an die Schlacht von Dürnkrut und Jedenspeigen. Ein charakterstarker Grüner Veltliner als Reverenz an Rudolf von Habsburg

»Es hatte Kaiser Friederich die Trunkenheit seine ganze Lebenszeit auf das äußerte gehasset und darum hero seinen Wein stets mit Wasser vermischet«, steht in einem Huldigungsbuch über die Habsburger. Nun, zwischen Weingenuss und Trunkenheit gibt es eine weite Spannbreite, zudem war der Wein des 15. Jahrhunderts von der Qualität her bei Weitem nicht mit dem vergleichbar, was Winzer in späteren Jahrhunderten zustande brachten.

Der kaiserliche Weinkeller war stets auf das Beste ausgestattet. Drei Geschosse in die Tiefe reicht der Keller des Leopoldinischen Traktes der Hofburg, in dem jede alkoholische Flüssigkeit gelagert wurde, die man benötigte. Im ersten Untergeschoss befand sich der »Ausländerkeller«, streng überwacht vom Hofkellermeister. Hier lagerten alle Champagner, Dessertweine, Rhein- und Moselweine, Cognac und andere Leckereien, die für die kaiserliche Tafel reserviert waren. Zehntausende von Flaschen warteten auf ihre Bestimmung.

Andere Weine, auch solche aus den Staatsweingütern wie beispielsweise der königlichen Weingutverwaltung in Tarczal in Ungarn, lagerten teilweise in riesigen Fässern. Es blieb nicht aus, dass trotz strenger Bewachung durch den Hofkellermeister ein gewisser Schwund eintrat, wie es auch in der Hofküche der Fall war. Nach einem Betrugsskandal Ende des 19. Jahrhunderts verschärfte man die Kontrollen. Hofrat Franz Wetschl im Obersthofmeisteramt ordnete strengste Sparmaßnahmen an und gab die Order aus, für ein Hofdiner nur eine Flasche Champagner einzuplanen und einzukühlen. Dies führte zu einer peinlichen Situation bei einem Besuch des deutschen Kaisers Wilhelm. Bei einem Diner zu seinen Ehren wurde mehr als üblich getrunken, und es war kein Nachschub mehr da. Eilig musste eine zweite, aber warme Flasche aus dem Keller geholt werden. Bei den Gästen entstand so der Eindruck eines knausrigen Hofes, der noch nicht einmal zwei Flaschen Champagner für die kaiserliche Tafel spendieren wollte.

Kaiser Karl war in Bezug auf den Weinkonsum persönlich eher bescheiden. Er bevorzugte steirischen Schilcher, von dem er beim Diner maximal ein Glas trank. Der sächsische Diplomat Baron Tucher, selbst ein großer Weinkenner, kostete bei einem gemeinsamen Essen mit dem Kaiser dessen Spezialmarke und rief entsetzt aus: »Wenn ich nicht das Wort Eurer Majestät dafür hätte, dass das wirklich Wein ist, ich hätte es niemals geglaubt.«

Als im Ersten Weltkrieg das Geld knapp wurde, entschloss man sich, die kostbaren Tokajer-Reserven aus dem Hofkeller zu verkaufen. Im März 1918 vermittelte der ungarische Weinhändler Fuchs den Verkauf von 6000 Hektolitern Wein für die enorme Summe von 15 Millionen Kronen an einen Berliner Weingroßhändler. Nach dem Krieg wurde der Hofkeller über den Kriegsinvalidenfonds abgewickelt, der im Amalientrakt eine Schenke einrichtete, in der jedermann den Wein aus dem Hofkeller verkosten und kaufen konnte.

Otto von Habsburg schätzte guten Wein sehr. Gern besuchte er Veranstaltungen der verschiedensten Weinbruderschaften. Er war Protektor des Europäischen Weinritterordens und häufiger Gast der Confrérie des Chevaliers du Tastevin im Burgund. Für ihn war Wein ein Zeichen der Kultur, die Menschlichkeit, Kunst, Schönheit und Lebensfreude bedeutet. »Wer unseren Kontinent bereist, weiß, dass an jenen Orten, wo der Weinbau die wirtschaftliche Grundlage ist, die Zivilisation eine Hochblüte erlebt hat«, schrieb er den Weinrittern ins Stammbuch.

058

SKANDAL AM KÖNIGSHOF

Die Kronprinzessin von Sachsen, Luise von Toskana, mit ihrem Geliebten Enrico Toselli

»Immer diese Toskanas«, seufzte Kaiser Franz Joseph, als er von dem Skandal um seine Großnichte Luise von Sachsen hörte. Die Toskanas sorgten wahrlich reichlich für Unannehmlichkeiten. Erzherzog Leopold Ferdinand, das vierte Kind von Ferdinand IV., Großherzog von Toskana, hatte sich gerade in den Kopf gesetzt, eine Prostituierte heiraten zu müssen. Und nun der Eklat um Luise, die im Dezember 1902 Mann und Kinder alleingelassen und sich mit ihrem Geliebten André Giron, dem Sprachlehrer ihrer Kinder, nach Genf abgesetzt hatte. Ein europaweiter Skandal, war sie doch mit dem sächsischen Erbprinzen Friedrich August verheiratet und damit Kronprinzessin von Sachsen. Sechs Kinder hatte sie ihrem Mann geschenkt, mit dem siebten war sie schwanger. Lange brodelte die Gerüchteküche, ob das siebte Kind, Anna Pia, nicht doch das Kind des Sprachlehrers gewesen sei, es gilt aber als gesichert, dass es doch ein sächsisches Kind war. Anna Pia (1903–1976) heiratete später wieder einen Habsburger, Erzherzog Josef Franz aus der ungarischen Linie.

Der Skandal um Luise war nicht nur im europäischen Hochadel Gesprächsthema. Für die Zeitungen war er ein gefundenes Fressen. Dem Königshaus blieb nichts anderes übrig, als die Flucht nach vorn anzutreten und die Scheidung zu fordern. Sehr ungewöhnlich in der damaligen Zeit für ein erzkatholisches Haus. Am 11. Februar 1903 wurde die Ehe geschieden. Zu diesem Zeitpunkt war Luise aber auch schon von André Giron getrennt. Nach der Scheidung reiste sie mit verschiedenen Geliebten quer durch Europa und heiratete später den zwölf Jahre jüngeren Komponisten Enrico Toselli, mit dem sie einen Sohn hatte. Auch diese Ehe hielt nicht lange. Nach einem Aufenthalt bei ihrem Onkel Ludwig Salvator ging sie nach Brussel, wo sie am 23. März 1947 verarmt als Blumenfrau starb.

Bereits einige Jahre vor dem sächsischen Skandal hatte sich in unmittelbarem Umfeld der kaiserlichen Familie ein ähnliches Drama abgespielt. Prinzessin Louise von Coburg, Schwester von Kronprinzessin Stephanie und Ehefrau von Prinz Philipp von Coburg, flüchtete sich aus einer sie langweilenden Ehe in die Arme von Graf Geza von Mattachich. Die Coburgs waren Ende des 19. Jahrhunderts die Stars der Wiener Gesellschaft und Louise eine der elegantesten Damen, die es liebte, im Mittelpunkt zu stehen. Sehr eng war ihre Beziehung zum Kronprinzenpaar gewesen, Prinz Philipp war als einer der besten Freunde Rudolfs Zeuge der Tragödie von Mayerling. Eine Weile lang sah er dem Treiben seiner Frau zu, die Situation eskalierte allerdings, als selbst Kaiser Franz Joseph von der Sache Wind bekam, Prinzessin Louise zur Audienz einbestellte und ihr eine kaiserliche Standpauke hielt. Doch Louise kannte kein Maß. Nicht nur, dass sie öffentlich mit Mattachich durch Europa reiste, häufte sie mit ihrem luxuriösen Lebensstil dermaßen viele Schulden an, dass irgendwann ihr Mann, der steinreiche Prinz Coburg-Koháry, nicht mehr bereit war, dafür aufzukommen. In dieser Situation machte Louise einen Fehler: Sie fälschte die Unterschrift ihrer Schwester, der Kronprinzessin, auf einem Wechsel. Die Sache flog auf, Mattachich kam ins Gefängnis und Louise unter Kuratel. Noch viele Jahre zog sich das Drama hin, inklusive einer abenteuerlichen Befreiung Louises aus einer Nervenheilanstalt. Erst 1906 wurde die Ehe zwischen Philipp und Louise geschieden, sie aber litt zeitlebens an Geldnot und starb verarmt 1924 in Wiesbaden.

DER KNOPFKÖNIG – K. U. K. HOFLIEFERANTEN

Als im Jahr 2004 nach 160 Jahren eine Wiener Institution ihr Geschäft im 1. Bezirk schließen musste, berichtete sogar die *Neue Zürcher Zeitung* darüber. »Zum alten Knopfkönig« hieß der Laden im Besitz der Familie Frimmel, der in jedem Reiseführer stand und in über 35 000 Knopfkisten fast eine Million Knöpfe führte – kein einziger davon aus Kunststoff. Die »erste und älteste Wiener Knopfniederlage« frequentierten neben dem Hof auch Adel und Bürgertum. Vom Kaffeehausliteraten Peter Altenberg wird erzählt, dass er beinahe täglich inmitten der Knöpfe des k. u. k. Hoflieferanten Inspiration suchte.

Das amtliche Handbuch des Wiener Hofs verzeichnete im Jahr 1899 über 500 k. u. k. Hoflieferanten. Durfte man diese Bezeichnung am Geschäft anbringen, hatte man es geschafft. Zuvor erfolgte eine strenge Prüfung durch das Obersthofmeisteramt, die stets die Einzelperson prüfte. Die Hoflieferanten wurden unter ihrem persönlichen Namen und nicht unter der Geschäftsbezeichnung im Register eingetragen. Eine schon lange Geschäftsbeziehung musste der Erteilung des Titels vorausgehen.

Ein besonderer Titel war mit dem Wort »Kammer« verbunden. Beispielsweise war Juwelier Köchert »k. u. k. Hof- und Kammerjuwelier u. Goldschmied«, was bedeutete, dass der Juwelier immer Zugang zum Kaiser hatte. Im Falle von Köchert inkludierte dies die Betreuung der Preziosen in der Schatzkammer. Die Rudolfskrone etwa wurde im 19. Jahrhundert von Juwelieren dieses traditionsreichen Hauses restauriert, und die berühmten diamantenen Sisi-Sterne, die auf dem bekannten Gemälde Franz Winterhalters zu sehen sind, stammen von Köchert. Unter den k. u. k. Kammertiteln befanden sich verschiedenste Geschäfte und Dienstleister: Klavierfabrikanten, Medailleure, Hutmacher, Büchsenmacher, Juweliere, Graveure, Kürschner, Kunststickerinnen, Gold- und Silberwarenfabrikanten, Marinemaler und Posamentierwaren-Fabrikanten. Viele dieser Geschäfte mussten in den letzten Jahren schließen. Im besten Fall ist die Ausstattung erhalten geblieben. Am Graben dominiert immer noch das Gebäude der Bekleidungsfirma E. Braun & Co. Über den Schaufenstern, in denen heute die Produkte einer schwedischen Billigmodekette feilgeboten werden, werden die Filialen von Prag und Karlsbad genannt.

In Wien gibt es heute gerade noch zwei Dutzend der einstigen Hoflieferanten. Ihre Produkte und Dienstleistungen genießen nach wie vor einen ausgezeichneten Ruf und stehen für hohes Qualitätsbewusstsein und Exklusivität. Der Herrenbekleider Knize (gesprochen Knische) zählte viele Jahre Billy Wilder zu seinen Stammkunden, der immer wieder von Hollywood nach Wien zurückkehrte, auch, um seinen geliebten Herrenduft Knize Ten zu kaufen. Beim k. u. k. Hofschuhmacher Rudolf Scheer & Söhne in der Bräunerstraße 4 muss man immer noch mindestens ein halbes Jahr auf seine Schuhe warten, dafür halten sie ein Leben lang. Für viele ist der Titel noch Teil ihrer Identität. Auch für Ch. Demel k. u. k. Hofzuckerbäcker, den der touristische Run trotz gleichbleibender höchster Qualität der Kuchen und Torten das alte Wiener Publikum gekostet hat. Das geht nun eher zum Schwarzen Kameel, ebenfalls Hoflieferant, um einen kleinen Imbiss zu sich zu nehmen.

Im alten Geschäft der Knopfkönigin ist heute eine Schokoladenmanufaktur, die alte Inneneinrichtung wurde liebevoll erhalten, und als Hommage an die 160-jährige Tradition des Knopfkönigs lassen sich dort Schokoladenknöpfe erwerben.

↑
Wer k. u. k. Hoflieferant wurde, durfte den kaiserlichen Doppeladler auf dem Firmenschild darstellen. Das wird bis heute gern gemacht.

060

DER GROSSE TITEL

Der große Titel des Kaisers von Österreich war die offizielle Aufzählung der Kronen, Titel und Würden, die die vier Kaiser von der Begründung des Kaisertums 1804 bis zum Ende der Monarchie 1918 trugen. Neben dem Großen Titel gab es auch einen Mittleren und einen Kleinen. Der Große Titel ist eine Mischung aus tatsächlichen Titeln der vier Kaiser von Österreich und historischen Anspruchstiteln und geht auf Kaiser Franz II./I. zurück, der ihn in der Kaiserproklamation 1804 festlegte. Der Titel war bis 1918 gültig, wurde aber noch zwei Mal nach dem Ende der Monarchie öffentlich intoniert: bei den Begräbnissen von Kaiserin Zita 1989 und von Otto von Habsburg 2011.

Die Gliederung ist recht einfach: Zuerst wird der Kaisertitel genannt, wobei Kaiser Franz in den Jahren von 1804 bis 1806 noch »Von Gottes Gnaden erwählter römischer Kaiser, zu allen Zeiten Mehrer des Reiches und König von Germanien« führte. Es folgen die Königstitel und dann der habsburgspezifische Titel des Erzherzogs von Österreich. Anschließend werden die Großherzogtitel genannt, die Herzogtitel und schließlich alle anderen. Vollständig ist der Große Titel nicht, wie man an den etc. etc. erkennen kann.

Der Mittlere Titel hört nach dem gefürsteten Grafen von Tirol auf. Der Kleine Titel zählt die wichtigsten Königreiche auf und endet mit dem Erzherzog von Österreich.

Bei Kaiserin Zitas Beerdigung wurde am Ende noch hinzugefügt: »Infantin von Spanien, Prinzessin von Portugal und Parma«. Auch bei der Beerdigung von Otto von Habsburg gab es Modifikationen: Um Einlass bat: »Otto von Österreich, einst Kronprinz von Österreich-Ungarn, königlicher Prinz von Ungarn und Böhmen ...« »König von Jerusalem« wurde weggelassen, ebenso »Erzherzog von Österreich«.

Kaiser Franz Joseph hatte auf seiner Visitenkarte einfach nur »Franz Joseph« stehen. Doch wozu brauchte er überhaupt Visitenkarten, er wird sie wohl kaum Besuchern überreicht haben. Wenn der Kaiser Geschenke machte, zum Beispiel anderen Monarchen, lag dem Präsent stets eine Visitenkarte bei. Ohne den Großen Titel.

Für den Großen Titel braucht man viel Platz auf dem Papier.
→

Seine Kaiserliche und Königliche Apostolische Majestät
N. N.
von Gottes Gnaden Kaiser von Österreich,
König von Hungarn und Böhmen, König der Lombardei und Venedigs,
von Dalmatien, Kroatien, Slawonien, Galizien, Lodomerien und Illirien,
König von Jerusalem etc.;
Erzherzog von Österreich;
Großherzog von Toscana und Krakau;
Herzog von Lothringen, von Salzburg, Steyer, Kärnthen, Krain und der Bukowina;
Großfürst von Siebenbürgen; Markgraf von Mähren;
Herzog von Ober- und Niederschlesien, von Modena, Parma, Piacenza und Guastalla,
von Auschwitz und Zator, von Teschen, Friaul, Ragusa und Zara;
gefürsteter Graf von Habsburg und Tirol, von Kyburg, Görz und Gradiska;
Fürst von Trient und Brixen;
Markgraf von Ober- und Nieder-Lausitz und in Istrien;
Graf von Hohenembs, Feldkirch, Bregenz, Sonnenberg etc.;
Herr von Triest, von Cattaro und auf der windischen Mark;
Großwojwod der Wojwodschaft Serbien
etc. etc.

061

STANDESGEMÄSS ODER NICHT STANDESGEMÄSS? HABSBURGISCHE EHEN

Erzherzog Ferdinand Karl hatte sich noch über die nicht standesgemäße Ehe seines Bruders Franz Ferdinand echauffiert. Später schied er aus dem Haus aus, um Berta Czuber zu heiraten, und nannte sich fortan Ferdinand Burg.
←

In früheren Zeiten war die Eheschließung der Fürsten ein Instrument der Politik. Eine Heirat sollte vorteilhaft sein, den Rang mindestens erhalten, wenn nicht gar erhöhen, die Bedeutung vergrößern, eine Allianz schmieden und gegebenenfalls die Perspektive auf eine Besitzvergrößerung geben. Vor allem aber sollten die Ehepartner einander ebenbürtig sein, standesgemäß. Im Lauf der Jahrhunderte bildeten sich jene Regeln heraus, nach denen jemand als standesgemäß galt oder nicht. Für die Habsburger hieß das, dass sich der Heiratsmarkt auf das Sahnehäubchen des europäischen Hochadels beschränkte, ab der Reformation musste das Sahnehäubchen natürlich katholisch sein. Als Partner kamen nur Mitglieder von regierenden Häusern beziehungsweise ehemals regierenden Häusern infrage. Nicht immer war es einfach, jemand

Adäquaten zu finden. Der persönliche Wunsch nach einer romantischen Liebe musste oft genug zurückstehen, eheliches Glück war keine bestimmende Kategorie. Wenn eine arrangierte Ehe harmonisch verlief, konnte man zufrieden sein.

Einer der Ersten, der von der vorgeschriebenen Linie abwich, war Erzherzog Ferdinand II., Landesfürst von Tirol, der 1557 heimlich die Augsburger Bürgerstochter Philippine Welser heiratete. Bei Philippine handelte es sich zwar wahrhaftig um kein armes Mädchen, immerhin stammte sie aus der Bankiersfamilie Welser, aber sie war halt bürgerlich. Zwei Jahre später flog die Hochzeit auf. Der kaiserliche Schwiegervater war erbost, versorgte aber sowohl Philippine als auch die Kinder großzügigst.

Vor allem die Töchter hatten so gut wie kein Mitspracherecht bei der Eheschließung. Sie waren im Hinblick auf den Heiratsmarkt reines Kapital für künftige Allianzen. Maria Theresia verheiratete ihre Töchter geschickt quer durch Europa. Maria Antonia war der krönende Abschluss einer neuen Allianz Österreichs mit Frankreich gegen die Preußen. 14-jährig kam sie nach Frankreich, führte einen luxuriösen Lebensstil als Gattin Ludwigs XVI. und erwachte zur wahren Größe erst im Gefängnis und auf dem Weg zum Schafott. Einzig Maria Christine, die Lieblingstochter Maria Theresias, ertrotzte sich von der Mutter ihre Liebesheirat mit Herzog Albert von Sachsen-Teschen. Auf dieses Paar geht die Sammlung der Albertina zurück.

Im 19. Jahrhundert wagten zumindest Söhne und Brüder den Aufstand gegen das Hausgesetz. Berühmt ist die bereits erwähnte Geschichte von Erzherzog Johann und Anna Plochl, die sechs Jahre warten mussten, bevor Kaiser Franz I. seinem Bruder die Genehmigung zur Hochzeit erteilte.

Schwieriger wurde die Situation dann, wenn sich der Heiratswillige in einer exponierteren Situation befand, wie Erzherzog Franz Ferdinand, der nach dem Tod Kronprinz Rudolfs 1889 Thronfolger wurde. Auch er musste fast neun Jahre darauf warten, bis ihm Kaiser Franz Joseph schließlich erlaubte, Gräfin Sophie Chotek zu heiraten. Zuvor musste er einen feierlichen Renunziationseid ablegen, mit dem er auf die Thronfolgerechte für seine Kinder verzichtete. Sein Bruder, Ferdinand Karl, war nicht so geduldig und heiratete heimlich Berta Czuber, die Tochter eines Wiener Mathematikprofessors. Der Kaiser zog die Konsequenz. Ferdinand schied aus dem Haus aus und lebte fortan als Ferdinand Burg.

Otto von Habsburg legte das Hausgesetz nicht mehr so streng aus. Seine Kinder konnten sich ihre Ehepartner alle selbst wählen, ungeachtet deren Herkunft. Der jetzige Hauschef änderte das Familienstatut, indem er alle Ehen für standesgemäß erklärt, die nach den Gesetzen der katholischen Kirche geschlossen werden.

062

INDIVISIBILITER AC INSEPARABILITER – DAS GEMEINSAME WAPPEN

Alle Kronländer, alle Titel und alle Orden vereint. Das mittlere gemeinsame Wappen galt ab 1915.
↓

Was sich anhört und liest wie ein Zungenbrecher, sind jene Worte, die das Spruchband am mittleren gemeinsamen Wappen der österreichischen Monarchie zieren. »Unteilbar und untrennbar« soll es heißen, und es stammt aus der Pragmatischen Sanktion von 1713, die eine Art Grundgesetz des Hauses Habsburg darstellte. Das mittlere gemeinsame Wappen galt ab 1915, drei Jahre später wurde allerdings das Reich geteilt und die Länder getrennt. In seiner Ästhetik zieht das Wappen jedoch bis heute in seinen Bann.

Seit dem staatsrechtlichen Ausgleich zwischen Österreich und Ungarn 1867 sollten auch die Wappen, Siegel und Flaggen einander angeglichen werden. Es hat Jahrzehnte und verschiedene Anläufe gebraucht, bis man sich schließlich auf einen Vorschlag einigen konnte. Hervorgegangen ist er aus den jeweils eigenen Wappen der beiden Reichshälften, Österreich und Ungarn. Eine wahrhaft salomonische Lösung, wollten die Ungarn doch den Doppeladler als gemeinsames Wappentier nicht akzeptieren, geschweige denn die Kaiserkrone.

Beide Wappen werden nebeneinander abgebildet, zu jeder Seite einen Schildhalter, für Österreich der Greif, für Ungarn der Engel. Schildhalter und Wappen sind durch eine goldene Ornamentik verbunden, um die sich das Spruchband windet. Die österreichische Seite zeigt das mittlere Wappen der österreichischen Länder: im Herzschild in Rot ein silberner Balken, stehend für das Haus Österreich. Der Mittelschild vereinigt die Wappen der alten Erbländer: Erzherzogtum Österreich ob der Enns, unter der Enns, die Herzogtümer Steiermark, Kärnten und Krain. Der Hauptschild stellt die Wappen weiterer Kronländer und Erblande dar: die Königreiche Böhmen, Galizien und Lodomerien und Dalmatien, die Herzogtümer Ober- und Niederschlesien, Salzburg, die Markgrafschaft Mähren, die gefürstete Grafschaft Tirol, das Land Vorarlberg, die Markgrafschaft Istrien, das Herzogtum Bukowina, Bosnien und Herzegowina und die gefürstete Grafschaft Görz. Über allem thront die Rudolfskrone.

Die ungarische Seite zeigt das vereinigte Wappen der ungarischen Krone. Im Herzschild findet sich das kleine Wappen Ungarns, im Rückenschild die Wappen von Dalmatien, Kroatien, Slawonien, Siebenbürgen, Bosnien-Herzegowina und Fiume. Über dem Rückenschild liegt die heilige ungarische Krone.

Zusammengehalten werden beide Teile durch das aufgelegte Wappen der Habsburger. Im Mittelfeld steht der silberne Balken auf Rot für das Haus Österreich, rechts steht der rote Löwe auf goldenem Grund für Habsburg, links ein mit drei schrägen silbernen Adlern belegter roter Schrägbalken für Lothringen. Um diesen Wappenschild hängt eine Collane des Goldenen Vlieses. Darunter befinden sich die drei höchsten Verdienstorden der Monarchie: der Maria-Theresien-Orden, der königlich-ungarische St.-Stephans-Orden und der österreichisch-kaiserliche Leopolds-Orden.

Auch die Einführung dieses Wappens, das doch sowohl Österreicher als auch Ungarn befriedete, lief nicht unproblematisch ab.

063

TRAGÖDIEN: KRONPRINZ RUDOLF UND KAISERIN ELISABETH

Kronprinz Rudolf, hochbegabt und talentiert, aber von labiler Persönlichkeit

Kaiser Franz Joseph hat in seinem Leben viele Schicksalsschläge erleiden mussen, von denen ein einzelner gereicht hätte, um jemanden aus der Bahn zu bringen. Seine engsten Familienmitglieder kamen durch Gewaltverbrechen ums Leben. Den Anfang machte die Erschießung seines Bruders Maximilian in Mexiko. Besonders bitter aber war der Tod von Kronprinz Rudolf, um den sich bis heute Legenden winden.

Das Verhältnis des Kaisers zu seinem einzigen Sohn lässt sich wahrlich nicht als harmonisch bezeichnen. Zu verschieden waren die beiden. Außer seinen militärischen und Repräsentationspflichten gab es für einen Kronprinzen kein fest umrissenes Aufgabengebiet. Rudolf, hochtalentiert, aber psychisch labil und mindestens alkoholabhängig, war politisch ambitioniert und liberal eingestellt. Unter einem Pseudonym veröffentlichte er ebenso zahlreiche wie schonungslose Analysen des Zustands der Monarchie. Über seine unglückliche Ehe tröstete er sich mit zahlreichen Liebschaften hinweg, von denen Baronesse Mary Vetsera eine war. Als am Morgen des 30. Januar 1889 der Tod des Kronprinzen und der Baronesse in Mayerling entdeckt wurde, tat man alles, um die Anwesenheit der Leiche Vetseras zu verschleiern. Über die Auffindesituation erhielt selbst das Kaiserpaar zuerst falsche Informationen. Prinz Philipp von Coburg berichtete, der Kaiser sei zutiefst getroffen gewesen, habe ihn umarmt und bitterlich geweint. Die Mitteilung des Hofes an die Öffentlichkeit, der Kronprinz sei an einer Herzattacke gestorben, die sich widersprechenden Gerüchte, das zögerliche Zugeben, der Kronprinz habe sich selbst im Zustand geistiger Umnachtung erschossen und die Vereidigung der beteiligten Personen durch den Kaiser, absolutes Stillschweigen über den Hergang zu bewahren, der schnelle Umbau des Jagdschlosses in ein Kloster – all dies trug zur Mythenbildung um Mayerling bei. Über den wahren Hergang werden wir wohl nie etwas erfahren. Zu viele Unterlagen sind nicht mehr auffindbar. Am wahrscheinlichsten ist immer noch die Selbstmord-Theorie, wobei auch hier die Gründe im Dunkeln bleiben. Ohnedies kann bezweifelt werden, dass Rudolf je seinen Vater beerbt hätte. Es gab zahlreiche Anzeichen einer Syphilis-Erkrankung, die aufgrund der schlechten Behandlungsmöglichkeiten eher früher als später zum Tod geführt hätte.

Kaiserin Elisabeth zog sich nach dem Tod ihres Sohnes weitgehend aus der Öffentlichkeit zurück. Sie reiste viel, hielt sich auf Korfu in ihrem geliebten Achilleion auf oder traf sich mit dem Kaiser an der französischen Riviera. Wien sah sie nur noch selten. Im September 1898 reiste sie, wie üblich inkognito, nach Genf, um die Familie Rothschild zu besuchen. Als sie am 10. September auf dem Weg zum Dampfersteg war, wurde sie von einem Anarchisten umgerannt, der ihr dabei eine stilettartige Feile ins Herz stieß. Sie konnte noch aufstehen und weitergehen, verstarb aber kurze Zeit später. Kaiser Franz Joseph empfing die furchtbare Nachricht mit Haltung, aber sie erschütterte ihn zutiefst. »Gott allein weiß, wie sehr ich diese Frau geliebt habe!«

Das jüngste Kind des Kaiserpaares, Marie Valerie, verheiratet mit Erzherzog Franz Salvator aus der Toskana-Linie, versuchte gemeinsam mit ihrer Schwester Gisela, den alten, einsamen Vater zu trösten, so gut wie es ging. Zur Sommerfrische in Ischl brachte sie oft ihre Kinder mit. Der alte Kaiser liebte es, ihnen beim Spielen zuzusehen. Die Bürde seines Amtes konnten sie ihm nicht nehmen.

HABSBURG UND MUSIK

Bruckner, Mozart, Beethoven, Haydn, Schubert, Liszt, Dvořák, Smetana, Korngold, Krenek, Mahler, Lehár, Strauß Vater, Strauß Sohn, Lanner, Richard Strauss, Hugo Wolf – Österreich ist das Land der Musik. Und der Hof hat die Musik stets gefördert.

Für die Repräsentation und das Selbstverständnis einer Dynastie spielte Musik immer eine besondere Rolle. Seit dem Spätmittelalter war es gute Sitte, sich eine eigene Hofmusikkapelle zu halten, die die herrscherliche Repräsentation entsprechend untermalte. Maximilian I. war der Erste, der seine Hofkapelle professionell organisieren ließ. Am 30. Juni 1498 begründete er die Hofcapell-Singknaben, aus denen später die Wiener Sängerknaben wurden. Hauptaufgabe des Chors war die Gestaltung der Heiligen Messe. Dieser Aufgabe kommen die Sängerknaben nach wie vor jeden Sonntag in der Hofburgkapelle nach.

Unter Ferdinand I. und Ferdinand II. wurden die Hofmusikkapellen zu den führenden in Europa. Das Barock läutete sich ein und damit die höfische Inszenierung von Oper und Musik, die ihren Höhepunkt unter Leopold I. fand. Noch Karl VI. versuchte sich recht erfolgreich in Komposition, wie sein Hofmusikus Johann Joseph Fux bestätigte. Fux selbst galt als herausragender Komponist geistlicher Musik. Es war eine Ehrenaufgabe der Kaiser, Musiker und Komponisten zu fördern. Die ganze Familie Karls war sehr musikalisch. Die Töchter Maria Theresia und Maria Anna erhielten eine fundierte musikalische Ausbildung auf mehreren Instrumenten und im Gesang. Zeitgenossen bestätigen die schöne Stimme Maria Theresias, die als Mädchen mit ihrer Schwester gern in Opern und Musikaufführungen mitwirkte. Ab ihrer Regierungsübernahme war es allerdings mit den großen Inszenierungen vorbei. Das Geld war knapp, und das, was da war, floss in den Krieg.

Der Trend ging nun eher in Richtung Hausmusik beziehungsweise Musikdarbietungen in kleinerem Kreise. Dazu wurden Musiker und Komponisten zum Hof eingeladen. Berühmt ist die Geschichte des Vorspielens des sechsjährigen Mozart, der nach seiner Darbietung die Kaiserin abgebusselt hat. Auch von Joseph II. wird berichtet, dass er gern und oft musizierte.

Während des Wiener Kongresses war die Stadt voll mit Zaren, Königen, Fürsten und Herzögen aller Art – und mit Künstlern. Die vielen Bälle, Feste und Musikveranstaltungen waren der wohlklingende Vordergrund, während in den Hinterzimmern der Palais die Neuordnung Europas gestaltet wurde. Ein Aufblühen der Notendruckindustrie war die Folge, da sich die Gäste die Kompositionen

↑
Der kleine Wolfgang Amadeus Mozart spielt vor Kaiserin Maria Theresia und ihrer Familie.

berühmter Musiker, darunter Beethoven, gern mit nach Hause nehmen wollten.

Der jüngste Bruder von Kaiser Franz, Erzherzog Rudolph, Erzbischof von Olmütz, war eng mit Beethoven befreundet, der ihm zahlreiche seiner Werke widmete, darunter die *Missa Solemnis*, seine *Klavierkonzerte Nr. 4* und *Nr. 5* sowie das *Erzherzogstrio*.

Im 19. Jahrhundert trat der Hof als Förderer von musikalischem Schaffen etwas zurück, unterhielt aber dennoch stets ein gut ausgestattetes Hoforchester mit etwa 50 Dirigenten, Musikern und Sängern, die bei Hoffesten und offiziellen Anlässen aufspielten. Von Kaiser Franz Joseph ist bekannt, dass er nicht sehr musikalisch war. Er schätzte eher die darstellenden Künste. Die Anekdote weiß zu berichten, dass er die *Kaiserhymne* ausschließlich daran erkannte, dass alle bei den ersten Takten aufstanden.

→ Die Polarexpedition war ein gefahrvolles Abenteuer. »Nie zurück!« war die Durchhalteparole Julius von Payers an seine Mannschaft, die im ewigen Eis zu verzweifeln drohte.

HABSBURG ON ICE

Kann man sich vorstellen, dass österreichische Forscher führend in der Polarforschung waren? Im Jahr 1872 brachen Oberleutnant Julius von Payer und Schiffsleutnant Carl Weyprecht auf dem Schiff Admiral Tegetthoff zu einer großen Abenteuerfahrt, zur Österreichisch-Ungarischen Nordpolexpedition, auf. Beide waren nicht unerfahren in diesem Bereich. Julius Payer, bereits bekannt als Alpinforscher und Kartograf, hatte an der Zweiten Deutschen Nordpolarexpedition 1869/1870 nach Ostgrönland teilgenommen. Dort, auf der Sabine-Insel, erforschte und kartografierte Payer das Gebiet und gab einem großen Fjord den Namen Kaiser-Franz-Joseph-Fjord. Die nächste Expedition unternahm er mit Carl Weyprecht in die Region von Spitzbergen und Nowaja Semlja zur Vorbereitung der großen Österreichisch-Ungarischen Nordpolexpedition.

1872 war es so weit. Die Admiral Tegetthoff legte unter Führung von Payer und Weyprecht mit einer 24-köpfigen Besatzung im Juli vom norwegischen Hafen Tromsø ab. Im August wurde das Schiff mehr und mehr vom Eis eingeschlossen und von der geplanten Route abgetrieben. Am 30. August wurden die ersten Inseln des bis dahin noch in keiner Karte verzeichneten Archipels gesichtet. Der etwa 900 Kilometer vom Nordpol entfernte Archipel wurde zu Ehren des Monarchen, der diese Expedition mit einem nicht unerklecklichen Betrag gefördert hatte, Franz-Joseph-Land genannt. Es vergingen noch einige Monate, bis das Schiff vom Eis so weit getrieben wurde, dass die Forscher die erste Insel betreten konnten, die sie gleich nach dem zweiten Förderer der Expedition, Johann Graf Wilczek, benannten, nämlich die Wilczek-Insel.

Franz-Joseph-Land liegt fast komplett im Eis, umfasst etwa 16 000 Quadratkilometer, was ungefähr der Größe der Steiermark ent-

Einer der neuen Untertanen Kaiser Franz Josephs auf dem Franz-Josephs-Land
↓

spricht, und ist der nördlichste Außenposten Europas. Die »Bevölkerung« der Inseln besteht hauptsächlich aus Eisbären, Robben und Walrössern.

Payer und Weyprecht gaben etlichen der Inseln des Archipels Namen, die sie noch heute tragen: Prinz-Rudolf-Insel, Rainer-Insel, Ziegler-Insel, Salm-Insel, Klagenfurt-Insel, Hall-Insel mit Kap Tegetthoff und die Wiener-Neustadt-Insel. Zwei Winter verbrachte die Expedition in der eisigen Kälte, da auch die Admiral Tegetthoff vom Eis eingeschlossen war. Unterdessen wurde mit Schlittenfahrten und Expeditionen zu Fuß das Land erkundet und kartografiert. Payer legte mit seinem Team ungefähr 800 Kilometer auf den Inseln zurück.

Keine Hoffnung bestand indes, dass die Tegetthoff vom Eis freigegeben würde. Payer und Weyprecht beschlossen, das Schiff aufzugeben. Nach knapp zwei Monaten Wanderschaft über das Eis waren sie allerdings von einer Drift zurückgetrieben worden. Die Mannschaft war zermürbt von Hunger und Kälte. Payer hielt diesen Moment später in einem Monumentalgemälde fest, das heute im Heeresgeschichtlichen Museum in Wien hängt. »Nie zurück!« war der Aufruf an die Leute, nicht aufzugeben. Noch einmal ein Marsch vier Wochen lang nach Süden, dann erreichte man das offene Meer. Nach einigen Tagen Rudern wurde die Truppe von russischen Fischern aufgenommen und nach Norwegen gebracht. Bejubelt von Bevölkerung, Presse und Wissenschaft kehrten die Forscher und ihre Mannschaft am 25. September 1874 nach Wien zurück.

Mit der Entdeckung des Franz-Joseph-Lands und ihren Erfahrungen bei der Expedition haben Payer und Weyprecht einen wesentlichen Beitrag zur Polarforschung geleistet.

066

DIE MORGANATISCHEN II: DIE HOHENBERGS

Am 28. Juni 1900 unterzeichnete Erzherzog-Thronfolger Franz Ferdinand feierlich den Renunziationseid, mit dem er auf die Thronfolge seiner Kinder aus seiner Ehe mit Gräfin Sophie Chotek verzichtete. Anlässlich der Hochzeit am 1. Juli 1900 erhob Kaiser Franz Joseph Sophie zur Fürstin von Hohenberg, neun Jahre später erfolgte die Erhebung in den Herzogsstand. Der Name Hohenberg war eine Reminiszenz an Gertrud von Hohenberg, die erste Frau des Stammvaters Rudolf von Habsburg. Franz Ferdinand und Sophie hatten sechs lange Jahre auf diese Hochzeit gewartet. Kaiser Franz Joseph gestattete schließlich die Verbindung, mahnte aber »Bedenke auch, was Du dieser Frau damit antust«, da ihm sehr wohl bewusst war, dass die protokollverliebte Hofgesellschaft ihren Unmut über den nicht sehr beliebten Franz Ferdinand auch an seiner nicht standesgemäßen Frau auslassen würde. Franz Ferdinand und Sophie führten eine überaus glückliche Ehe, bis das Attentat von Sarajevo 1914 beide aus dem Leben riss. Im Gegensatz zu immer wieder auftauchenden Behauptungen hatte Kaiser Franz Joseph im Begräbnisprotokoll die Herzogin von Hohenberg nicht zurückgesetzt. Er selbst hatte die Trauerfeierlichkeiten auf die III. Rangklasse erhöht, die nur dem Sohn eines Monarchen zustand.

Für die drei Waisenkinder, die 13-jährige Sophie, den zwölfjährigen Maximilian und den zehnjährigen Ernst, wurde Jaroslav Thun-Hohenstein als Vormund bestellt, der mit einer Schwester der Herzogin verheiratet war. Die Kinder wuchsen in Konopischt auf, dem Lieblingssitz ihrer Eltern, und hatten den Umständen entsprechend eine schöne Kinderzeit. Der nunmehrige Thronfolger Karl kam, so oft es ihm möglich war, zusammen mit Zita nach Konopischt, um seine kleinen Cousins zu besuchen. Die Verbindung zwischen den beiden Familien war eng und sollte nie mehr abreißen. Nach dem Ende der Monarchie und dem Tod von Kaiser Karl, als die kaiserliche Familie schon in Spanien war, besuchten Maximilian und Ernst 1923 den kleinen Otto in Lekeitio in Spanien. Sowohl eine persönliche als auch eine politische Freundschaft erwuchs daraus.

In den 1930er-Jahren war vor allem Maximilian eine Art Vertreter von Otto von Habsburg in Österreich. Als Ehrenvorsitzender des legitimistischen Dachverbands »Eiserner Ring« setzte er sich mit zahlreichen anderen treuen Freunden des Hauses Österreich gegen den »Anschluss« ein. Am 14. März 1938, einen Tag nach dem vollzogenen »Anschluss«, wurden Maximilian und Ernst in das Konzentrationslager Dachau verbracht. Fürst Albrecht Hohenberg, der Sohn von Maximilian, berichtete von

Erzherzog-Thronfolger Franz Ferdinand mit seiner Frau, Herzogin Sophie von Hohenberg, und den Kindern Sophie, Max und Ernst. In seiner Familie fand er seinen Frieden.

der besonderen Bitterkeit dieses Moments: Ganze Schulen wurden busweise auf den Heldenplatz gekarrt, als Hitler seine große Rede am 15. März dortselbst hielt. Alle wurden zum Zwangsjubeln verpflichtet, auch Albrecht, dessen Vater in diesem Moment schon verhaftet war. Maximilian Hohenberg wurde bereits ein halbes Jahr später entlassen, sein Bruder Ernst kam erst 1943 frei.

Nach dem Krieg arbeiteten die beiden Brüder eng mit Otto von Habsburg zusammen. Maximilian diente wieder als Ottos Botschafter, insbesondere in der Frage der Wiedereinreise. Aber das Konzentrationslager forderte seinen Tribut, er starb bereits 1962 an den Spätfolgen der Misshandlungen, sein Bruder Ernst war bereits 1954 gestorben. Beide sind an der Seite ihrer Eltern in der Gruft von Schloss Artstetten beigesetzt.

Heute sind die zahlreichen Mitglieder der Familie Hohenberg in unterschiedlichsten Bereichen tätig. Georg Hohenberg war lange im diplomatischen Dienst Österreichs, zuletzt als Botschafter beim Heiligen Stuhl. Fürstin Anita kümmert sich um das Familienschloss Artstetten, eine sehenswerte Ausstellung lohnt einen Besuch.

067

BAUHERREN VI: VILLA WARTHOLZ

Die Villa Wartholz in Reichenau an der Rax, Lieblingsort von Kaiser Karl und Kaiserin Zita, Geburtshaus von Otto von Habsburg
↓

Fährt man in Reichenau an der Rax die Hauptstraße bis fast an das Ende des Ortes entlang, so taucht schließlich auf der linken Seite ein Tor auf, davor eine Büste Kaiser Karls. Hinter dem Tor liegt in einen Landschaftspark eingebettet auf einem Hügel Schloss Wartholz.

Reichenau an der Rax am Fuße des Semmerings ist einer der klassischen Orte der Sommerfrische. Man fuhr dorthin, um der großstädtischen Hitze Wiens zu entgehen und sommerliche Erholung zu suchen. So baute sich auch Erzherzog Karl Ludwig, der Großvater Kaiser Karls, in den 1870er-Jahren nach einem Entwurf des berühmten Ringstraßenarchitekten Heinrich von Ferstel seinen Landsitz: die Villa beziehungsweise das Schloss Wartholz. Später ging das Haus in den Besitz seines Enkels über. Jung verheiratet, erlebten Karl und seine Frau Prinzessin Zita dort schöne und unbeschwerte Tage. Die Freude war groß, als in Wartholz am 20. November 1912 ihr Erstgeborener Otto das Licht der Welt erblickte. Die Monarchie hatte wieder einen Kronprinzen! Otto wurde hier getauft und ging in der Kapelle zur Erstkommunion.

Im Park der Villa Wartholz stand damals ein kleiner Pavillon mit einer gemütlichen Veranda, ein Lieblingsplatz von Karl und Zita. An dem herrlichen Sommertag des 28. Juni 1914 hatten sie beschlossen, dort zu Mittag zu essen. Mit einem Mal wurde die Zeit zwischen Suppe und Hauptgang sehr lang, bis schließlich ein Bote ein Telegramm zu Tisch brachte. Kaiserin Zita sollte diesen Moment nie mehr in ihrem Leben vergessen: »Mein Gatte öffnete also die Depesche ohne besonderes Interesse, nach einem kurzen Blick auf den Namen des Absenders, es war Baron Rumerskirch, der Adjutant seines Onkels. ›Merkwürdig‹, sagte er, ›wieso gerade der?‹ Die Antwort gab darauf die Schreckensbotschaft, die er nun vorlas: ›Bedaure zutiefst, melden zu mussen, Erzherzog Franz Ferdinand und Gemahlin sind hier ermordet worden.‹ Es war ein wunderschöner Tag, und im Sonnenlicht sah ich, wie sein Gesicht weiß wurde. Wir eilten in die Villa zurück.«[14] Die Idylle des jungen Paares hatte ein Ende. Karl stand nunmehr in der Verantwortung als Thronfolger.

Immer wieder suchten Kaiser Karl und Kaiserin Zita Schloss Wartholz auf. Einer der letzten Höhepunkte der Monarchie war die Verleihung des Maria-Theresien-Ordens an verdiente Offiziere und Soldaten der Österreichisch-Ungarischen Armee im Jahr 1917 auf der Terrasse von Wartholz.

Das Haus fiel interessanterweise nicht in die Enteignung nach den Habsburgergesetzen. Otto von Habsburg war Eigentümer und bot dem Land Niederösterreich in den frühen 1970er-Jahren die Villa als Dauerleihgabe an, wenn sich das Land entschließen sollte, darin ein Kaiser-Karl-Museum zu eröffnen. Diesen Plänen konnte das Land nichts abgewinnen, und so veräußerte Otto von Habsburg das Haus im Jahr 1973. Nach verschiedenen Eigentümern befindet sich Schloss Wartholz seit 2001 im Besitz der Unternehmerfamilie Blazek, die mit viel Engagement und Liebe den ursprünglichen Zustand des habsburgischen Landsitzes wiederhergestellt hat. Auf dem umliegenden Gelände wurden eine Schaugärtnerei und ein Kaffeehaus errichtet, regelmäßige kulturelle Veranstaltungen wie ein Literatursalon runden das Angebot ab. Auf Anfrage kann man auch die Schlosskapelle besichtigen. Für die Zukunft haben Blazeks große Pläne, die den alten Gedanken Ottos von Habsburg eines Museums wieder aufgreifen.

Die Kapuzinergruft, schaurig-schöner Begräbnisort für 149 Habsburger aus vier Jahrhunderten

WER BEGEHRT EINLASS? – DIE KAPUZINERGRUFT

»Wer begehrt Einlass?«, fragt der Pater aus dem Inneren der Kapuzinerkirche, nachdem der Zeremonienmeister an die Tür geklopft hat. Viele werden sich noch an diese Anklopfzeremonie erinnern, die sich das letzte Mal beim Begräbnis von Dr. Otto von Habsburg am 16. Juli 2011 abgespielt hat. Der Zeremonienmeister zählte alle Titel auf, doch am Ende öffnete sich die Tür erst, als »unser sterblicher Bruder Otto« um Einlass bat. Anschließend wurde der Sarg hinunter in die Gruft getragen und bestattet.

Die Kapuzinergruft ist die prominenteste Grablege der Habsburger. 19 Kaiser und 16 Kaiserinnen, insgesamt 148 Personen, fanden dort ihre letzte Ruhestätte. Im Jahr 1618 stiftete Kaiserin Anna, die Ehefrau von Kaiser Matthias, eine kleine Gruft und ein kleines Kapuzinerkloster. Beide starben noch vor der Fertigstellung und wurden zunächst im sogenannten Königinnenkloster, der heutigen evangelischen Kirche in der Dorotheergasse, bestattet, später aber in die Gruft bei den Kapuzinern überführt. Wir sehen sie heute in ihren einfachen Särgen in der kleinen Gründergruft, die zu Beginn der einzige Gruftraum war. Kaiser Ferdinand III. bat schließlich die Kapuziner, die Gruft zu erweitern, da er viele Todesfälle in der Familie zu beklagen hatte. Damit schuf er die Grundlage des habsburgischen Erbbegräbnisses. Der lange Gang entspricht in ungefähr dem Mittelgang der Kirche, die exakt darüber liegt. Links und rechts reihen sich die Särge, die immer prunkvoller werden bis hin zum verspielten Rokoko, das mehr heiter als bedrückend wirkt.

Höhepunkt aber ist die von der großen Kaiserin persönlich konzipierte Maria-Theresien-Gruft. In der Mitte steht beziehungsweise thront der gewaltige und einzigartige Doppelsarkophag von Maria Theresia und ihrem Mann, Kaiser Franz Stephan von Lothringen. Oben sehen wir beide im Augenblick der Auferstehung, hinter ihnen ein Engel, der gerade

die Posaune geblasen hat. Die Ornamentik am Sarg spiegelt die weltlichen Würden Maria Theresias, ihre Krönungen in Pressburg und Prag, und Franz Stephans wider. Um das Elternpaar herum stehen die Särge von Kindern und Schwiegerkindern. Maria Theresia stellt sich hier einmal mehr als die mütterliche Majestät dar, die ihre Kinder wie ihre Untertanen um sich schart. Beim Anblick der ganz kleinen Särge denkt man bedrückt an die hohe Kindersterblichkeit in jener Zeit. Einzige Nichthabsburgerin in der Gruft ist Gräfin Fuchs-Mollard, beigesetzt in einer kleinen Nische. Maria Theresia wollte auf ihre hochgeschätzte Erzieherin, ihre geliebte »Füchsin«, auch im Tod nicht verzichten.

Nach der großen Kaiserin wurde das Begräbnis bescheidener und spiegelt die durch die Aufklärung veränderte Staatsphilosophie. Der Herrscher ist nicht mehr die von Gott bestimmte Spitze der weltlichen Hierarchie, sondern vielmehr der erste Diener des Staates. Die schlichten Särge Josephs II. und seiner Nachfolger zeugen von der neuen Nüchternheit.

400 Jahre österreichische und europäische Geschichte sind in der Gruft präsent und 400 Jahre kaiserlicher Bestattungskultur. Der Tod wurde zelebriert, gehörte er doch für die katholischen Habsburger zum Leben dazu. Das Einzige, was wir im Leben mit Gewissheit wissen, ist, dass wir einmal sterben müssen, sagte Otto von Habsburg. Er selbst wollte nicht unbedingt in die Kapuzinergruft. Sie sei ihm zu wenig ein Ort des Gebets. Angesichts der vielen Touristen kann man diesen Gedanken nachvollziehen. Die Gratwanderung zwischen einem Museum, einem einmaligen europäischen Kulturerbe und einem Friedhof ist nicht immer leicht.

069

DENN STERBEN MÜSSEN ALLE LEUT: HABSBURGISCHE BEGRÄBNISORTE

Nicht nur die Kapuzinergruft birgt die kaiserlichen Leichname. Im Stephansdom in Wien ist die Herzogsgruft sehenswert wie auch das Hochgrab von Kaiser Friedrich III.
↓

Denkt man an tote Habsburger, denkt man an die Kapuzinergruft. Aber sie ist nicht deren einzige Begräbnisstätte in der einstigen Reichshaupt- und Residenzstadt. An fünf anderen Orten sind Habsburger beigesetzt.

In der Krypta des Stephansdoms befindet sich die Fürstengruft, in der Herzog Rudolf IV., genannt der Stifter, und seine Frau Katharina ihre letzte Ruhe fanden, neben etlichen anderen Habsburgern, die im Lauf der Jahre dort bestattet wurden. Vor der Fürstengruft befinden sich die Kupferurnen mit den Intestina, den Eingeweiden. Es war Sitte, die toten Habsburger einzubalsamieren, ihre Eingeweide und Herzen aber getrennt von den Körpern zu bestatten. Im Apostelchor des Stephansdoms liegt das Hochgrab Kaiser Friedrichs III., der auch darin bestattet ist.

Weitere Orte in Wien sind die Dominikanerkirche (Kaiserin Claudia Felizitas und Erzherzogin Anna von Toskana-Medici) und die Salesianerkirche mit Kaiserin Amalia Wilhelmina. In der Herzerlgruft der Augustinerkirche sind die Herzen der Habsburger bestattet.

Insgesamt 43 Begräbnisorte von Habsburgern weltweit zählt die Kunsthistorikerin Brigitta Lauro.[15] Außerhalb Österreichs liegen davon 16. In Österreich gibt es aber mehr als 27 Begräbnisorte, nicht miteingezählt die »privaten« Grabstätten, an denen nach 1918 Habsburger begraben wurden.

Im Dom St. Jakob in Innsbruck sind sowohl der erste wie der letzte Hochmeister des Deutschen Ordens bestattet: Erzherzog Maximilian III., Regent von Tirol, gestorben 1619, und Erzherzog Eugen, gestorben 1954.

Besonders beeindruckend ist der Kenotaph Kaiser Maximilians in der Innsbrucker Hofkirche, den er noch zu seinen Lebzeiten entwerfen hat lassen. Allerdings ist er dort nicht begraben, sondern in der Georgskathedrale in Wiener Neustadt. Dafür aber liegen Erzherzog Ferdinand II. von Tirol und seine erste Gemahlin Philippine Welser in der Silbernen Kapelle der Hofkirche. Weitere habsburgische Grabstätten in Innsbruck sind die Jesuitenkirche und das Servitenkloster.

Die Tiroler Landesfürsten liegen in der Gruft von Stift Stams, dort haben freilich nicht nur Habsburger ihre letzte Ruhestätte gefunden, sondern auch die vorausgegangenen Fürsten.

Grabstätten in Österreich liegen darüber hinaus in Heiligenkreuz, Tulln, Mauerbach, Neuberg, Gaming, Rein, Wiener Neustadt, Hall, Seckau, St. Florian, Graz, Linz, St. Paul im Lavanttal und in Artstetten. Außerhalb des heutigen Österreich sind Habsburger in Muri in der Schweiz, Prag, Brüssel, Brügge, Granada, Brou in Frankreich, Madrid, Florenz, Rom, Escorial, Budapest, Bozen und Schenna begraben.

Der letzte Kaiser von Österreich, Karl, liegt in der Kirche Nossa Senhora do Monte in Funchal in Madeira. Dort starb er am 1. April 1922 an Lungenentzündung. Immer wieder wird gefragt, wann denn der letzte Kaiser in die Kapuzinergruft überführt würde. Mit Sicherheit wird das nie geschehen. Ist jemand seliggesprochen, gehören die sterblichen Überreste der Kirche. Diese hat zu gewährleisten, dass die leibliche Hülle des Seligen einer ordnungsgemäßen und würdigen Verehrung ausgesetzt sind, was auf Madeira der Fall ist. Zuständig für eine Überführung des Kaisers wäre also die Kirche und nicht die Familie. Bislang ist aber noch kein Wunsch aus dem österreichischen Episkopat dazu bekannt.

070

HABSBURG UND LITERATUR

Die Literatur über Habsburg füllt ganze Bibliotheken. Die Geschichtsschreibung beginnt früh mit der Schilderung der Heldentaten der Herzöge, Erzherzöge und Kaiser. Die Beschreibung des Herrscherlebens ist im auslaufenden Mittelalter eine Kunstform. Literarisch selbst beschäftigte sich Kaiser Maximilian I., der mit seinen autobiografisch geschriebenen Büchern *Theuerdank* und *Weisskunig* vor allem sich selbst und seine Heldentaten in Szene setzte. Außer ihm und eventuell Kaiserin Elisabeth, die ihr mitunter schwieriges Leben zwischen Wollen und Pflicht in Gedichte umsetzte, ist kein weiterer Habsburger literarisch zu Ruhm gekommen. Wissenschaftliche Werke bleiben davon unberührt.

Habsburgisches, österreichisches, mitteleuropäisches Lebensgefühl schlägt sich auch in der literarischen Verarbeitung nieder. Bis hin zum 18. Jahrhundert ist weniger die Literatur, sondern vielmehr die Musik das Medium. Das 19. und beginnende 20. Jahrhundert ist die Zeit der habsburgischen Literatur. Johann Nestroy und Franz Grillparzer sind hier Schlüsselfiguren. Nestroys Theaterstücke haben sich zum Traditionsgut und literarischen Kulturschatz entwickelt. Seine Gestalten voller Lokalkolorit sind der Spiegel der habsburgischen Gesellschaft, seine Satire ist schonungslos. Mit bestechender Beobachtungs-

gabe geht er den menschlichen Kleinlichkeiten auf den Grund.

Franz Grillparzer verkörpert das Wesen der österreichischen Seele schlechthin und gilt als der österreichische Nationaldichter. In *König Ottokars Glück und Ende* und *Bruderzwist in Habsburg* thematisiert er habsburgische Geschichte. Unzählige Zitate sind aus seinem Werk populär geworden. Obwohl er immer wieder Ärger mit der Zensur hatte, wurde ihm der Leopoldsorden verliehen.

Für patriotisch geprägte Literatur stehen Namen wie Adalbert Stifter, Peter Rosegger, Ludwig Anzengruber oder Marie von Ebner-

König Ottokar leistet den Lehnseid vor König Rudolf. Diese Schlüsselszene verarbeitet Grillparzer in seinem Drama *König Ottokars Glück und Ende.*

Eschenbach. Zur Jahrhundertwende zeigte sich die besondere Fruchtbarkeit der multikulturellen Vielfalt Österreichs. Wien, Prag und Budapest glichen nahezu Literaturproduktionsmaschinen, unterschiedlichste Stile entwickelten sich nebeneinander und gleichzeitig. Franz Kafka, Rainer Maria Rilke, Hugo von Hofmannsthal, Felix Salten, Karl Kraus, Peter Altenberg, Fritz von Herzmanovsky-Orlando und viele mehr gelangten in ihrem literarischen Schaffen auf den Höhepunkt. Arthur Schnitzler avancierte mit seinen Novellen und Theaterstücken zur Kultfigur der Wiener Gesellschaft. Die Kaffehausliteraten trafen sich im Café Griensteidl, Café Museum oder in einem der vielen anderen Kaffeehäuser der Stadt. Jede Gruppe, jeder Freundeskreis hatte sein Kaffeehaus. Friedrich Torbergs *Tante Jolesch oder der Untergang des Abendlandes in Anekdoten* schildert die kulturell fruchtbare Atmosphäre, die den Ersten Weltkrieg überdauert und mit dem Einmarsch der Nationalsozialisten geendet hat.

Nach dem Ersten Weltkrieg setzte die Auseinandersetzung mit dem Untergang der Donaumonarchie ein. Für Claudio Magris *(Der habsburgische Mythos in der modernen österreichischen Literatur)* war dies eine der wesentlichen Perioden für die Fortschreibung des Habsburger-Mythos. Herausragende Vertreter sind etwa Franz Werfel, Heimito von Doderer und Robert Musil sowie Stefan Zweig und Joseph Roth, auf die an anderer Stelle eingegangen wird.

Ist österreichische Literatur deutsche Literatur? Eher nein. Ist doch Österreich aufgrund der multinationalen Vergangenheit Lichtjahre vom Deutschland der Deutschen entfernt.

DIE URKATASTROPHE: DER ERSTE WELTKRIEG

Der Erste Weltkrieg war der Taktgeber für das 20. Jahrhundert. Ohne diesen Krieg, dies darf wohl angenommen werden, wäre es kaum zu Hitler, dem Nationalsozialismus, Stalinismus, Millionen von Toten im Zweiten Weltkrieg, Judenvernichtung, Genozid, Hungerkriegen und Vertreibungen gekommen. Drei Kaiserreiche wurden gestürzt, die Donaumonarchie zerschlagen, Mitteleuropa im Chaos hinterlassen.

Die politische Gemengelage am Vorabend des Ersten Weltkrieges war viel zu kompliziert, als dass man eindeutig einen Schuldigen am Krieg identifizieren könnte. Lange hat sich vor allem im deutschsprachigen Raum die These von Fritz Fischer gehalten, das Deutsche Reich habe den Krieg vorbereitet und auch angezettelt. Christopher Clark, Historiker in Cambridge, hat in seinem bemerkens- und lesenswerten Werk *Die Schlafwandler*[16] nachgewiesen, dass die Fischer-These zu kurz greift. Es waren alle europäischen Großmächte am Kriegsausbruch beteiligt, ebenso viele kleinere Akteure, vor allem auf dem Balkan.

Österreichische Außenpolitik war vor allem Balkanpolitik, nachdem Österreich mit der Schlacht von Königgrätz 1866 aus dem Deutschen Reich gedrängt worden war. Es galt, den Unruheherd an den südöstlichen Grenzen des Reiches zu befrieden. Der Gegenspieler war Serbien, das alles andere als österreichfreundlich eingestellt war. Das Netzwerk der serbischen Königsmörder von 1903, die sogenannte »Schwarze Hand«, blieb an der Macht. Aus ihm gingen die Verschwörer hervor, die das Attentat von Sarajevo planten.

Russland, das im russisch-japanischen Krieg von 1905 eine verheerende Niederlage erlitten hatte, wandte sich außenpolitisch wiederum Europa zu und förderte die panslawistischen Bewegungen auf dem Balkan.

Österreich versuchte, den südslawischen Block zu stärken und bereitete die Vereinigung Kroatiens, Slawoniens und Dalmatiens mit dem 1908 annektierten Bosnien vor, um dem serbischen Nationalismus etwas entgegenzusetzen. Das Attentat in Sarajevo am 28. Juni 1914 war der mörderische Höhepunkt der seit Jahrzehnten andauernden Provokationen aus Belgrad. Mit diesem Mord an Erzherzog-Thronfolger Franz Ferdinand und seiner Frau war die habsburgische Staatsidee getroffen.

Clark bezeichnet die Julikrise von 1914 als das komplexeste Ereignis der Moderne. Die politische Gemengelage war maximal unübersichtlich, mit vielen Akteuren und divergierenden Interessen. Ein gefährlicher Mechanismus wurde in Gang gesetzt. Deutschland gab Österreich Anfang Juli die Carte blanche, es wollte den Waffengang gegen

↑
Die Realität des Krieges ist furchtbar.
Im Schützengraben starben die
Menschen eines grausamen Todes.
Kaiser Karl versuchte alles,
das Sterben zu beenden.

Serbien unterstützen. Die Falken in den europäischen Kanzleien taten ihr Übriges. Die Militärs setzten die Politiker unter Druck, auch in Österreich. Noch ging man davon aus, dass es sich um einen regionalen Konflikt handeln würde. Doch in den letzten Julitagen setzte die Dynamik des starren Bündnissystems ein. Jeder der Beteiligten sah die Möglichkeit, aus diesem Krieg etwas herauszuholen, vor allem die Franzosen, die den Verlust Elsass-Lothringens 1871 nicht vergessen konnten und deren Ziel es war, diese westliche Region zurückzugewinnen.

Niemand allerdings hat damit gerechnet, was passieren würde. Der Erste Weltkrieg war ein Krieg der neuen Technologien. Es gab Panzer, Maschinengewehre, Flugzeuge, U-Boote und Gas. Der Stellungskrieg, wie er sich bei Verdun und in den Dolomiten abspielte, war bis dahin gänzlich unbekannt gewesen.

DIE MISSION SIXTUS

Die kurze Regierungszeit Kaiser Karls war dominiert von der konsequenten Suche nach Frieden. Er besaß eine weitaus realistischere Einschätzung der Lage an der Front als altgediente Generäle, die nur allzu gern dem deutschen Traum eines Siegfriedens folgten. Karl hat sich darüber keine Illusionen gemacht, dazu kommt seine Einschätzung der engen Verzahnung Österreichs mit dem Deutschen Reich, die Karl als nicht mehr zeitgemäß erachtete. Die Mehrheit der Bewohner der Monarchie waren Slawen, seiner Ansicht nach war die Zeit der deutschen (und ungarischen) Dominanz vorbei. Noch vor Ausbruch des Ersten Weltkrieges hatte Karl sich intensiv mit seinem Schwager Sixtus von Bourbon-Parma über die geopolitischen Möglichkeiten unterhalten. Der deutsche Militarismus wurde stärker und stärker, etwas, was Karl mit großem Unbehagen beobachtete. Als in der Folge des Attentats auf Erzherzog-Thronfolger Franz Ferdinand und dessen Frau in Sarajevo der Erste Weltkrieg ausbrach, taumelten die europäischen Nationen in einen Krieg bisher nicht geahnten Ausmaßes. Der Erste Weltkrieg war ein Krieg der neuen Technologien: Es gab Panzer, Maschinengewehre, Flugzeuge, U-Boote und Gas. Die Stellungskriege, die sich bei Verdun, in den Dolomiten oder am Isonzo abspielten, waren bis dahin gänzlich unbekannt und zermürbten sowohl Truppen als auch Offiziere.

Bereits 1915 hatte Sixtus von Bourbon-Parma in einer französischen Politikzeitschrift einen Artikel geschrieben, in dem er für ein Umdenken in der französischen Außen- und Bündnispolitik warb. Der Feind saß für die Franzosen nicht in Wien, sondern in Berlin. Sofort nach der Regierungsübernahme im Herbst 1916 nahm Karl Kontakt mit seinen Schwägern Sixtus und Xavier auf. Die beiden waren die Einzigen, denen er eine so schwierige Mission anvertrauen konnte. Die Entente erwartete eine konkrete Gesprächsbasis. Diese brachte Karl nun ins Spiel. Im März 1917 kamen die Brüder Sixtus und Xavier heimlich nach Schloss Laxenburg. Noch in der Nacht schrieb Karl den berühmten *Sixtus-Brief*, in dem er neben der kompletten Wiederherstellung Serbiens und Belgiens vor allem das Angebot machte, die »gerechte französische Rückforderung Elsass-Lothringens« zu unterstützen. Für Frankreich war dies ein wesentlicher Punkt, aber auch für die Deutschen. Allerdings informierte Kaiser Karl bei seinem Besuch am 3. April in Bad Homburg den deutschen Kaiser über die Kontaktaufnahme mit der Entente und deren Inhalt.

Sixtus und Xavier waren unterdessen nach Paris und London gereist. Unglücklicherweise

Prinz Sixtus von Bourbon-Parma, ein älterer Bruder Kaiserin Zitas, war bestens vernetzt in der französischen Politik. Seine Mission scheiterte am nationalen Kleingeist.
→

hatten in Frankreich in der Zwischenzeit Wahlen stattgefunden, sodass anstatt des österreichfreundlich eingestellten Aristide Briand nunmehr Alexandre Ribot, ein Mensch von außerordentlicher außenpolitischer Fantasielosigkeit, Premierminister war. Allein der britische Premier David Lloyd George verstand das österreichische Angebot und rief aus: »Das ist der Friede!« Sixtus und Xavier reisen in den kommenden Monaten zwischen Frankreich und England hin und her und taten alles, um die Franzosen zu überzeugen, den Gesprächsfaden mit den Österreichern aufzunehmen. Am Ende waren die Alliierten doch zu sehr Gefangene ihrer eigenen Versprechungen an Italien, das 1915 die Seiten gewechselt hatte und dem dafür reichhaltige Gebietsgewinne auf Kosten Österreichs versprochen worden waren.

Sixtus und Xavier mussten schließlich ihre Mission, die die vielversprechendste des Ersten Weltkriegs war, abbrechen.

DER VERLEUMDETE: KAISER KARL

Kaiser Karl bemühte sich um inneren und äußeren Frieden, aber es war zu spät.
Die Propaganda des eigenen Verbündeten wirkt bis heute nach.

Kaum einer der Habsburger-Herrscher wird bis heute so verkannt und mit Häme und Spott übergossen wie der letzte regierende, Kaiser Karl. Seine Regierungszeit währte knapp zwei Jahre, vom 21. November 1916 bis zum 11. November 1918. Dabei sah er sich vor eine Aufgabe gestellt, die selbst ein älterer, mit viel Regierungserfahrung ausgestatteter Monarch nicht hätte schaffen können. Er musste den Krieg beenden und einen inneren Ausgleich herbeiführen, bei gleichzeitiger Lösung der sozialen Frage. Zum Beenden des Krieges hätte es Frieden im Inneren gebraucht (und ein Entgegenkommen der Alliierten), zur Lösung der innenpolitischen Probleme hätte es keinen Krieg geben dürfen. Alle Maßnahmen, die Kaiser Karl getroffen hat – die Wiedererrichtung des Reichstages, die Einführung einer Sozialpolitik mit Gründung des ersten Sozialministeriums weltweit, der Versuch des inneren Ausgleichs und schließlich der Versuch einer Föderalisierung –, waren richtig, aber sie kamen zu spät.

Sein wichtigstes außenpolitisches Projekt war es, die Monarchie etwas unabhängiger vom Deutschen Reich zu machen, mit einer stärkeren außenpolitischen Bindung an Frankreich. Dies hatte er stets im Hinterkopf, als er auf verschiedensten Kanälen versuchte, mit der Entente Gespräche aufzunehmen (siehe Kapitel 72, »Die Mission Sixtus«). Ein Plan, der im deutschen Oberkommando höchste Nervosität auslöste, immerhin träumte man dort von einer deutschen Hegemonie über Mitteleuropa.

Der Kaiser hatte also nicht nur mit der Propaganda der Kriegsgegner zu kämpfen, sondern vor allem mit der Propaganda, die vom Verbündeten ausging. In kleinen Dosen tröpfelten die Verleumdungen in die österreichischen Medien und in die Gesellschaft: der Kaiser sei charakterschwach, schlecht ausgebildet, ein Trinker und ein Weiberheld. Seine Frau, die Kaiserin, wurde als »Italienerin« oder »Französin« verleumdet, es wurde ihr sogar unterstellt, sie habe militärisches Geheimmaterial weitergegeben. Als schließlich die Mission Sixtus aufflog, stand der Kaiser zusätzlich als Verräter des deutschen Bundesgenossen da.

Nach Ende der Monarchie ging die Negativpropaganda weiter. »Die Angst, es könne das Rad der Geschichte noch einmal zurückgedreht werden, auch wenn damit Unrecht getilgt und Leiden gemindert würde, hat Karl und sein Haus auch nach seinem Tod zum Schreckgespenst gemacht, seine Familie unter eine Ausnahmegesetzgebung gestellt. Sie hat um ihn und seine Gattin ein Gewebe aus Lügen und Verleumdungen aufgebaut, das im Lauf der Jahrzehnte zu den Dimensionen eines Antimythos wuchs«[17], schreibt der Historiker Heinz Rieder. Auch die Nazis griffen die Propaganda gern auf. Vom »Verräterkaiser« war immer wieder die Rede, der, dominiert von seiner Frau, den deutschen Bündnispartner an die Alliierten verraten habe.

Erstaunlich ist, dass sich von dieser Propaganda bis heute viel gehalten hat. Bei der Seligsprechung des Kaisers im Jahr 2004 überschlugen sich manche Kommentatoren, um sowohl den neuen Seligen wie dessen Regierungszeit in den Dreck zu ziehen – mit den immer gleichen altbekannten Vorwürfen. Auch in jüngerer Zeit erschienen in Österreich Druckwerke, die kein gutes Haar an ihm lassen. Und eine österreichisch-deutsche TV-Produktion mit dem Titel *Der Verrat des Kaisers* flimmerte im Frühjahr 2018 über die Mattscheibe. Ob man sich in der Redaktion bewusst war, dass man damit nahezu eins zu eins die Hindenburg'sche und Hitler'sche Propaganda wiedergab?

074

DAS ZERRISSENE MITTELEUROPA UND DIE FOLGEN

Aus einem funktionalen Vielvölkerstaat wurden viele dysfunktionale Vielvölkerstaaten gemacht. Mitteleuropa stürzte nach Ende der Monarchie ins Chaos.

↓

Durch die Pariser Vorortverträge von St. Germain und Trianon 1919/1920 wurde die Erbmasse Österreich-Ungarns aufgeteilt. Wie berauscht zogen die Siegermächte neue Grenzen auf der Landkarte und zerrissen die jahrhundertelange Einheit des mitteleuropäischen Raumes, ohne auch nur einen müden Gedanken an die geopolitischen Folgen zu verschwenden. Schon Talleyrand hatte gesagt: »Gäbe es Österreich nicht, man müsste es erfinden.« Der alte Fuchs wusste sehr wohl um die geopolitische Bedeutung eines geeinten Donauraumes. Nur wenige sahen die Konsequenzen dieser alliierten Rachegelüste voraus, darunter auch David Lloyd George, der britische Premier, der nüchtern konstatierte: »Wir bereiten hier den nächsten Krieg vor.«

Auch Kaiser Karl war voller Befürchtungen über das Schicksal Europas. Im Exil galt all sein Tun, die Zerstörung Mitteleuropas rückgängig zu machen. In diesem Lichte sind seine Rückkehrversuche nach Ungarn zu sehen. Dort war der rote Terror des Béla Kun durch den weißen Terror unter Horthy abgelöst worden. Ein befriedetes Ungarn hätte die Keimzelle eines geeinten, föderalisierten Mitteleuropas sein können. Die Rückkehrversuche scheiterten, die Alliierten schafften Karl und seine Frau ganz weit weg: nach Madeira. Dort, aller seiner politischen Handlungsspielräume beraubt, schrieb der Kaiser eine nüchterne Bilanz und außenpolitische Analyse über die Situation in Mitteleuropa und beschrieb damit genau, was keine 20 Jahre später geschehen sollte: »Die vielen kleinen Staaten sind politisch und finanziell schädlich. Sie sind ein Herd außen- und innenpolitischer Verwicklungen. Außenpolitisch, weil sie sich erstens untereinander nicht vertragen, zweitens weil sie, wenn man die bisherige Politik fortführt, rettungslos in die Arme eines ›Großdeutschland‹ getrieben würden. Warum sie sich untereinander nicht vertragen, ist klar auf der Hand liegend. Ungarn wurde zerrissen und unter Serben, Rumänen und Tschechen verteilt. Daß da keine Freundschaft bestehen kann, ist begreiflich. Österreich wurde zerstückelt und seine deutschen Teile an die Nachbarn übergeben. (...) Die ganze Donaufrage ist ein eiterndes Geschwür, das nur mühsam überdeckt ist, das aber jeden Tag aufspringen kann. Und hinter diesem Chaos steht als drohendes Gespenst Großpreußen. Gelingt Österreich der Anschluß an Deutschland, muß Ungarn notgedrungen, da ringsum von Feinden umgeben, eine Satrapie Preußens werden. Ist dies einmal perfekt, dann sind Tschechoslowakei und Jugoslawien ganz eingekreist von Preußen und dessen Vasallen und müssen sich unbedingt und vielleicht auch gar nicht so ungern an Berlin orientieren. Es gibt heute in diesen Staaten bereits Stimmen für eine propreußische Politik.

Polen wird dann einen sehr schweren Stand haben, rings von Feinden umgeben, im Osten Rußland, im Westen und im Süden Preußen und dessen Vasallen, im Norden Litauen. Rumänien wird dann wieder einmal ›volte face‹ machen und (...) sich mit Deutschland gut stellen. Italien wird sicher auch freundlich zu Deutschland sein und da ist der letzte Weg für Jugoslawien, mit den Westmächten per mare die Verbindung aufrecht zu erhalten, unterbunden. Dann ist Naumanns Mitteleuropa da, der Traum Berlin–Bagdad in nächste Nähe gerückt. Für was dann der Weltkrieg mit seinen zahllosen Opfern?«[18]

075

TOD EINES KAISERS

Otto von Habsburg über das Sterben seines Vaters, des letzten regierenden Kaisers: »Der Morgen des 1. April 1922 auf der portugiesisch afrikanischen Insel Madeira war sonnig und klar. Wir Kinder waren schon früh hinausgeschickt worden in den blumenprächtigen tropischen Garten der Quinta do Monte. (...) Seit Tagen lag unser Vater im Vorderzimmer des ebenerdigen Hauses schwer erkrankt darnieder. Wie ernst es um ihn stand, hatte man uns allerdings nicht gesagt. Als Ältester von uns sieben wusste ich allerdings etwas mehr: Vor wenigen Abenden hatte man mich aus dem Bett geholt, damit ich dabei sei, wenn der Priester ihm die Letzte Ölung spendete.

Knapp vor 9 Uhr an diesem 1. April betrat unsere Mutter den Garten. Sie trug ein leichtes rosa Kleid – es war das letzte Mal, dass ich sie in Farben sah. Sie führte mich fort, zuerst, ohne den Grund anzugeben. Als wir uns dann dem Hause näherten und die Geschwister außer Hörweite waren, sagte sie, dass mich mein Vater rufen lasse, um Zeuge zu sein, wie ein Christ zu seinem Schöpfer heimkehre.

Durch drei Stunden, von 9 bis 12 Uhr, wohnte ich seinem Sterben bei. Meist kniete ich links vom Bett, an dessen Ende das Allerheiligste stand. Es war kein leichter Todeskampf. Mein Vater war jung und kräftig, und seine Natur widerstand zäh der zerstörenden Krankheit, dem langsamen Erstickungstod. Und trotzdem war dieses Ende kein erschreckender Anblick: Wenn auch der Körper noch so litt, der Geist war ruhig. Wenige Stunden früher hatte er, sozusagen in Zusammenfassung seines Lebens, die Worte gesprochen: ›Mein Bestreben war es immer, den Willen Gottes zu erkennen und ihn zu befolgen und zwar auf das Vollkommenste.‹ Seine Aufgabe war damit erfüllt. Trotz der physischen Schmerzen für ihn und der seelischen Erschütterung für uns, war sein irdisches Ende ein friedliches Hinübergehen in eine bessere Welt.

Als mein Vater starb, war ich neun Jahre alt. Schon seit früher Kindheit war ich zutiefst mit ihm verbunden, und gerade in den letzten Wochen auf Madeira hatte er viel zu mir gesprochen. So hatte ich zumindest einen kindlichen Überblick über ein Leben erhalten, das wie wenige andere erfüllt war von Rückschlägen und Enttäuschungen, das in menschlicher Hinsicht als gescheitert betrachtet werden kann. Er hat den Frieden gewollt und musste Krieg führen Er hatte die Einheit gesucht und musste an verantwortlicher Stelle die Zerstörung des Vielvölkerreiches mitansehen. Zahlreiche Freunde hatten ihm den Rücken gekehrt, ja ihn sogar verraten.

Und doch haben mir gerade die drei Stunden in dem Sterbezimmer der Quinta do

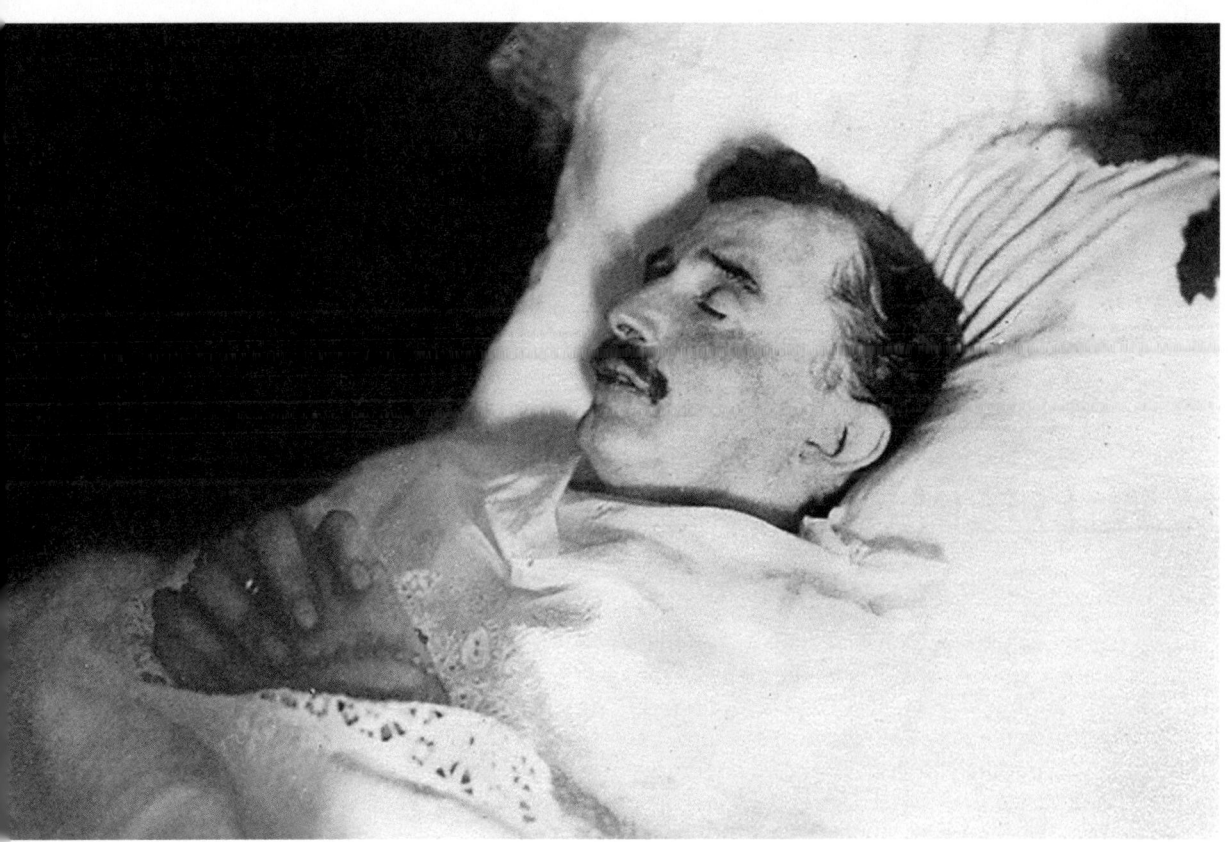

↑
Kaiser Karl starb auf Madeira am 1. April 1922
entkräftet an Lungenentzündung.

Monte gezeigt, dass meines Vaters Leben nicht unglücklich war. Als ich ihn an seinem letzten Tage – in der Stunde der Wahrheit, wie die Spanier es nennen – sah, wusste ich, dass sein Leben erfolgreich gewesen ist. Angesichts des Todes gibt es keine Selbsttäuschung. Man bleibt allein, und diesseitige Errungenschaft zählt nicht mehr. Wenn man seinem Schöpfer entgegentritt, gilt vor diesem nur Pflichterfüllung und guter Wille. Gott verlangt von den Menschen nicht, Ihm Siegesberichte zu bringen. Den Erfolg gibt Er. Von uns erwartet Er nur, dass wir unser Bestes tun.

Diese Lehre ist mir, wie mein Vater es wollte, die wertvollste Erfahrung für das spätere Leben geblieben. Sein Sterben hat mir gezeigt, dass es, solange das eigene Gewissen ruhig ist, keinen wirklichen Fehlschlag geben kann. Und das ist schließlich das einzige, wirkliche Geheimnis des Glücks – auch auf unserer Erde.«[19]

WILHELM, DER BESTICKTE

Lange Jahre war sein Schicksal in unseren Breiten sowohl unbekannt wie unbeachtet. Bis Timothy Snyder, Yale-Professor und profunder Kenner der Geschichte Mitteleuropas, eine Biografie mit dem Titel *Der König der Ukraine* (engl. Original *The Red Prince*) vorlegte, die ein spannendes Bild sowohl der Epoche als auch der unbekannten Persönlichkeit Wilhelms von Habsburg zeichnet. Seinen Namen, den er wie einen Ehrentitel trug, gaben ihm seine Ukrainer: »Vasyl Vyshyvanyi« (Wilhelm, der Bestickte, nach dem traditionell bestickten Hemd der Ukrainer, das er unter der Uniformjacke trug).

Erzherzog Wilhelm entstammte der sogenannten Feldherrenlinie des Hauses Habsburg, sein Vater, Karl Stephan, war der Enkel des Siegers von Aspern. Wilhelm wurde als jüngstes Kind von Karl Stephan und seiner Frau Maria Theresia, einer Habsburgerin aus der Toskana-Linie, am 10. Februar 1895 in Pula geboren. Auf der Insel Lussin verbrachte er seine Kindheit in der prachtvollen Familienvilla. Als er zwölf Jahre alt war, entschied Erzherzog Karl Stephan, mit der ganzen Familie nach Żywiec südlich von Krakau zu gehen, wo er in dem von seinem Onkel Albrecht geerbten Schloss Saybusch einen neuen Familiensitz eröffnete.

Karl Stephan war ganz von der polnischen Sache begeistert und träumte von einem polnisch-habsburgischen Thron. Zwei Töchter wurden mit polnischen Hocharistokraten verheiratet, um die Familie in der polnischen Gesellschaft zu verankern. Die Söhne wurden dazu erzogen, Polen zu werden. Wilhelm aber entschied sich für eine andere Nation: die Ukraine.

Die Möglichkeit einer staatlichen Eigenständigkeit der Ukraine wurde bereits vor dem Ersten Weltkrieg diskutiert. Wilhelm lernte die ukrainische Sprache und übernahm während des Ersten Weltkrieges als Offizier das Kommando über die Kaiserlich-königliche Ukrainische Legion und die Ukrainischen Sitschower Schützen. Gleichzeitig entwickelte er Pläne für ein eigenes Fürstentum. Kaiser Karl war zunächst der Idee eines Königreiches der Ukraine nicht abgeneigt. Russland war durch die Revolution geschwächt, die politische Entwicklung noch völlig ungewiss. Ein Königreich unter einem Habsburger war also nicht im Bereich des Unmöglichen und hätte der Region Stabilität verliehen. Die Niederlage 1918 machte diese Pläne zunichte. Wilhelm scheiterte mit dem Versuch, nach 1918 noch einen westukrainischen Staat zu gründen.

In der Zwischenkriegszeit ging er nach Spanien, versuchte sich als Grundstücksmakler, anschließend führte er in Paris ein buntes Leben als Dandy und Bohemien. Der ukrainischen Sache blieb er verbunden, hielt viele Kontakte und sammelte Geld für die Bevölkerung, die von Stalin ausgehungert wurde. Nach einem Skandal musste er aus Paris verschwinden und ging zurück nach Wien. Von dort aus hielt er nun seine Kontakte zu ukrainischen Nationalisten. Nach einem kurzen Flirt mit den Nazis erkannte er, dass mit den Deutschen eine eigenständige Ukraine nicht zu machen war, spionierte für Frankreich und England, nach dem Krieg auch gegen die Sowjetunion.

Am 26. August 1947 wurde Wilhelm auf offener Straße von Sowjetagenten in ein Auto gezerrt und nach Lemberg verschleppt. Für die Sowjets war ein Habsburger, der Kontakte zu westlichen Geheimdiensten und Freunde unter ukrainischen Nationalisten hatte, hochgefährlich. Knapp ein Jahr später, am 18. August 1948, starb Wilhelm an einer nicht behandelten TBC. Sein Grab ist unbekannt. In der Ukraine wird er heute noch verehrt.

↑
Vasyl Vyshyvanyi
(Wilhelm, der Bestickte)
wollte König der Ukraine werden.

077

DIE WELT VON GESTERN: STEFAN ZWEIG

Stefan Zweig und Joseph Roth, die Chronisten der Donaumonarchie, hier zusammen in Belgien

Ein amerikanischer Diplomat sagte anlässlich des Ausbruchs des Ersten Weltkrieges: »In Europa gehen die Lichter aus.« So ähnlich hat es wohl Stefan Zweig empfunden, als er in Brasilien seine Erinnerungen schrieb. Freilich hatte er noch das letzte Aufflackern in der Zwischenkriegszeit erlebt und danach die endgültige Finsternis der Nazi-Zeit.

Zweig, geboren 1881, stammte aus der jüdischen Bourgeoisie Wiens, aus einem vermögenden Elternhaus. Er studierte Philosophie und publizierte schon früh Gedichte und Novellen. Ab 1917 arbeitete er in der Schweiz als Korrespondent für die *Wiener Freie Presse*. Voller Optimismus kehrte er nach dem Krieg zurück, in der Meinung, nun sei »die Stunde für das gemeinsame Europa, von dem wir geträumt«, angebrochen. Er wurde zu einem glühenden Europäer, stand in Kontakt mit dem Gründer der Paneuropa-Bewegung Richard Coudenhove-Kalergi und trat engagiert gegen Nationalismus und Revanchismus auf. Mit seinem literarischen Werk wurde Zweig zu einem der meistgelesenen Schriftsteller Europas.

Bereits 1934 wurde an seinem Wohnsitz in Salzburg eine Hausdurchsuchung durchgeführt, wohl ausgelöst durch eine Denunziation. Voller Entsetzen emigrierte Zweig bereits zwei Tage später nach England. Seine Bücher wurden in Deutschland verboten und auf die Liste der Bücherverbrennungen gesetzt, nach 1938 durften seine Bücher auch in Österreich nicht mehr verkauft werden. Zweig fürchtete eine Internierung und dass die Engländer wohl keinen Unterschied machen würden zwischen Deutschen und Österreichern. 1940 zog er via USA nach Brasilien.

In Petropolis, einer von Tiroler Einwanderern gegründeten Stadt, fand er eine neue Bleibe und setzte sich daran, seine Erinnerungen zu schreiben, *Die Welt von Gestern,* von der er in der Einleitung sagte, es sei auch die Welt der Sicherheit gewesen. Zufällig hatte er sich bei seiner Heimkehr nach Österreich am 24. März 1919 am Bahnhof von Feldkirch befunden, als der Zug mit der kaiserlichen Familie in Richtung Schweiz einrollte: »Alle um uns spürten Geschichte, Weltgeschichte in dem tragischen Augenblick. Die Gendarmen, die Polizisten, die Soldaten schienen verlegen und sahen leicht beschämt zur Seite, weil sie nicht wussten, ob sie die alte Ehrenbezeugung noch leisten dürften, die Frauen wagten nicht recht, aufzublicken, niemand sprach, und so hörte man schließlich das leise Schluchzen der alten Frau in Trauer, die von wer weiß wie weit gekommen war, noch einmal ›ihren‹ Kaiser zu sehen. Schließlich gab der Zugführer das Signal. Jeder schrak unwillkürlich auf, die unwiderrufliche Sekunde begann. Die Lokomotive zog mit einem starken Ruck an, als müsste auch sie sich Gewalt antun, langsam entfernte sich der Zug. Die Beamten sahen ihm respektvoll nach. Dann kehrten sie mit jener gewissen Verlegenheit, wie man sie bei Leichenbegräbnissen beobachtet, in ihre Amtslokale zurück. In diesem Augenblick war die fast tausendjährige Monarchie erst wirklich zu Ende. Ich wusste, es war ein anderes Österreich, eine andere Welt, in die ich zurückkehrte.«[20]

Zweig stellte das Manuskript im November 1941 fertig. Die letzten Zeilen der Einleitung lauten: »So sprecht und wählt, ihr Erinnerungen, statt meiner, und gebt wenigstens einen Spiegelschein meines Lebens, ehe es ins Dunkel sinkt.«[21] Die Wiederauferstehung Europas hat Zweig nicht mehr erlebt. Zusammen mit seiner Frau Lotte nahm er sich, von Heimweh verzehrt, am 23. Februar 1942 in Petropolis das Leben.

078

DAS HABSBURGERGESETZ UND DAS ADELSAUFHEBUNGSGESETZ VON 1919

Die junge Republik, die im November 1918 durch Ausrufung entstanden war, wollte im Frühjahr 1919 den Neuanfang durch einen radikalen Schnitt gestalten. Nachdem Kaiser Karl und seine Familie am 24. März 1919 Österreich in Richtung Schweiz verlassen hatten, musste gesetzlich nachgelegt werden. Am 3. April 1919 beschloss der Nationalrat die Landesverweisung und die Enteignung der Habsburger. Am 10. April veröffentlichte das *Staatsgesetzblatt* das neue Gesetz und gleichzeitig das Adelsaufhebungsgesetz. Damit war Österreich radikaler als Deutschland, das ja ebenfalls seines Kaisers verlustig gegangen war, der aber seine Vermögenswerte weitgehend behalten durfte. Durch das Gesetz wurden alle Herrscherrechte und Titel des Hauses Habsburg-Lothringen aufgehoben. Jedes Mitglied des Hauses, das nicht formal auf die Mitgliedschaft dazu verzichtete, wurde des Landes verwiesen. Damit einhergehend fand die Enteignung nicht nur des hofärarisch, also staatlich gebundenen Vermögens statt, sondern ebenso von privatem Vermögen. Ebenso zog man den Familienversorgungsfonds ein, der im Wesentlichen auf die wirtschaftliche Tätigkeit von Franz Stephan von Lothringen zurückging. Einige Mitglieder des Hauses, insbesondere Mitglieder aus der Toskana-Linie unterschrieben die geforderte Erklärung. Für den entthronten Kaiser und seine Frau war dies hingegen undenkbar. Aber gerade auch ihr persönliches Vermögen wurde eingezogen, die privaten Konten des Kaisers eingefroren, was die Familie vor erhebliche materielle Schwierigkeiten stellte.

Während des Ständestaats wurde das Habsburgergesetz 1936 aufgehoben, der Familienversorgungsfonds teilweise rückübereignet. 1938 aber setzten die Nationalsozialisten das Gesetz wieder in Kraft, 1945 wurde die Geltung des Gesetzes bekräftigt, und auf speziellen Wunsch der Sowjets wurde das Gesetz Teil des Staatsvertrags von 1955.

Bis in die 1990er-Jahre hinein war das Habsburger-Gesetz, mittlerweile im Verfassungsrang, immer wieder Gegenstand von Auseinandersetzungen, vor allem während der Debatte um die Wiedereinreise von Otto von Habsburg (siehe Kapitel 83). Als schwarzes Gespenst stand in dieser Debatte die Frage der Vermögensrestitution im Raum, obwohl Otto von Habsburg stets betonte, dass es ihm nicht darum ging. Es war schließlich König Juan Carlos, der Bundeskanzler Kreisky davon überzeugte, Kaiserin Zita wieder einrei-

Das Habsburger-Gesetz bediente billige Rachegelüste der jungen Republik. Die Dynastie, der Österreich seine Existenz verdankt, sollte verunmöglicht werden.

sen zu lassen – ohne Verzichtserklärung! Die alte Dame konnte im Frühjahr 1982 nach 63-jährigem Exil Österreich wieder betreten.

Einen besonderen Coup leisteten sich die Brüder von Otto von Habsburg, Karl Ludwig und Felix, indem sie im Frühjahr 1996 illegal nach Österreich einreisten und in Wien eine Pressekonferenz abhielten. Schließlich aber gaben auch sie eine Verzichtserklärung ab. Die Regierung erklärte daraufhin diesen Passus der Habsburger-Gesetze für totes Recht.

Zu den Skurrilitäten zählt das Adelsaufhebungsgesetz. Während man in Deutschland eine salomonische Lösung wählte, indem man den Adelstitel und das Adelsprädikat zum Bestandteil des Namens erklärte, sollte in Österreich der Adel ausgemerzt werden. Nun ist es aber so, dass man immer noch genau weiß, mit wem man es zu tun hat, wenn sich einem der Herr Schwarzenberg oder Auersperg vorstellt. Wirklich betrogen wurde der Kleinadel, der Verdienstadel, der sich seinen Titel gerade in den letzten 30 bis 40 Jahren der Monarchie hart erarbeitet hatte. Da wurde aus dem Edlen von Schmitt und dem Ritter von Müller halt wieder der Herr Schmidt und der Herr Müller.

DIE KATHOLISCH-ÖSTERREICHISCHEN LANDSMANNSCHAFTEN

Die Verbindungen im Akademischen Bund der Katholisch-Österreichischen Landsmannschaften (KÖL) stellen bis heute eine Besonderheit im couleurstudentischen Leben Österreichs dar. Ihre Geschichte reicht in die Zeit unmittelbar nach Ende des Ersten Weltkrieges zurück. Im allgemeinen deutschen Getöse, als so mancher dachte, das Heil Österreichs in einem Anschluss an Deutschland zu finden, sammelten sich Mittelschüler und junge Studenten, auch unter dem Eindruck des Todes von Kaiser Karl, um eine patriotische Verbindung zu gründen. Am 11. Oktober 1922 war die »Maximiliana« geboren. Weitere Gründungen waren 1933 die KÖL Starhemberg Wien, 1934 die KÖL Austria Salzburg, 1936 die KÖL Carolina Wien und 1937 die Ferdinandea Graz. Die Verbindungen schlossen sich im Akademischen Bund Katholisch-Österreichischer Landsmannschaften zusammen, der Oberste Bandinhaber war Otto von Habsburg.

Durch ihre monarchistische Ausrichtung waren die Verbindungen streng überparteilich, sprachen natürlich eher ein konservativeres Publikum an, konnten aber nicht wenige Sozialdemokraten in ihren Reihen zählen. Eng verzahnt waren die Verbindungen mit den verschiedenen patriotischen Vereinigungen, unter anderem der Österreichischen Aktion. Es ging um nicht weniger als darum, einen neuen österreichischen Patriotismus zu etablieren, dies gerade in einer Zeit, als sich die nationalsozialistische Schlinge immer enger um den Hals des kleinen Österreich zog. Viele Mitglieder der KÖL waren auch in anderen legitimistischen Bewegungen organisiert und engagiert, die sich um den exilierten Otto von Habsburg geschart hatten. Prominente Namen des österreichischen Widerstands waren Mitglieder bei KÖL-Verbindungen, die nach Hitlers Einmarsch sofort verboten wurden. Etwa Baron Karl Zeßner-Spitzenberg, der von der Gestapo während eines Messebesuchs in seiner Pfarre Maria Schmerzen quasi an der Kommunionbank verhaftet wurde. Er wurde in das KZ Dachau gebracht und so misshandelt, dass er am 1. August 1938 in den Armen seines Bundesbruders Gustav von Szabo starb. Erich Thanner, Mitglied der KÖL Starhemberg, wurde vom Volksgerichtshof wegen Vorbereitung zum Hochverrat zu 15 Jahren Zuchthaus verurteilt. Die monarchistischen Couleurstudenten haben während des Nazi-Regimes einen hohen Blutzoll entrichtet.

1945 entstanden die Landsmannschaften wieder neu. Es folgten die Gründungen der

Der Akademische Bund der Katholisch-Österreichischen Landsmannschaften (KÖL) ist dem Haus Habsburg eng verbunden. Oberster Bandinhaber ist Karl von Habsburg.

KÖL Josephina, der KÖL Leopoldina Wien und der KÖL Theresiana Innsbruck. Die KÖL Saxo-Meiningia wurde 1952 in Linz gegründet, die Namensgebung war eine Reverenz an Prinzessin Regina von Sachsen-Meiningen, der Ehefrau von Otto von Habsburg. Jüngere Verbindungen sind die KÖL Ostaricia Innsbruck (1982) und die KÖL Wallenstein Wien (1998). Bis heute schließt jede Kneipe einer KÖL-Verbindung mit der Kaiserhymne ab.

Auch eine Damenverbindung gibt es, die sich der Verbundenheit mit der Geschichte Österreichs verschrieben hat. Die C.oe.a.St.V. Elisabethina zu Wien hat noch eine recht junge Geschichte. 1991 gegründet, zeichnet sich die »weibliche Landsmannschaft« durch ein recht aktives Leben aus. Erzherzogin Regina musste nicht lange überredet werden, die Funktion der Obersten Bandinhaberin zu übernehmen. Nach deren Tod übernahm ihre Tochter, Walburga Habsburg Douglas, diese Funktion, fühlt sie sich doch der Elisabethina eng verbunden. Bislang konnte sich der Bund der KÖL nicht dazu überwinden, die Damen in seine Kreise aufzunehmen.

080

DER SCHMERZ DES VERLORENEN: JOSEPH ROTH

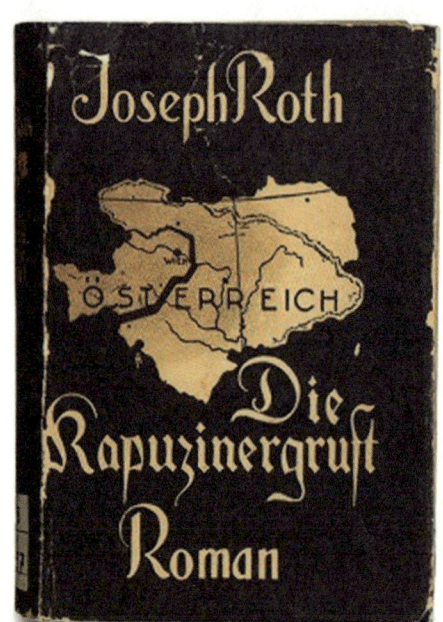

Joseph Roth schuf mit dem *Radetzkymarsch* und der *Kapuzinergruft* ein literarisches Requiem auf die Monarchie. Er selbst ging am Verlust seiner Heimat zugrunde.

Joseph Roth, eine tragische Persönlichkeit, ein genialer Schriftsteller und ein Chaot. Wie kaum ein anderer Autor hat er der untergegangenen Monarchie ein literarisches Requiem geschrieben. *Der Radetzkymarsch* sollte zuerst eine Abrechnung mit der Donaumonarchie werden, stattdessen wurde er eine Liebeserklärung. Unvermeidlich schien ihm der Untergang einer Welt, die ihm und seinesgleichen als Juden ein friedliches Leben gesichert hat. Im *Radetzkymarsch* schimmern die Heimatlosigkeit und Entwurzelung des Schriftstellers durch. Eine Schlüsselszene ist das Gespräch des Grafen Chojnicki mit dem alten Herrn Bezirkshauptmann: »Die Zeit will uns nicht mehr! Diese Zeit will sich erst selbstständige Nationalstaaten schaffen! Man glaubt nicht mehr an Gott. Die neue Religion ist der Nationalismus. Die Völker gehen nicht mehr in die Kirchen. Sie gehn in nationale Vereine. Die Monarchie, unsere Monarchie, ist gegründet auf der Frömmigkeit: auf dem Glauben, daß Gott die Habsburger erwählt hat, über soundso viel christliche Völker zu regieren. Unser Kaiser ist ein weltlicher Bruder des Papstes, es ist Seine K. u. K. Apostolische Majestät, keine andere wie er apostolisch, keine andere Majestät in Europa so abhängig von der Gnade Gottes und vom Glauben der Völker an die Gnade Gottes. Der deutsche Kaiser regiert, wenn Gott ihn verläßt, immer noch; eventuell von der Gnade der Nation. Der Kaiser von Österreich-Ungarn darf nicht von Gott verlassen werden. Nun aber hat ihn Gott verlassen!«[22]

Unter dem Eindruck der braunen Flut, die sich im März 1938 über Österreich ergoss, schrieb Roth eine Fortsetzung, die *Kapuzinergruft*, deren letzte Szene die Verzweiflung angesichts der endgültigen Vernichtung Österreichs ausdrückt: »Die Kapuzinergruft, wo meine Kaiser liegen, begraben in steinernen Särgen, war geschlossen. Der Bruder Kapuziner kam mir entgegen und fragte: ›Was wünschen Sie?‹

›Ich will den Sarg meines Kaisers Franz Joseph besuchen‹, erwiderte ich.

›Gott segne Sie‹, sagte der Bruder, und er schlug ein Kreuz über mich.

›Gott erhalte ...!‹, rief ich.

›Pst!‹, sagte der Bruder.

Wohin soll ich, ich jetzt, ein Trotta?«[23]

Roth, der seine journalistische Laufbahn als Sozialist begonnen hatte, endete als Monarchist. In seinem Pariser Exil traf er mehrere Male auf Otto von Habsburg und engagierte sich in legitimistischen Kreisen, da er sich von der Wiedereinführung der Monarchie die Rettung vor den Nazis versprach. Dass er im Auftrag Ottos von Habsburg im Februar 1938 nach Österreich gereist sei, um Schuschnigg zur Übergabe der Kanzlerschaft an den ehemaligen Thronprätendenten zu überreden, ist allerdings in den Bereich der Legende zu verweisen.

Otto von Habsburg hat versucht, den Schriftsteller vor dem Tod zu retten. Roth war schwerer Alkoholiker, und sein Arzt bat Otto von Habsburg: »Sie sind der Einzige, deren Autorität er anerkennt. Bitte tun sie etwas.« Der Kaisersohn bestellte daraufhin Roth ein, der ihn mit »Majestät!« begrüßte. »Ich befehle Ihnen, mit dem Trinken aufzuhören!« – »Jawohl, Majestät!« Es hat leider nicht mehr gereicht. Roth hat sein geliebtes Österreich um etwas mehr als ein Jahr überlebt, am 27. Mai 1939 verstarb er an einer Lungenentzündung. Auf seinem Grabstein auf dem Friedhof in Thiais, südlich von Paris, steht: »Österreichischer Schriftsteller – gestorben in Paris im Exil.«

081

OPERATION OTTO: HABSBURG GEGEN HITLER

Der militärische Name des »Anschlusses« lautete »Operation Otto«. Als Hitler auf dem Heldenplatz sprach, waren bereits viele Getreue Ottos auf dem Weg ins KZ.
↓

Otto von Habsburg war gerade 20 Jahre alt, als er im Winter 1932/1933 nach Berlin ging. Der offizielle Grund waren Forschungen für seine Doktorarbeit. Als das »political animal«, das er damals schon war, nutzte er die Zeit, um politische Kontakte zu knüpfen und die politischen Entwicklungen zu beobachten. Im Gegensatz zu vielen anderen hatte er tatsächlich Hitlers *Mein Kampf* gelesen und sah somit die Katastrophe kommen.[24] Ein Schlüsselstaat für die Weltbeherrschungspläne Hitlers war Österreich. Im Übrigen war Adolfs Traum von der deutschen Hegemonie über Mitteleuropa gar nicht so neu, 1915 hatte Friedrich Naumann in einem Essay die teutonische Geopolitik skizziert. Schon Ottos Vater, der letzte Kaiser kämpfte dagegen.

Zwei Mal bat Adolf Hitler den einstigen österreichischen Kronprinzen zum Gespräch. Zwei Mal verweigerte sich Otto. Er wollte sich nicht vor dessen Karren spannen lassen wie der deutsche Kronprinz, und er wusste: Ein einziges Foto von einer solchen Begegnung wäre massiv schädlich gewesen, ganz gleich, was bei einem solchen Gespräch gesprochen worden wäre. Der Zorn Hitlers war ihm gewiss, dieser schimpfte über das »ungezogene Bürschchen, Sohn des Verräterkaisers Karl und der weltweiten Intrigantin Zita«.

Ende Januar 1933 reiste Otto aus Berlin ab. Seine ganze Kraft setzte er nun im Kampf gegen die Nationalsozialisten und gegen den »Anschluss« Österreichs ein. Seine Mittelsmänner in Österreich waren die Brüder Hohenberg und andere Getreue aus der legitimistischen Bewegung. Inzwischen waren die Habsburger-Gesetze vom Ständestaat aufgehoben worden, einige Geschwister Ottos kehrten nach Österreich zurück. Er selbst verzichtete auf eine Rückkehr aufgrund der aufgeheizten innen- und außenpolitischen Situation.

Es galt nun, ein stärkeres österreichisches Selbstbewusstsein zu entwickeln und die österreichische Politik auf einen stärkeren Widerstand gegenüber dem Druck des deutschen Nachbarn einzuschwören. Das war der Hintergrund seines Briefes an Bundeskanzler Kurt von Schuschnigg im Februar 1938, in dem er ihn aufforderte, ihm umgehend die Kanzlerschaft zu übertragen. Otto von Habsburg war der Ansicht, dass unter allen Umständen eine bewaffnete Selbstverteidigung organisiert werden müsste – auch im Hinblick auf den kommenden Krieg und die Neugestaltung der europäischen Landkarte danach. Wenn Österreich wieder auf der Landkarte auftauchen wollte, dann müsste es sich nun klar gegen den Nachbarn verteidigen. Die Politik Schuschniggs war zu schwach, die nationalsozialistische Schlinge zog sich mit rasanter Geschwindigkeit zu: Am 11. März 1938 rollten deutsche Truppen über die Grenze. Otto von Habsburg sagte später, dies sei einer der schlimmsten Tage seines Lebens gewesen.

Hitler hasste Habsburg. Die Multiethnizität, die Toleranz und der Katholizismus waren ihm ein Gräuel. Er hasste das Modell der Monarchie ebenso wie den Thronprätendenten. Daher gab er der militärischen Aktion gegen Österreich den Namen »Operation Otto«.

Am 20. April 1938 titelte der *Völkische Beobachter:* »Steckbrief gegen Otto von Habsburg – Habsburgs entartetster Spröß – ein landesflüchtiger Verbrecher«. Eineinhalb Jahre später begann der Krieg. Als die deutschen Truppen im Mai 1940 die Grenzen zu Belgien überrollten, begann für Otto von Habsburg erneut die Flucht, diesmal weg aus Europa ins amerikanische Exil.

DER MANN, DER HABSBURG RETTETE

Bordeaux, im Juni 1940. Seit vier Wochen schon überrollten die deutschen Truppen Frankreich. Das Land hatte kaum mehr Kraft, sich gegen die deutsche Übermacht zu wehren. Das stolze Paris war rasch gefallen, die französische Regierung zeigte sich zur Kooperation bereit. Vor der deutschen Militärwalze bewegten sich riesige Flüchtlingsströme aus allen Teilen Europas Richtung Südwesten. Die alte Handelsstadt an der Garonne füllte sich schnell mit Verzweifelten.

Auch Otto von Habsburg und die kaiserliche Familie befanden sich unter den Flüchtlingen. Sie trafen im Schloss Lamonzie-Montastruc die großherzogliche Familie von Luxemburg, die ebenfalls die Kollaboration verweigert hatte. Am 17. Juni begaben sich Otto von Habsburg und sein Sekretär Graf Degenfeld nach Bordeaux. Erzherzog Otto traf in der Präfektur die Restbestände der französischen Regierung, um zu schauen, was man für die Tausenden von österreichischen Flüchtlingen machen konnte. Unterdessen ging Graf

Aristides de Sousa Mendes wird auch der »portugiesische Schindler« genannt. Er rettete über 33 000 Menschen das Leben. In Österreich ist er so gut wie unbekannt.

Degenfeld in das portugiesische Konsulat. Schnell hatte sich herumgesprochen, dass der portugiesische Konsul Aristides de Sousa Mendes rettende Visa nach Portugal vergab. Vor dem Konsulat spielten sich dramatische Szenen ab. Für viele war ein Visum die letzte Möglichkeit, den Nazi-Schergen zu entgehen.

Noch am selben Abend erhielten die Habsburger und die Luxemburger die rettenden Stempel in ihre Pässe. Otto von Habsburg und Graf Degenfeld fragten nach, ob Sousa Mendes auch für andere Österreicher Visa ausstellen würde. Sackweise trugen sie Dokumente in das Konsulat.

Sousa Mendes, aus portugiesischem Kleinadel stammend, hatte eine lange Karriere im diplomatischen Dienst seines Landes hinter sich, als er 1938 den Posten des Generalkonsuls in Bordeaux antrat. Stets verhielt er sich loyal zur Regierung Salazar, gleichzeitig war er aber glücklich, während der Diktatur nicht im Land leben zu müssen. Als das berühmte Rundschreiben Nr. 14 der Regierung in Kraft trat, in dem die Vergabe von Visa an die Flüchtenden untersagt wurde, geriet er in einen Gewissenskonflikt, entschloss sich jedoch zu helfen. Die Alternative für die Verfolgten waren Tod und KZ. Rund drei Wochen lang stellte Sousa Mendes Visa aus, was sich bis nach Lissabon durchsprach. Eindeutig erging die Weisung an ihn, damit aufzuhören. Doch Sousa Mendes ignorierte sie. Die Abberufung ließ nicht lang auf sich warten. Sousa Mendes musste Bordeaux verlassen. Noch auf der Fahrt in Richtung spanischer Grenze stempelte und signierte er, manchmal nur auf Papierfetzen. Als ein Grenzübergang in Hendaye geschlossen wurde, fuhr er mit einigen Flüchtlingen zu einem anderen Grenzübergang, der offen war. Am 8. Juli 1940 schließlich kam er in Portugal an.

Die Salazar-Regierung griff hart durch. Ungehorsam musste bestraft werden. Sousa Mendes wurde entlassen und degradiert, seine Bezüge gestrichen. Seine Familie – er und seine Frau hatten 14 Kinder – kam in große materielle Not. Nach 1945 wurde Sousa Mendes nicht rehabilitiert, im März 1954 starb der »portugiesische Schindler«, wie er auch genannt wird, völlig verarmt in seiner Heimat Cabanas.

Im Februar 1961 pflanzte man in der Allee der Gerechten in Yad Vashem in Jerusalem einen Baum für Aristides de Sousa Mendes. Erst 1988, 48 Jahre nach den Ereignissen von Bordeaux, beschloss die portugiesische Nationalversammlung seine Rehabilitierung. Über 33 000 Menschen haben diesem Mann ihre Rettung zu verdanken. Otto von Habsburg hat ihm stets ein ehrendes Angedenken gehalten.

»UNSER MOTTO: KEINEN OTTO!« SKANDAL IN DER ZWEITEN REPUBLIK

Am 2. November 1966 streikten 250 000 Arbeiter nach einem Aufruf des ÖGB in Wien gegen einen Aufenthalt Ottos von Habsburg in Österreich. Die *Arbeiter-Zeitung* titelte einen Tag später: »Einer Meinung: Wir brauchen keinen Habsburger!« Die Gemüter waren erregt! Von einer Gefährdung des inneren Friedens der Republik war die Rede, von einer drohenden Übergabe des Staatsvermögens an den einstigen Kronprinzen. Nichts davon sollte eintreffen. Zwei Tage zuvor, am 31. Oktober 1966, war Otto von Habsburg zusammen mit seiner Frau Regina zum ersten Mal wieder nach Österreich eingereist. Vorausgegangen war ein beispielloses achtjähriges Gezerre, höchste Gerichte hatten geurteilt, eine Koalition war zerbrochen.

Nach Abschluss des Staatsvertrags von 1955 begann Otto von Habsburg, in kleinen Schrittchen seine Heimkehr nach Österreich vorzubereiten. Am Anfang stand 1957 die Feststellung der Staatsbürgerschaft, die ihm den Namen »Habsburg-Lothringen« bescherte und nicht »Österreich«. Pässe für ihn und seine Familie wurden mit dem diskriminierenden Vermerk »Berechtigt nicht zur Einreise nach und nicht zur Durchreise durch Österreich« ausgestellt. In einem Brief an die Regierung erklärte sich Otto von Habsburg 1958 als getreuer Bürger der Republik. Die Sozialisten, die anfangs nicht sehr viel gegen die Einreise hatten, bestanden auf der Formulierung, die in den Habsburger-Gesetzen vorgegeben war: »Hiermit verzichte ich auf meine Mitgliedschaft im Hause Habsburg-Lothringen ...«. Am 31. Mai 1961 erklärte Otto von Habsburg diesen Verzicht.

Mittlerweile waren aber die politischen Gemüter hochgekocht. Die SPÖ war entschlossen, die Verzichtserklärung wegen mangelnder Glaubwürdigkeit nicht gelten zu lassen. Die Regierung der großen Koalition kam zu keinem Ergebnis. Die ÖVP war für die Anerkennung, die SPÖ dagegen. In der Folge ging Otto von Habsburg zum Verfassungsgerichtshof, der sich gleich einmal für nicht zuständig erklärte. Der Verwaltungsgerichtshof aber entschied im Mai 1963, dass die Erklärung ausreichend sei. Die Bombe war geplatzt!

SPÖ-Vizekanzler Pittermann empörte sich über den »Justizputsch«. SPÖ und FPÖ brachten einen Entschließungsantrag im Parlament ein, der die Rückkehr Ottos von Habsburg als unerwünscht ansah. Ganz wohl fühlte sich auch die ÖVP nicht. Die Causa glich ein wenig einer Vice-versa-Situation. Die SPÖ, die

Demonstrationen gegen die Wiedereinreise Ottos von Habsburg. Die SPÖ schürte Ängste um das angebliche Ende der Republik.

qua Klientel gegen die Einreise sein musste, war insgeheim dafür, da sie hoffte, Otto von Habsburg würde eine Partei gründen und damit die ÖVP kaputtmachen. Ebenso die ÖVP: Qua Klientel war man für die Einreise, aber doch dagegen, weil man fürchtete, durch eine »Otto-Partei« kaputtgemacht zu werden. Dazu kam der Umstand, dass seit 1938 gerade einmal 20 Jahre vergangen waren. Die Kompromittierung des Nazi-Mitläufertums ging quer durch alle Parteien. Eine Anekdote will wissen, dass Justizminister Broda (SPÖ) Simon Wiesenthal angerufen und gefragt habe: »Was sagen Sie dazu, dass ich den Brief Dr. Habsburgs an Schuschnigg in meiner Parlamentsrede verwendet habe?« Darauf Wiesenthal: »Was soll ich sagen? Ich hätte Sie sehr rasch zum Schweigen gebracht.« Broda: »Wieso?« Wiesenthal: »No sehr einfach: Ich hätte Sie gefragt, was Sie im Jahr 1938 für Österreich gemacht haben.«

Die große Koalition zerbrach, die ÖVP gewann die Wahl 1966 mit absoluter Mehrheit. Otto von Habsburg machte immer wieder kleinere Ausflüge nach Österreich, und irgendwann war sein Aufenthalt in der Heimat kein Aufreger mehr.

084

DIE BESTÄNDIGE: KAISERIN ZITA

Kaiserin Zita bei der Krönung zur ungarischen Königin am 30. Dezember 1916. Sie blieb ihr ganzes Leben lang standhaft.

Als am 1. April 1989 unter dem Läuten der Pummerin der Sarg Kaiserin Zitas aus dem Stephansdom getragen und auf die eindrucksvolle schwarze Trauerkutsche gehoben wurde, schien es vielen Anwesenden, als würde eine Epoche zu Ende gehen, die gleichzeitig eine neue einläutete. Neben den vielen Uniformen der Traditionsregimenter und den Tiroler Schützenkompanien fanden sich auch ungarische Uniformen, Abordnungen aus der Tschechoslowakei, aus Kroatien und aus Bosnien. Unzählige Menschen aus den ehemaligen Ländern der Monarchie hatten sich auf den Weg gemacht, um der letzten Kaiserin von Österreich und gekrönten Königin von Ungarn das letzte Geleit zu geben. Sie zollten einer Frau Respekt, die zeit ihres Lebens unbeugsam geblieben war.

1892 hineingeboren in die Familie Bourbon-Parma, kannte Zita allein schon aus ihrer Familiengeschichte das Exil. Mit 19 Jahren heiratete sie Erzherzog Karl, sehr zur Freude des alten Kaisers, der sich sichtlich über die standesgemäße Braut seines Großneffen freute. Ein Jahr später kam der Erstgeborene Otto zur Welt, sieben weitere Kinder folgten. Ihren Mann hat die politisch begabte junge Frau unterstützt, wo sie nur konnte. Und sie hat sein Schicksal geteilt, als es ins Exil ging. Eine Abdankung kam gerade für sie nicht infrage.

Als Kaiser Karl am 1. April 1922 auf Madeira starb, war Zita keine 30 Jahre alt und befand sich in einer denkbar schwierigen Situation: Sieben Kinder waren da, mit dem achten Kind war sie schwanger. Ohne materielle Mittel saß sie auf einer Insel mitten im Atlantik, als Kaiserin eines Landes, das es nicht mehr gab. Aber auch das meisterte sie. Diese Familie hat es ihr zu verdanken, dass sie nicht auf Yellow-Press-Niveau gefallen ist. Sie verstand sich als Sachwalterin des Erbes ihres Mannes, das sie für ihren Erstgeborenen bewahren musste. Mit eiserner Hand hat sie die Kinder erzogen, manchmal sicherlich mit zu eiserner Hand. Die Kinder lernten, dass ihr Name und ihre Herkunft in erster Linie mit Pflichten verbunden sind. Insbesondere beim Ältesten, Otto, fiel das auf fruchtbaren Boden. In den 1920er-Jahren war es keineswegs sicher, dass die Monarchie nicht doch noch einmal wiederauferstehen würde, also wurde Otto als Thronfolger erzogen. Der Nationalsozialismus und der Krieg zerschlugen alle diese Möglichkeiten.

Noch einmal Flucht, dieses Mal in die USA und nach Kanada, wo Kaiserin Zita sich für das durch den Krieg gebeutelte Österreich engagierte. In den 1950er-Jahren kehrte sie nach Europa zurück und lebte ab 1962 in Zizers in der Schweiz, in der Nähe von Chur. Erst 20 Jahre später durfte sie als 90-Jährige wieder nach Österreich einreisen, nach einer Intervention des spanischen Königs Juan Carlos bei Bundeskanzler Kreisky – natürlich ohne eine Verzichtserklärung zu unterschreiben. Ihre Einreise glich einem Triumphzug, überall jubelten ihr ihre Anhänger zu.

Zita starb am 14. März 1989, hat also noch miterlebt, wie ihr Sohn Otto das erste Mal wieder nach Ungarn einreisen konnte. Auf die Frage, wie sie ihr Schicksal gemeistert hat, antwortete sie in einem Interview: »Nur der Glaube an Gott. Der Glaube an Gott und seine Vorsehung. Ich habe immer fest geglaubt, dass alles von Gott kommt, und also von seiner Hand angenommen werden muss. Und infolgedessen ihm für alles, für das Gute und für das Böse, zu danken ist.«[25]

VOM THRONFOLGER ZUM PARLAMENTARIER: OTTO VON HABSBURG

Als Kind lehnte er noch an den Knien von Kaiser Franz Joseph und erlebte die feierliche Krönung seines Vaters im Dezember 1916 zum König von Ungarn. Das Reich hatte einen Kronprinzen. Und dieser Kronprinz wurde in der zweiten Hälfte des 20. Jahrhunderts zu einem begeisterten Parlamentarier. Während der 20 Jahre seiner Zugehörigkeit zum Europäischen Parlament von 1979 bis 1999 war Otto von Habsburg stets ein hochgeachteter und respektierter Gesprächspartner für Politiker aller politischer Richtungen.

Doch wie kam es dazu? Otto von Habsburg hatte sich in den 1950er-Jahren mit seiner Frau und seinen Kindern im oberbayerischen Pöcking am Starnberger See niedergelassen. Zu Beginn bestand der Plan, eines Tages nach Österreich zurückkehren zu können (siehe Kapitel 83), die Wiedereinreise zog sich aber hin und wurde in Österreich zu einem Politikum. In der Zwischenzeit engagierte sich Otto von Habsburg immer stärker in der Paneuropa-Union, mit deren Gründer Richard Coudenhove-Kalergi ihn eine enge Freundschaft verband. Weder er noch Coudenhove-Kalergi wollten sich mit der künstlichen Teilung Europas abfinden und warben ununterbrochen für die Vision eines großen und geeinten Europas. Otto von Habsburg, der international tätig war, wurde zu einem gefragten politischen Berater auch in Bayern. Als sich die erste Direktwahl zum Europäischen Parlament für das Jahr 1979 abzeichnete, war es niemand Geringerer als der bayerische Ministerpräsident Franz Josef Strauß, der anregte, dass sich der Kaisersohn zur Wahl stellen sollte. Ein kleines Hindernis musste noch überwunden werden: Otto von Habsburg besaß nicht die deutsche Staatsangehörigkeit, die damals erforderlich war. Grund genug für gewisse Kreise in Österreich, die Ausbürgerung zu verlangen, da Doppelstaatsbürgerschaften damals absolut ungewöhnlich waren. Das war selbst Bruno Kreisky zu viel. Mit den Worten »Ausgebürgert wird bei mir nicht!« beendete er die Debatte. Und so wurde Otto von Habsburg im Juni 1979 erstmals in das Europäische Parlament gewählt. Seine parlamentarische Tätigkeit hatte stets das größere Europa im Blick. Zusammen mit drei anderen Abgeordneten aus drei verschiedenen Ländern lancierte er die Resolution des »leeren Stuhls«. Symbolisch für die Länder, die noch nicht in der europäischen Volksvertretung vertreten waren, sollte in der Mitte des Plenums ein leerer Stuhl aufgestellt werden. Erbitterte

↑
Otto von Habsburg war ein leidenschaftlicher Parlamentarier und hochgeachtet von allen Fraktionen.

Kämpfe mit den linken Fraktionen folgten. Am Ende jedoch gewannen Otto von Habsburg und seine Mitstreiter. Der Stuhl wurde in realiter zwar nie aufgestellt, aber das Parlament war auf das größere Europa verpflichtet und nicht dazu, die Jalta-Linie zu akzeptieren. Ein Symbol, welches in den vom Kommunismus unterdrückten Ländern sehr wohl zur Kenntnis genommen wurde.

Otto von Habsburg sah sich als Anwalt für das Selbstbestimmungsrecht der Völker und der Menschenrechte, und so gestaltete er seine Politik. Ob es darum ging, den Fall der baltischen Staaten vor den Dekolonisierungsausschuss der UNO zu bringen oder das Selbstbestimmungsrecht der Völker des ehemaligen Jugoslawiens einzufordern – diese Völker hatten mit Otto von Habsburg eine mächtige und einflussreiche Stimme im Europäischen Parlament.

Hochgeachtet von allen Fraktionen, schied Otto von Habsburg 1999 aus dem Parlament aus. Doch sein politischer Einsatz hörte nicht auf. Noch zehn Jahre reiste er ununterbrochen und warb für die europäische Idee. Sein Wort wurde stets gehört. Es fehlt heute schmerzlich.

EIN POLITISCHES TESTAMENT

Kaiserin Zita starb am 14. März 1989 und wurde am Todestag ihres Mannes, am 1. April, in Wien feierlich zu Grabe getragen. Es war die Morgendämmerung des Zusammenbruchs der kommunistischen Systeme in Mittel- und Osteuropa. Die stets Unbeugsame hinterließ ein beeindruckendes politisches Testament, das für sich selbst steht:

»Als Kaiser Karl am 21. November 1916 nach dem Tode Kaiser Franz Josephs an dessen Stelle trat, erließ er seine erste Proklamation, in der es hieß: ›Als kostbares Erbe meines Vorfahren übernehme ich die Anhänglichkeit und das innige Vertrauen, das Volk und Krone umschließt: Dieses Vermächtnis soll mir die Kraft verleihen, den Pflichten meines hohen und schweren Herrscheramtes gerecht zu werden. Durchdrungen von dem Glauben an die unverzichtbare Lebenskraft Österreich-Ungarns, beseelt von inniger Liebe zu meinen Völkern, will ich mein Leben und meine ganze Kraft in den Dienst dieser hohen Aufgabe stellen.‹

Für mich ist es wie eine Erfüllung dieses Vermächtnisses, wenn ich in sehr hohem Lebensalter noch den Beginn einer neuen Zeit miterleben darf, in der die Völker Europas sich in Frieden und Freiheit wiederfinden. Es ist für mich wie eine Krönung dieses Vermächtnisses, wenn Ungarn und Österreich wieder so herzlich zueinander finden und sich am Horizont schon ein neues Mitteleuropa abzeichnet, das, vereint und stark, als ein Teil der Europäischen Gemeinschaft seinen Beitrag für das Wohlergehen Europas und besonders unserer Länder leisten wird, auch jene eingeschlossen, die noch heute in Unfreiheit zu leben gezwungen sind.

Kaiser Karl hat damals bei der Übernahme des Erbes gesagt: ›Indem ich des Himmels Gnade und Segen auf mich und mein Hause wie auf meine geliebten Völker herabflehe, gelobe ich vor dem Allmächtigen, das Gut, das meine Ahnen mir hinterlassen haben, getreulich zu verwalten.‹

Bald fiel mir die Aufgabe zu, einen Teil dieses Gutes zu verwalten. Mit Gottes Hilfe und dem Beistand so viel Getreuer, die in jeder Stunde, sei es in den Tagen des Kriegsendes, sei es in der Zeit der Verfolgung des Zweiten Weltkriegs und auch danach unverbrüchlich die Treue hielten, konnten wir gemeinsam den Weg in eine neue Zeit finden. Ich konnte sogar an jenem unvergesslichen 17. August 1982, am Geburtstag Kaiser Karls, die geliebte Heimat wiedersehen. (...) Wie gern wäre ich noch nach Südtirol gekommen und nach Ungarn und an all die anderen Orte, denen ich so herzlich durch meinen Weg durch das Leben verbunden bin. Meine schwächer werdenden Kräfte erlaubten das nicht mehr, aber

Eine hochpolitische Persönlichkeit mit Weitblick:
Kaiserin Zita

ich erlebte die Reisen meines Sohnes Otto und meines Enkels Karl nach Ungarn so mit, als wäre ich mit ihnen gewesen. Ich weiß, dass die Liebe, die Kaiser und König Karl galt, auch seinen Erben gelten wird.

Noch ist das Ziel nicht erreicht, noch ist der Friede, für dessen Gewinnung Kaiser Karl alles gegeben hat, nicht gesichert, noch ist unsere gemeinsame christliche Zivilisation bedroht. Aber so unerschütterlich Kaiser Karls Vertrauen in die Kraft der untrennbaren Schicksalsgemeinschaft der Donauvölker war, so gewiss erschien es mir stets, dass trotz aller Schwierigkeiten unsere Völker zum Werk der friedlichen Erneuerung zusammenwirken werden. Auch vertraue ich auf Gottes Vorsehung, dass unser Europa zu den geistigen und sittlichen Wurzeln zurückfindet, die allein seine Zukunft sichern können.

Ich bin dankbar für alles, was die Menschen unserer Länder an Treue und Liebe aufgeboten haben. Gott schütze sie alle und führe sie in eine glückliche gemeinsame Zukunft! Zizers, 1989.«[26]

087

HABSBURG UND DER FALL DES EISERNEN VORHANGS

Erich Honecker, Vorsitzender des Zentralkomitees der Sozialistischen Einheitspartei Deutschlands (SED), schäumte. Gerade waren bei einem Grenzpicknick der Paneuropa-Union an der österreich-ungarischen Grenze fast 700 Bürger des »Arbeiter- und Bauernparadieses DDR« in die Freiheit gelaufen. Das Ganze sei ein perfider Plan, eingefädelt von Otto von Habsburg und der CIA, ließ Honecker verlauten. Und noch dazu: »Den Sozialismus in seinem Lauf hält weder Ochs noch Esel auf.« Wenige Monate später allerdings war die DDR Geschichte und Honecker auf dem Weg in sein chilenisches Exil.

Das Paneuropa-Picknick bei Sopron vom 19. August 1989 war der Dominostein, der den Eisernen Vorhang zu Fall brachte. Von dem Moment an gab es kein Halten mehr. Tausende Menschen aus Leipzig, Erfurt, Rostock und Berlin machten sich auf den Weg nach Ungarn, um dort die Chance der Flucht zu ergreifen. Binnen weniger Wochen und Monate implodierten die kommunistischen Systeme in Mitteleuropa. Doch was war dem vorausgegangen?

Otto von Habsburg, stets ein aufmerksamer Beobachter, war schon ab Mitte der 1980er-Jahre klar, dass sich der Kommunismus nicht mehr lange würde halten können. In Polen herrschte das Kriegsrecht, dennoch demonstrierten immer wieder die tapferen Arbeiter der Danziger Lenin-Werft unter ihrem Anführer Lech Wałęsa gegen das kommunistische System, unterstützt vom polnischen Papst Johannes Paul II. Der Kommunismus lag in seinen letzten Zügen. Im Frühjahr 1988 reiste Otto von Habsburg zum ersten Mal seit 1918 wieder nach Ungarn, mit völligem Einverständnis der damals noch kommunistischen Regierung. Die einzige Bedingung der Regierung war, dass die Reise inkognito verlaufen sollte, das heißt ohne größeres Aufsehen. Doch dieser Plan ging schief, schon wenige Kilometer nach der Grenze wurden Otto von Habsburg und seine Frau Regina erkannt. Kontakte zu bürgerlichen Oppositionsgruppen wurden geknüpft. Es lag etwas in der Luft.

Am 2. Mai 1989 trafen sich der damalige österreichische Außenminister Alois Mock und sein ungarischer Kollege Gyula Horn an der Grenze und durchschnitten symbolisch ein Stück Stacheldraht, um damit künftig Erleichterungen beim Grenzübertritt anzukündigen. Otto von Habsburg und seine Mitarbeiter aus der Paneuropa-Bewegung, allen voran seine jüngste Tochter Walburga von Habsburg

↑
Die Menschen rennen in die Freiheit.
Das paneuropäische Picknick bei Sopron im August 1989
war die erste Massenflucht nach dem Mauerbau 1961.

und Bernd Posselt, blieben in stetem Gespräch mit den ungarischen Freunden und planten nun für den 19. August ein Picknick an der Grenze bei Sopron, um für ein einiges Europa zu demonstrieren. Die ungarischen Behörden spielten mit, was keine Selbstverständlichkeit war, immerhin standen noch etwa 60 000 sowjetische Soldaten im Land. Schirmherren dieses Paneuropa-Picknicks waren Otto von Habsburg und der ungarische Staatsminister Imre Pozsgay. Aus Rücksicht auf die sensible politische Situation blieben sie dem Ereignis aber fern. Walburga von Habsburg verlas eine Grußbotschaft ihres Vaters. Für einen kurzen Moment wurde der Grenzzaun geöffnet – und auf einmal stürmten Hunderte »DDR«-Bürger, die in Sopron von dem Picknick gehört hatten, über die Grenze. Theoretisch galt noch der Schießbefehl, aber die ungarischen Grenzbeamten drehten sich einfach um und taten so, als ob sie nichts sehen würden. Am Abend waren die Fernsehnachrichten voll. Etwa 660 »DDR«-Bürger waren beim Paneuropa-Picknick in die Freiheit geflohen. Dies war die erste Massenflucht seit dem Mauerbau 1961.

088

DER MARILLENKNÖDEL ODER WIE EIN DEUTSCHER DIPLOMAT UND EINE MONARCHISTISCHE LEHRERIN DIE AUSTRIAZISMEN RETTETEN

Ein Marillenknödel ist ein Marillenknödel und kein Aprikosenkloß.

Marille, Ribisel, Fisolen, Karfiol, Beiried – diese und 18 andere spezielle Ausdrücke, Austriazismen genannt, zählt das *Protokoll Nr. 10 über die Verwendung spezifisch österreichischer Ausdrücke der deutschen Sprache im Rahmen der Europäischen Union* auf.

Wie lautet doch ein gescheiter Spruch über Österreicher und Deutsche? »Das, was uns trennt, ist die gemeinsame Sprache.« Aber um ein Haar wäre es vergessen worden, diese Austriazismen für den Sprachgebrauch nach dem Beitritt Österreichs zur Europäischen Union festzuschreiben. Nicht auszudenken, wenn aus der edlen Wachauer Marille eine profane niederösterreichische Aprikose geworden wäre. Der Erfolg hat viele Väter, heißt es, und so ließ Wiens Bürgermeister Häupl vor dem EU-Beitritt ein zugleich werbendes wie trotziges Plakat aufhängen mit dem Spruch: »Erdäpfelsalat bleibt Erdäpfelsalat!«

Wer waren aber die wirklichen Retter der österreichischen Sprache? Wir befinden uns im Jahr 1994 in Brüssel. Die politischen Verhandlungen über den Beitrittsvertrag sind bereits abgeschlossen. Da steht auf einmal die Frage im Raum: Was ist eigentlich mit den Austriazismen? Nicht nur die kulturelle Eigenheit ist betroffen, sondern auch handfeste juristische und politische Fragen in Bezug auf Lebensmittelbezeichnungen und Kennzeichnungspflichten. Damit auf dem Etikett weiterhin »Kren« anstatt teutonisch »Meerrettich« stehen darf, muss das EU-Recht entsprechend angepasst werden. Auf Arbeitsebene trifft in dieser Phase daher noch einmal der österreichische Rechtsexperte seinen deutschen Kollegen. Der junge deutsche Diplomat Pascal Hector erinnert sich gern an seine Kunst-Lehrerin Anneliese Aulenbacher am Deutsch-Französischen Gymnasium in Saarbrücken, die, österreichischer Herkunft und monarchistischer Gesinnung, es immer verstanden hat, den Kunst-Unterricht mit österreichischer Geschichte zu würzen. Das Highlight der Schulfeste waren ihre Marillenknödel, die sie dafür in großer Menge herstellte. An diese Marillenknödel denkt Pascal Hector und hat sofort vollste Sympathie für dieses österreichische Anliegen. Aber es gibt ein großes Problem: Inhaltliche Änderungen am Vertragstext sind doch seit dem politischen Abschluss der Verhandlungen ausgeschlossen. Emsiges Nachdenken. Schließlich hat Pascal Hector eine zündende Idee: Eigentlich geht es ja gar nicht um eine inhaltliche Änderung, sondern nur um eine sprachliche, um die Bezeichnung bestimmter Lebensmittel in Österreich. Mit diesem Argument gelingt es ihm schließlich, den Widerstand seines Ansprechpartners im deutschen Landwirtschaftsministerium auf ein paar zusammengezogene Augenbrauen zu reduzieren. Einzige Auflage: Es muss handhabbar bleiben. Dem Protokoll steht damit keine prinzipielle Schwierigkeit mehr im Weg.

Wohl aber eine praktische: Wie aus der Liste von etwa 7000 Austriazismen die etwa 25 wichtigsten herausfiltern, damit es »handhabbar« bleibt? Die Frage der Relevanz muss entschieden werden. Die notwendige Inspiration dazu bringt ein gemeinsames Mittagessen in einem Brüsseler Restaurant, welches Hector und sein österreichischer Kollege aufsuchen, um dort die Liste zusammenzustellen. Diese wird dann noch einmal abgestimmt und findet als letztes Protokoll Eingang in den Beitrittsvertrag Österreichs zur Europäischen Union.

An dieser Stelle danken wir der monarchistischen Kunstlehrerin und der deutschen Diplomatie für die Rettung österreichischen Kulturguts!

… 089

DIE SELIGSPRECHUNG EINES KAISERS

Rom, am 3. Oktober 2004. Auf dem Petersplatz finden sich bei strahlendem Wetter Zehntausende ein. Papst Johannes Paul II. wird an diesem Sonntag fünf Diener Gottes zur Ehre der Altäre erheben. Darunter auch Karl, den letzten Kaiser von Österreich und König von Ungarn. Alle noch lebenden Kinder Kaiser Karls sind mit ihren Familien angereist und viele andere Mitglieder des Hauses Habsburg. Allen voran Familienchef Otto von Habsburg mit seiner Frau Regina, den sieben Kindern, Schwieger- und Enkelkindern. Ein großes Ereignis, nicht nur für die Familie.

Dem vorangegangen war ein jahrzehntelanger Prozess. Schon kurz nach dem Tod setzte die Verehrung des Kaisers ein. Treibender Faktor war die »Gebetsliga Kaiser Karl für den Völkerfrieden«, hervorgegangen aus einem Gebetskreis, der sich bereits in der Kindheit von Erzherzog Karl zusammengefunden hatte. Bereits der Bundesrat und spätere Bundespräsident Wilhelm Miklas hatte am ersten Todestag Kaiser Karls den Wiener Kardinal gebeten, die Einleitung eines Seligsprechungsverfahrens zu prüfen.

Maßgebliche Mitglieder waren Graf und Gräfin Wallis und Baron Zeßner-Spitzenberg. Ab 1928 wurde eine Mitgliederzeitschrift herausgegeben: die jährlich erscheinenden *Kaiser-Karl-Gedächtnisjahrbücher.* Der Einmarsch

---

Gebet zum Seligen Kaiser Karl

Seliger Kaiser Karl, du hast dein schweres Amt und alle schwierigen Herausforderungen deines Lebens als Auftrag Gottes übernommen und in deinem Denken, Entscheiden und Handeln allein dem Dreifaltigen Gott vertraut.

Wir bitten dich, tritt bei Gott für uns ein und erflehe uns Vertrauen und Mut, damit wir selbst in menschlich aussichtslosen Situationen nicht verzagen, sondern gläubig den Weg Christi gehen.

Erbitte uns die Gnade, unser Herz vom Herzen Jesu formen zu lassen. Steh uns bei, damit wir uns für die Armen und Notleidenden mitfühlend und tatkräftig einsetzen, unerschrocken für den Frieden im Kleinen und in der Welt kämpfen und unser ganzes Leben in jeder Lage hoffnungsfroh in Gottes Hand legen – damit wir alle wie du zu Ihm gelangen durch Christus unsern Herrn.

Die katholische Kirche würdigte die Friedenssuche des letzten Kaisers und empfahl ihn den Politikern Europas als Vorbild.

der Nationalsozialisten im März 1938 bereitete den Aktivitäten der Gebetsliga ein brutales Ende. Nach dem Krieg wurde die Arbeit wiederaufgenommen, und so konnte am 3. November 1949 das Verfahren zur Seligsprechung begonnen werden, welches dann am 3. Oktober 2004 seinen Abschluss fand.

Die lange Dauer des Prozesses erklärt sich zum einen dadurch, dass nicht immer stringent gearbeitet und in den 1960er-Jahren die Causa verschleppt wurde. Zum anderen muss berücksichtigt werden, dass man es hier mit einer Persönlichkeit zu tun hatte, die im Brennpunkt eines hochkomplexen politischen und militärischen Geschehens stand. Um zu einer Beurteilung zu kommen, mussten die Friedensinitiativen, die innenpolitischen Entwicklungen und der Zusammenbruch der Monarchie unter Kaiser Karl penibelst untersucht werden. Dazu wurde von der zuständigen Kongregation eine mit ausgewiesenen Fachleuten besetzte Kommission zusammengestellt. Theologen, Mediziner, Juristen und Historiker untersuchten das Leben des Kaisers und überprüften es hinsichtlich der christlichen Tugenden. Dabei waren irdische Aspekte irrelevant, entscheidend war immer der theologische Aspekt.

Papst Johannes Paul II. stammte selbst aus dem einstigen österreichischen Teil Polens. Sein Taufname lautete Karel, in Erinnerung an den letzten Kaiser. In seinem Pontifikat sprach er mehr Menschen selig und heilig als alle seine Vorgänger zusammen. Kaiser Karl stand für ihn für christliches Verhalten in politisch schwierigen Situationen. Er empfahl ihn allen Politikern in Europa als Vorbild.

090

HABSBURG IM FILM

Nicht immer mit der historischen Realität übereinstimmend, dafür aber Kassenschlager

In 650 Jahren Familiengeschichte sollte man meinen, dass sich genügend Dramen, Tragödien (und auch Komödien) finden, die sich lohnen, filmisch umgesetzt zu werden. Aber das Medium des 20. Jahrhunderts hatte vor allem die üblichen Verdächtigen im Blick: Kronprinz Rudolf, Kaiserin Elisabeth, die mütterliche Kaiserin Maria Theresia, den guten alten Kaiser Franz II./.I. und den volksnahen Erzherzog Johann. Egal in welcher Epoche, ganz gleich von welcher Filmgesellschaft, die einschlägigen Mythen werden bis heute gern bedient. Diejenigen, die die Mythisierung und Überhöhung der Habsburger beklagen, sollten sich also erst einmal an die Filmindustrie wenden. Es gibt, wie immer, rühmliche Ausnahmen.

Ein eigenes Filmgenre sind die sogenannten k. u. k. Filme, die im Adelsmilieu beziehungsweise in der Monarchie spielen. Einer der ersten war *Oberst Redl – der Totengräber der Monarchie*, ein Stummfilm aus dem Jahr 1925. In den 1940er- und 1950er-Jahren blühte dieses Genre auf, mit berühmten Schauspielern, allen voran der Filmikone Hans Moser. Einen Schlagabtausch lieferten sich ab 1953 die beiden Regisseure Franz Antel und Ernst Marischka, die einen Monarchiefilm nach dem anderen auf den Markt brachten: *Kaiserwalzer* (Antel), *Der Feldherrnhügel* (Marischka), *Kaisermanöver* (Antel), *Die Deutschmeister* (Marischka), *Der Kongress tanzt* (Antel). Den Vogel schoss aber schließlich Ernst Marischka mit der berühmten *Sissi*-Trilogie ab. Kaiserin Elisabeth war schon 1920 und 1931 (mit Lil Dagover) Gegenstand von Verfilmungen gewesen. Die Marischka-Filme jedoch setzten für viele Jahrzehnte den Maßstab und bis heute das allgemein bekannte *Sissi*-Bild. Man kann darüber reden, ob die Filme kitschig sind (ja, sind sie), ob sie zu einer Verklärung beigetragen haben (ja, haben sie), aber abgesehen von der historischen Unkorrektheit sind die Filme in sich ein schlüssiges Gesamtkunstwerk. Das Setting war perfekt: die Zeit, die Schauspieler, die zwei Fortsetzungen. Romy Schneider gelangte mit dieser Rolle zu Weltruhm, kämpfte aber den Rest ihres Lebens gegen die Identifikation mit dieser Rolle. In Luchino Viscontis *Ludwig II.* von 1972 trat sie noch einmal als Elisabeth auf, diesmal kühler, distanzierter, kapriziöser.

Kronprinz Rudolf musste ebenfalls mehrfach herhalten: *Mayerling* (USA, 1936) mit Charles Boyer, *Kronprinz Rudolfs letzte Liebe* (1956) mit Rudolf Prack und Christiane Hörbiger, *Mayerling* (1968) mit Omar Sharif und Catherine Deneuve und noch einmal *Kronprinz Rudolfs letzte Liebe* (2006) mit Max von Thun.

In jüngerer Zeit wurden auch andere Persönlichkeiten der Habsburger für den Film entdeckt. Der monumentale Dreiteiler *Das Spiel von Macht und Liebe* (2017) erzählt die Geschichte von Maximilian I. und Maria von Burgund in einer Mischung aus Ritterfilm und romantischer Liebesgeschichte. Ebenfalls 2017 wurde der Zweiteiler *Maria Theresia* ausgestrahlt.

Etwas anderes sind Dokumentationen, derer es zahlreiche gibt, auch immer mit einem anderen Fokus, mitunter auf Yellow-Press-Niveau à la *Europas größte Adelshäuser*. Eine professionell und solide gemachte Doku lieferte der ORF Anfang der 1990er-Jahre mit der zwölfteiligen Serie *Die Habsburger – Eine europäische Familiengeschichte*. Herauszuheben ist der Film von Gerhard Jelinek *Der selige Kaiser* von 2004. Seither ist außer vereinzelten Lichtblicken leider nichts Seriöses mehr nachgekommen.

091

DER ERSTE WELTKRIEG HAT NICHT STATTGEFUNDEN – PROJEKTIONEN

»I bin doch ned deppert, I fahr wieder z'Haus!« Nehmen wir einmal an, Erzherzog Franz Ferdinand hätte sich nach dem ersten Attentat in Sarajevo mit diesen Worten empört von den bosnischen Würdenträgern verabschiedet und wäre eilends mit seiner Frau wieder nach Wien zurückgekehrt. Dann wäre es zu keiner Juli-Krise gekommen und zu keinem Ersten Weltkrieg. Sowohl das deutsche Kaiserreich als auch die Donaumonarchie würden noch existieren. Es hätte keinen Hitler gegeben, keinen Zweiten Weltkrieg, keine Judenvernichtung. In Europa wäre noch alles beim Alten.

Das ist das Setting des Romans *Der Komet* (2013) von Hannes Stein. Das Was-wäre-wenn-Spielchen ist dem Historiker verboten, dem Romancier erlaubt. In Steins urkomischem Roman spielen die USA keine weltpolitische Rolle, sondern sind nach wie vor ein etwas hinterwäldlerisches Land voller Cowboys und zweifelhafter Subjekte. In Deutschland hat Wernher von Braun keine V2 gebaut, dafür aber eine Rakete, mit der man den Mond besiedeln kann, der nun eine deutsche Kolonie ist. Und in Wien, dem Nabel der Welt, herrschen nach wie vor die Habsburger. Jede Woche treffen sich ein prominenter Psycho-analytiker, der Oberrabbiner und der Wiener Erzbischof zu ihrem Stammtisch im Café Central, irgendwann taucht Anne Frank als Literaturnobelpreisträgerin auf. Die Handlung des Romans ist an sich nicht so wichtig, doch beschreibt Stein dieses Szenario so amüsant, dass man es bedauert, wenn die letzte Seite gelesen ist. Die Schrecken des 20. Jahrhunderts werden bei diesem Gedankenspiel umso bewusster.

Der Science-Fiction-Schriftsteller Oliver Henkel spielt in seinen Romanen gern mit historischen Ereignissen, die nicht stattgefunden haben, wodurch der Lauf der Welt also höchstwahrscheinlich ein anderer gewesen wäre. Der Krimi *Kaisertag* führt uns ins Deutsche Reich des Jahres 1988. Die Prämisse: Franz Ferdinand wurde in Sarajevo vom Attentäter verfehlt, es kam zu keinem Ersten und zu keinem Zweiten Weltkrieg. In Deutschland herrscht Kaiser Wilhelm V., die Polizisten tragen Pickelhauben, der Militärgeheimdienst ist allmächtig.

Der Historiker und sudetendeutsche Politiker Emil Franzel schrieb neben historischen Sachbüchern auch Romane, allerdings unter dem Pseudonym Carl von Boeheim. Seinem Gedankenspiel des nicht stattgefun-

Der Komet ist eine charmante und echt wienerische Was-wäre-wenn-Geschichte.

denen Weltkrieges in *Kaisersaga. Utopia Austriaca* (1960) liegt die Annahme zugrunde, dass Kaiser Franz Joseph neben Rudolf noch einen zweiten Sohn gehabt hätte, nämlich Erzherzog Franz Stefan. Dieser wird Thronfolger und reist nicht nach Sarajevo. Es gelingt ihm, das Reich mit der sogenannten »Revolution von oben« zu reformieren und damit zu erhalten.

Guido Morselli, ein wenig bekannter italienischer Schriftsteller, veröffentlichte 1980 den Roman *Licht am Ende des Tunnels*. Das Szenario: Der österreichisch-ungarischen Armee gelingt es, mit einem unbemerkt bleibenden Tunnelbau durch die Alpen die Italiener bei einem Überraschungsangriff niederzuschlagen. Der Erste Weltkrieg wird vorzeitig und siegreich beendet. Deutschland, Österreich und Italien gründen 1918 eine Art Europäische Gemeinschaft. Es gibt keine Reparationszahlungen, keine Revanche-Gedanken, und Adolf Hitler schlägt sich weiterhin mit Gelegenheitsmalereien durch.

Bestechende Gedanken, nicht wahr?

IMPERIAL SPEED: HABSBURGER UND AUTOS

An der Wende vom 19. zum 20. Jahrhundert tauchten immer mehr Automobile in den Straßen Wiens auf. Die Hofburg verfügte um 1900 bereits über einen ansehnlichen Wagenpark an Benzinfahrzeugen. Kaiser Franz Joseph hingegen mochte Autos nicht und benutzte viel lieber klassische Pferdekutschen, wenn er auch ab und zu nicht um die Nutzung des Automobils herumkam.

Kaiserliche Wagen sind eng mit dem Namen Gräf & Stift verbunden, der Wiener Automobilfabrik, die aus einer von den Gebrüdern Gräf gegründeten Werkstatt hervorgegangen war und sich vor allem auf den Bau von großen, komfortablen Limousinen spezialisierte. In einem Doppelphaeton von Gräf & Stift aus dem Besitz des Grafen Harrach saßen Erzherzog-Thronfolger Franz Ferdinand und seine Frau, die Herzogin von Hohenberg, als sie am 28. Juni 1914 in Sarajevo erschossen wurden. Der Wagen ist im Heeresgeschichtlichen Museum in Wien zu besichtigen.

Kaiser Karl, der als moderner Mensch gern jede aktuelle Technik benützte (so hat er gleich zu Beginn seiner Regierung überall Telefonapparate anbringen lassen), fuhr ebenfalls einen Gräf & Stift. Gebaut 1914, mit einem Benzinmotor und 45 PS, konnte dieser Wagen bis zu 90 Stundenkilometer erreichen. Karl lenkte gern selbst, bei offiziellen Anlässen aber saß ein Chauffeur am Volant. Auch der Führer der österreichischen Sozialdemokraten, Viktor Adler, kam einmal in den Genuss des Hofautos. Fast täglich ging er in den aufregenden frühen Novembertagen des Jahres 1918 zu Unterredungen mit dem Monarchen nach Schönbrunn. Kaiser Karl wollte ihm, der an Herzschwäche und Asthma litt, den Weg erleichtern und bot ihm seinen Wagen an. Adler lehnte zunächst für den nächsten Tag ab. Dies ginge nicht, da er den Buben von der Bahn abholen müsse. Der »Bub« war Adlers Sohn Friedrich, der vier Jahre zuvor noch den Ministerpräsidenten Karl Stürgkh erschossen hatte und zu lebenslanger Haft verurteilt worden war. Wenige Tage zuvor hatte ihn Kaiser Karl begnadigt. Der Kaiser erklärte Viktor Adler, das sei überhaupt kein Problem: »Holen Sie ihn mit dem Auto von der Bahn ab, und dann kommen Sie zu mir.« Und so geschah es.

Der Kaiserwagen ist das einzige Hofauto, welches »überlebt« hat. Besichtigen kann man ihn in der Wagenburg in Schönbrunn, die in ihrer 2018 neu gestalteten Dauerausstellung einen Teil dem Thema »Imperial Speed« widmet und drei sehr schnelle Fahrzeuge aus zwei Jahrhunderten aus habsburgischem Besitz zeigt. War Kaiser Franz mit einer eigens gestalteten Kutsche noch mit zwei Pferdestärken (maximale Geschwindigkeit 16 Stundenkilo-

↑
Ferdinand von Habsburg vor seinem Art Car, das heute in der Wagenburg zu sehen ist

meter) unterwegs, so reiste Kaiser Karl schon schneller durch sein Reich. Am schnellsten aber ist wohl Ferdinand von Habsburg unterwegs. Der 1997 geborene künftige Chef des Hauses Habsburg und Urenkel des letzten Kaisers macht seit einigen Jahren durch eine atemberaubende Karriere als Rennfahrer auf sich aufmerksam. Mehrfach erfolgreich in Formel-3-Meisterschaften, wird er als vielversprechender künftiger Formel-1-Fahrer gehandelt. Einer seiner Wägen, ein Formula Renault 1,6, ist bei »Imperial Speed« zu besichtigen. Er wurde von den Künstlern Sabine Lang und Daniel Baumann farbig gestaltet.

Ferdinands Großvater Otto von Habsburg hatte stets Freude an schönen und schnellen Autos. Wenn er auch selbst keine Rennen fuhr, so war er doch stets am neuesten Stand, was die Formel 1 betraf. Regelmäßig besuchte er die Rallye Monte Carlo, und beim Großen Preis von Ungarn war er in seinen letzten Lebensjahren häufig zu Gast.

093

BIBI UND BÜBERL IN DER RUMPELKAMMER: DAS HOFMOBILIENDEPOT

Auch die Kanarienvögel von Kaiser Franz sind im Hofmobiliendepot ausgestellt. Sie wurden dem Kaiser von seiner Tochter Leopoldine aus Brasilien geschickt.
↓

Bibi und Büberl sind immer noch da, singen tun sie aber nicht mehr. Die Lieblingskanarienvögel von Kaiser Franz II./I. sind heute ausgestopft nebst Käfig im Hofmobiliendepot zu bewundern.

Etwas versteckt im 7. Wiener Gemeindebezirk liegt das Hofmobiliendepot. Unter Wien-Besuchern galt es lange als Geheimtipp, führte es doch völlig unberechtigt viele Jahre ein Schattendasein. Das Hofmobiliendepot war einst das Möbellager der Habsburger. Habsburgische Schlösser waren nicht eingerichtet. Zog der Hof um, etwa von der Hofburg nach Schönbrunn, nach Laxenburg oder Schloss Hof, mussten alle Möbel vorher dorthin geschafft werden. Was für ein logistischer Aufwand! Kaiserin Maria Theresia ernannte erstmals im Jahr 1747 einen Hofmobilieninspekteur, der für Transport, Lagerung, Pflege und Inventarisierung der Möbel zuständig war. Seit 1901 befindet sich das Hofmobiliendepot im heutigen Gebäudekomplex, der auch Werkstätten und Wagenremisen umfasst. Dieser

»Speicher der Geschichte« ist über Jahrhunderte gewachsen und heute eine der bedeutendsten und größten Möbelsammlungen der Welt. Insgesamt 165 000 Stücke sind inventarisiert, im Museum etwa 6000 davon ausgestellt, darunter eine prachtvolle Sammlung von Möbeln des Wiener Biedermeier.

Im Habsburger-Gesetz vom 10. April 1919 wurden auch die Besitzverhältnisse dieser habsburgischen Hinterlassenschaften geregelt. Das gesamte Hofärar, das heißt der staatliche Besitz, wurde von der jungen Republik übernommen, auch das Mobiliar. Einfach war es nicht, zwischen den verschiedenen vermögensrechtlichen Kategorien zu unterscheiden, war es doch bei einigen Stücken unklar, ob sie zum Hofärar gehörten, zum Familienvermögen (das aber sicherheitshalber von der Republik gleich mitübernommen wurde) oder zum Privatvermögen einzelner Familienmitglieder. Der Übergang sollte drei Jahre dauern.

Bereits 1924 eröffnete die erste Schausammlung im Hofmobiliendepot, zu sehen waren vor allem die Biedermeierkojen, die als Muster für Möbeltischler und Innenausstatter präsentiert wurden. Mit der Zeit erweiterte man den sichtbaren Teil des Depots, ein museales Konzept wurde umgesetzt. Regelmäßige Ausstellungen runden das Angebot ab. Anlässlich der 100. Wiederkehr des Todestages von Kaiser Franz Joseph 2016 konnte man beispielsweise eine seiner Unterhosen und eine angerauchte Virginier-Zigarre, von Leibdiener Ketterl liebevoll aufbewahrt, bewundern.

Die ständige Ausstellung ist reichhaltig bestückt, darunter eine recht beeindruckende Spucknapfsammlung – das war wohl Mode im Biedermeier. Etliche Funeralkronen gibt es zu sehen, Kopien von Kronen, die bei der Aufbahrung eines verstorbenen Mitglieds des Kaiserhauses auf samtenen Kissen präsentiert wurden. Oder den Schreibtisch von Kaiserin Maria Theresia und den Radsessel ihrer Mutter Elisabeth Christine, die im Alter ebenso umfangreich wie unbeweglich war.

Was in der Tat einer Rumpelkammer gleicht, sind die Depots im zweiten Stock, die wie Käfige ausschauen. Möbel in allen Zuständen sind darin untergebracht. Dort begegnen wir Sissi oder vielmehr Romy Schneider. Ernst Marischka bediente sich, als er die *Sissi*-Filme in den 1950er-Jahren drehte, für die Ausstattung des Filmsets des Hofmobiliendepots. An verschiedenen Stationen sieht der Besucher die entsprechende Filmszene und dazu die Originalmöbel.

Eine besondere Kuriosität ist ebenfalls zu besichtigen: der Sarg des in Mexiko erschossenen Kaisers Maximilian, sozusagen ein letztes Möbel.

EIN HABSBURGER ALS BUNDESPRÄSIDENT

Ulrich von Habsburg-Lothringen ist Forstwirt. Er war grüner Gemeinderat in Wolfsberg in Kärnten und wollte 2010 für die Wahl zum Bundespräsidenten kandidieren, durfte aber nicht, weil er Habsburg heißt. Er ging vor Gericht. Und hatte Erfolg.

Paragraf 6 des Bundespräsidentenwahlgesetzes besagte, dass »Mitglieder regierender Häuser und solcher Familien, die ehemals regiert haben« von der Wahl zum Bundespräsidenten ausgeschlossen seien. Ein zweifelsohne diskriminierender Satz. In unserer aufgeklärten Zeit sollten wir die Sippenhaftung hinter uns gelassen haben. Für den »grünen Uli«, wie er manchmal genannt wird, ein klarer Fall von Verletzung der Menschenrechte: »Wir leben in einem Rechtsstaat, der die Menschenrechte hochhält, gleichzeitig aber die Leute abhält, ihre Menschenrechte wahrzunehmen.« Und: »Was können meine Schwiegerkinder dafür, die in diese Familie eingeheiratet haben?« Ulrich von Habsburg erreichte es mit einer groß angelegten Kampagne, dass diese Bestimmung im Jahr 2011 aufgehoben wurde. Mitglieder der Familie Habsburg-Lothringen sind nun nicht mehr vom Amt des Bundespräsidenten ausgeschlossen.

Wenn auch Habsburger mittlerweile für das höchste Staatsamt kandidieren können und Teile des Habsburger-Gesetzes von 1919 totes Recht sind, ist doch das Unrecht von 1919 nicht komplett wiedergutgemacht. Bis heute steht die Vermögensfrage im Raum. Die junge Republik hatte sich damals nicht nur den staatlichen Besitz angeeignet, sondern auch den habsburgischen Familienversorgungsfonds, der im Wesentlichen auf Franz Stephan von Lothringen zurückgeht. Das Thema einer Restitution war immer heiß. Unter der Regierung Schuschnigg wurde das Habsburger-Gesetz aufgehoben, die Nazis setzten es 1938 wieder ein. 1945 wurde es durch die Zweite Republik bestätigt und auf Druck der Sowjets Bestandteil des Staatsvertrags.[27]

Die Frage der Enteignung zu regeln, ist eine Frage der Gerechtigkeit. Doch das offizielle Österreich scheut dieses Problem wie der Teufel das Weihwasser. Hier setzt Ulrich von Habsburg-Lothringen ebenfalls an. 100 Jahre nach Ende der Monarchie sei es an der Zeit, dass die Republik endlich ihren Frieden mit den Habsburgern finde. Andere Länder haben es auch geschafft, die Vermögensfrage mit den ehemals regierenden Häusern zu regeln. Bayern beispielsweise hat 1923 den Wittelsbacher Ausgleichsfonds geschaffen, der einerseits das kulturelle Erbe der Wittelsbacher bewahrt, andererseits zur dauerhaften wirtschaftlichen Versorgung der Familienmitglieder beiträgt.

↑
Ulrich von Habsburg-Lothringen, mal als »grüner Uli«, mal als »Rebell« bezeichnet, kämpft gegen die Ungerechtigkeit gegen das Haus Habsburg.

Der größte Teil der im Familienfonds gebundenen Vermögenswerte besteht aus Wald, dazu kommen noch einige Mietshäuser in Wien und andere Liegenschaften. Der Wald wird nach wie vor als habsburgischer Wald in den Beständen der Bundesforste geführt. Ulrich von Habsburg hat einen bestechenden Vorschlag entwickelt: die Schaffung eines Habsburger-Ausgleichsfonds. In diesen Fonds sollen 15 Prozent der jährlichen Erträge aus den Bundesforsten fließen. Die Mittel des Fonds sollen zu 30 Prozent zur Unterstützung bedürftiger Familienmitglieder oder für deren Aus- und Weiterbildung verwendet werden, weitere zehn Prozent sind dem Erhalt denkmalgeschützter Objekte zu widmen, 60 Prozent aber sollen zur Förderung der kulturellen Zusammenarbeit und der Zusammenarbeit von Universitäten im Bereich der ehemaligen Monarchie eingesetzt werden.

KLINGENDE KASSEN UND SISSI-KITSCH: DER HABSBURG-TOURISMUS

Wer immer über Habsburg klagt, sollte bedenken, dass der Hof nicht nur bis 1918 ein bedeutender Wirtschaftsfaktor war, sondern dies noch ist – wahrscheinlich mehr als je zuvor. Wien ist die Kaiserstadt schlechthin, und das wird auch vermarktet. Hier gibt es keine Haupt- und Nebensaison, Wien hat immer Saison. Die Wiener Tourismuswirtschaft verzeichnete für das Jahr 2018 einen Umsatzrekord bei den Nächtigungen: 793 Millionen Euro verdienten die Beherbergungsbetriebe im 100. Jahr nach dem Ende der Monarchie. Ein großer Teil wird auf die Anziehungskraft des imperialen Wien zurückzuführen sein.

Der Wiener Tourismusverband, kurz Wien Tourismus, definiert unter der Marke Wien vor allem emotionale Genussmomente: Wien als Genießerstadt, in der man das imperiale Erbe, das Musik- und Kulturangebot, die kulinarische Kultur, das grüne Wien mit seinen zahlreichen Parks und die Stadt als moderne und lebenswerte Metropole erfahren und genießen kann. Alles hängt mit allem zusammen. Wer eine Städtereise plant, um Hofburg und Schönbrunn zu besichtigen, geht auch gern ins Theater und Konzert, lässt sich vom Hotelconcierge ein Lokal mit Alt-Wiener Küche empfehlen, verbringt Zeit in einem der traditionellen Kaffeehäuser, spaziert durch den Burggarten, und am Abend besucht man noch eine der vielen Bars. Wien ist die kultivierte Schönheit unter den Städten und bietet die Erlebnisse einer Metropole ohne deren Stressfaktoren.

Für den spezifischen Habsburg-Tourismus gibt es keine gesonderten Zahlen, doch angesichts der Massen und Mengen an internationalen Reisegruppen, die sich durch die Hofburg oder durch Schönbrunn schieben, darf man ruhig annehmen, dass die Präsenz der Habsburger ein Hauptgrund ist. Eine besondere Rolle spielt dabei Sisi. Die Kaiserin war immer populär, weltweit bekannt wurde sie aber durch die Filme von Ernst Marischka mit der jugendlichen Romy Schneider. Generationen von kleinen Mädchen wurden durch die Filme bezaubert. Rümpften wir einst ganz gern unsere Nase über diese Filme, die ein zuckersüßes Klischee bedienen, so sind wir heute etwas milder. Natürlich wirkt die Vermarktung nervend, die Autorin regte sich oft genug über die Transparente an der Hofburg auf, die für das »Sisi Museum« werben – als ob es keine anderen Habsburger gäbe. Aber die allzu oft missinterpretierte Kaiserin öffnet ein Tor zur Geschichte. Fragt man Geschichts-

Eine milliardenschwere Marke:
Kaiserin Elisabeth
→

studenten, wie sie denn ihren Zugang zur Geschichte gefunden haben, kommt es nicht selten vor, dass sie am Ende doch etwas kleinlaut zugeben, am Anfang seien die *Sissi*-Filme gestanden. Wir sollten also nicht mehr so ungnädig sein. Die Kaiserin hat ihren Platz in der Geschichte gefunden, über sie kann man Geschichten und Geschichte erzählen. Nicht zuletzt – damals wie heute – ist sie eine Botschafterin Habsburgs. Wie sie damals mit ihrer Schönheit die Menschen in ihren Bann gezogen hat, so tut sie das noch heute. Auch von Pralinéschachteln und Kaffeehäferln aus, von denen sie herunterlächelt, mit den Diamantsternen im Haar, gemalt von Franz Xaver Winterhalter. Für jeden Tourismus-Manager dürfte eine solche Marke ein Traum sein. Der Markenwert von Sisi lässt sich mit etwa einer Milliarde Euro beziffern. Um es nüchtern auszudrücken: ein verstorbenes, angeheiratetes Mitglied des Hauses Habsburg verschafft Stadt und Land einen Milliardenumsatz.

096

DIE AUFGABE DER HABSBURGER IM 20. UND 21. JAHRHUNDERT: OTTO VON HABSBURG II

Otto von Habsburg:
Kronprinz und Thronerbe,
Staatsmann und Visionär Europas

Otto von Habsburg hat nie in Bitterkeit zurückgeschaut. Und das in einer Zeit, in der die europäischen Salons voll mit exilierten Monarchen waren, die den Verlust von Macht und Einfluss beklagten. Von seinem Vater hat er weder Thron noch Reich geerbt, dafür aber das Bewusstsein, eine nicht delegierbare Verantwortung zu tragen. Die Pflicht war ihm nicht Last, als politisch Hochbegabter hat er sie nur zu gern angenommen. Sein tiefes Verständnis für Politik bezog er aus der Kenntnis der Geschichte, denn: »Wer nicht weiß, woher er kommt, der weiß auch nicht, wohin er geht, weil er nicht weiß, wo er steht.«

Ottos von Habsburg politischer Einsatz fußte auf dem Prinzip der Rechtsstaatlichkeit und auf dem Selbstbestimmungsrecht der Völker. Gerade für kleine oder nicht anerkannte Nationen wurde er zum unbestechlichen Anwalt. Die baltischen Staaten erfuhren seine Unterstützung, als er 1981 einen Antrag im Europäischen Parlament einbrachte, den Fall der baltischen Staaten vor den Dekolonisierungsausschuss der UNO zu bringen. Er unterstützte den Kosovo und dessen mühsamen Weg in die Staatlichkeit.

Und er wurde zum Streiter für ein in Frieden und Freiheit geeintes Europa. Nicht die zerschlagenen und zerbrochenen Formen des alten Reiches wollte er wieder kitten, sondern die wertvollsten seiner Inhalte in eine moderne Form retten: Übernationale und vielfältige, tolerante und geordnete Gemeinschaften waren das Heilige Römische Reich und Österreich-Ungarn gewesen. Das vereinte Europa war für ihn keine Neuerfindung oder Konstruktion, sondern eine Wiederentdeckung: Vielsprachig und weitgereist mit einer Familie, die in vielen Nationen Europas wurzelt, wusste er aus der erlernten, erlebten und erlittenen Geschichte, dass das Gift des Nationalismus das Reich seiner Väter und den ganzen Erdteil zerstört hat. Die Europäische Nation sah er als Schutzraum, als Dach für die freie Entfaltung der Völker und Volksgruppen, als Friedensmacht. Eine Vision, die durchaus nicht immer ganz deckungsgleich ist mit den Ideen der heutigen EU-Granden.

Was würde er heute über den Zustand Europas sagen? Europa muss wachsen wie ein Baum und nicht wie ein amerikanischer Wolkenkratzer. Europa verliert seine Seele, zu viele Bürokraten ohne europäische Vision, Zentralisten und Sozialingenieure geben den Ton an. Doch ist das ein Grund, das Einigungswerk aufs Spiel zu setzen? Wir müssen uns bewusst sein, dass in Europa stets zwei verschiedene Politikkonzepte miteinander kämpfen: der darwinistische Materialismus, der einhergeht mit Bürokratismus, Zentralismus und Nationalismus – und der Gedanke des Reiches, der Übernationalität, der Bindung an das Recht, die Vielfalt und der Respekt vor den Traditionen und den Eigenheiten der Völker. Otto von Habsburg appellierte stets, die Prinzipien der Subsidiarität und der Dezentralisation stärker zu beachten. Nur so könne die Europäische Union wieder an Legitimität zurückgewinnen, was sie in den letzten Jahren verloren hat.

Otto von Habsburg war, was er selbst einmal über Charles de Gaulle gesagt hat: ein Mann von vorgestern und übermorgen. Mehr noch, er war ein Kaiser ohne Krone, ein Staatsmann ohne Staat, ein großer Visionär mit großer Vergangenheit. Die europäische Vision, das friedliche Zusammenleben der Völker, das ist die Aufgabe, auf die er seine Familie und seine Anhänger verpflichtet hat.

097

MITTELEUROPA ODER DIE REICHWEITE DER PALATSCHINKE

Da, wo man eine Palatschinke bestellen kann, da ist Mitteleuropa.

Auf der Website einer der größeren deutschen politischen Stiftungen steht, der Begriff »Mitteleuropa« sei ideologisch belegt, antiwestlich, antiliberal und antidemokratisch. Einen gröberen Unsinn haben wir selten gelesen. Vielleicht blinkt durch diese Definition noch jener berühmte Essay des Namensgebers dieser Stiftung, Friedrich Naumann, aus dem Jahr 1915, der in nationalchauvinistischer Weise den Traum einer deutschen Hegemonie über Mitteleuropa entwickelt hat. Die deutsche Politik ist diesem Traum fast 30 Jahre gefolgt und hat Europa als Trümmerfeld hinterlassen. Naumann scheint da etwas nicht verstanden zu haben, war er doch ein Kind des materialistischen Nationalismus und konnte mit einer multinationalen Kultur nichts anfangen. Um es in modernerer Diktion zu beschreiben, haben wir es also mit einer Aneignung eines Begriffs zu tun, der im preußischen Berlin wenig zu suchen hat.

Zu lange war der deutsche (und der österreichische) Blick westlich zentriert, nicht zuletzt bedingt durch die lange Teilung des Kontinents. Der freie Teil Europas war eindeutig Westeuropa, die größten Teile Mitteleuropas waren hinter dem Eisernen Vorhang und von den Sowjets besetzt. Mit der Wende des Jahres 1989 rückte der Fokus wieder mehr in die Mitte. Wenn etwas Mitte heißt, dann gibt es stets ein West und Ost. Die Grenzen sind fließend, auch das ist ein Problem, dass Mitteleuropa geografisch nicht so genau zu definieren ist. Der US-amerikanische Politikwissenschaftler Samuel P. Huntington definierte Mitteleuropa religiös, das heißt auf der einen Seite finden sich der römische und der orthodoxe, auf der anderen der islamische Teil Europas. Aber auch das greift zu kurz. Es macht Mitteleuropa aus, dass es ein Neben- und Miteinander verschiedener Kulturen und Religionen gibt, eben die Begegnung zwischen Christentum, Judentum und Islam.

Obwohl die gegenwärtige Politik es zugelassen hat, dass Bosnien immer mehr ein Einflussgebiet des nichteuropäischen Islam wird, so hat es doch über Jahrhunderte hinweg positiven und gegenseitig befruchtenden Austausch gegeben. Mitteleuropa meint eine Vielfalt an Kulturen, an Nationen, an Nationalitäten. 14 davon hatten ihr Heim in der Donaumonarchie gefunden, die ihnen ihr Überleben gesichert hat. Nationalismus hat da keinen Platz. Diejenigen, die 1918 am lautesten über den Völkerkerker klagten, konnten die Versprechen der neuen Zeit nicht einhalten und gründeten selbst ihre kleinen Völkerkerker, die mit Toleranz und Vielfalt nichts mehr zu tun hatten.

Langsam findet Mitteleuropa wieder zu sich. Es ist ein gemeinsamer Way of Life, ein kultureller Raum, der die gemeinsame Geschichte atmet. Reist man von München Richtung Osten, wird die Welt schon in Salzburg anders. Zwischen Salzburg und Czernowitz, zwischen Prag, Triest und Sarajevo, überall lässt sich dieser kulturelle Humus aufspüren. Mitteleuropa ist eine wunderbare Melange sich gegenseitig inspirierender Vielfalt. Man nahm gern das Beste des anderen und eignete es sich an – auch im kulinarischen Bereich. Wer immer die Palatschinke erfunden hat, sie ist konstitutiv für die Küche Mitteleuropas. Die Palatschinke, auf Ungarisch palacsinta (gern mit Schokoladensauce), auf Tschechisch palacinka (mit Nussfüllung) auf Rumänisch placinta ... Sie ist das mitteleuropäische Dessert schlechthin. Und so können wir die Frage, wo Mitteleuropa liegt, final beantworten: im Verbreitungsgebiet der Palatschinke.

MONARCHIE ODER DEMOKRATIE? FALSCHE FRAGE!

In Diskussionen taucht ab und zu das Argument auf, die Monarchie sei doch viel schlechter als die Demokratie. Abgesehen davon, dass diese Aussage das gleiche Niveau hat wie »Nachts ist es kälter als draußen«, werden damit Äpfel und Birnen verglichen. Es geht um Staatsformen wie Monarchie oder Republik oder um Regierungsformen wie Demokratie. Staatsformen lassen sich vergleichen, haben Vor- und Nachteile, sind aus historischen Gegebenheiten gewachsen, haben ihre Legitimität. Undenkbar wäre beispielsweise eine Monarchie in der Schweiz. Und das in sich inhomogene Belgien verdankt seine Einheit dem Königshaus, ohne dessen bindende Kraft das Land schon längst zerfallen wäre. Acht Staaten Europas sind Monarchien, sechs davon sind Mitglieder der Europäischen Union, allesamt sind demokratisch verfasst.

Henry Kissinger hat gemutmaßt, Österreich-Ungarn hätte 15 Jahre nach dem Krieg einer der modernsten Staaten Europas sein können, wenn es ihn nicht verloren hätte. Dieser Doyen der Außenpolitik, wohlvertraut mit europäischer Geschichte, hat sehr wohl verstanden, dass es vor 1914 keinerlei revolutionäre Stimmung im Land gegeben hat, dass wichtige Reformen auf dem Weg waren und die Donaumonarchie in ihrer gewachsenen Struktur ein passender Rahmen für die vielen Völker und Nationalitäten war.

Mit der Verfassung von 1867 waren wesentliche Schritte zu einer Demokratie hin gemacht. Es war Kaiser Karl, der den Reichsrat wieder einberief, weil er demokratische und rechtsstaatliche Verhältnisse wiederherstellen wollte. Und es war Kaiser Karl, der eine Föderalisierung des Donauraumes vorschlug, die einzig angemessene Alternative zur abschließenden Kleinstaaterei, die den Weg in die nächste Katastrophe geebnet hat. Es war eben nicht so, dass 1918, nachdem all die Republiken mit allgemeinem Wahlrecht gegründet wurden, die himmlische Zeit des ewigen Friedens ausbrach. Man hüte sich davor, frühere Zeiten nach gegenwärtigen moralischen Vorstellungen zu beurteilen. Es gilt immer der historische Kontext. Allenfalls lassen sich Entwicklungen, Reformen, die früher als anderswo geschahen, positiv würdigen. Österreich steht in dieser Beziehung nicht schlecht da. Als eines der ersten Länder in Europa hat es Leibeigenschaft und Sklaverei abgeschafft, in einer Zeit, in der andere Länder den Sklavenhandel erst richtig ankurbelten. Das erste Sozialministerium weltweit war das österreichische, durch kaiserliche Notverordnung (!) wurde der Mieterschutz 1917 eingeführt.

↑
Der historische Sitzungssaal im Österreichischen Parlament aus dem Blickwinkel der Kaiserloge

Ja, und manchmal hört man auch: »No jo, 's wär ois besser, wann da Kaiser wieder do war'!« Dem kann natürlich nicht uneingeschränkt zugestimmt werden. Allein die Existenz einer Monarchie garantiert noch kein geordnetes Gemeinwesen, dafür können Monarchien im Westen Europas als negatives Beispiel gelten. Republiken garantieren das im Übrigen ebenfalls nicht, und der Bundespräsident, der nicht parteipolitischen Zwängen unterworfen ist, muss erst noch geboren werden. Otto von Habsburg mahnte: »Nicht die Form ist wichtig, sondern der Inhalt!«

Spielt man also Monarchie und Demokratie gegeneinander aus, so ist das im besten Falle das Resultat eines in unserer Zeit leider häufig anzutreffenden historischen Analphabetentums. Im schlechtesten Falle ist es reine Ideologie, wie die Wortschöpfung »Habsburg-Diktatur« der österreichischen Jungsozialisten beweist. Vielleicht will man damit aber auch von den 150 Millionen Toten, die die kommunistischen Volksrepubliken zu verantworten haben, ablenken.

DER HAUSCHEF: KARL VON HABSBURG

Karl von Habsburg, vielfältig unterwegs, ist ein gefragter Redner – hier bei einem Symposium der Paneuropa-Bewegung im Februar 2019.

Karl von Habsburg betreibt eine Website, die so heißt wie er: karlvonhabsburg.at. Die drei Buchstaben zwischen Vor- und Nachnamen sorgten für Turbulenzen und brachten dem Enkel des letzten Kaisers und Chef des Hauses Habsburg Anfang 2018 eine Anzeige ein – wegen Verstoßes gegen das Adelsaufhebungsgesetz. Und sie brachten ihm eine Menge Klicks auf seiner Website. Die Zugriffe gingen nach der Medienberichterstattung in die Hunderttausende. Karl von Habsburg steht über solchem österreichischen Klein-Klein, allerdings ärgert ihn, dass das Habsburger-Gesetz nicht einfach abgeschafft wurde angesichts dessen, was sein Vater im Widerstand gegen die Nazis und für das Wiedererstehen Österreichs nach dem Zweiten Weltkrieg getan hat.

Als Medienunternehmer ist er international tätig, man trifft ihn häufiger im Flugzeug an als anderswo. Sein besonderes Anliegen ist der Kulturgüterschutz. Seit 2008 ist er Präsident der weltweit tätigen Organisation Blue Shield mit Sitz in Den Haag. Kennzeichen moderner Kriege sind ethnische Säuberungen, damit einher laufen oft kulturelle Säuberungen, mit denen die kulturelle Identität der Opfer vernichtet werden soll. Hier zu sensibilisieren, Militär auszubilden, Völkerrechtsverletzungen zu dokumentieren, ist die Aufgabe von Blue Shield.

Nostalgisch blickt der erfrischend unkonventionelle Karl von Habsburg nicht zurück. »Kaiser ist kein Job, den man anstreben sollte«, sagte er in einem Interview. Aber die Aufgabe der Familie bleibt, und wenn man aus dieser Familie stammt, die 700 Jahre in der Politik tätig war, hat man Politik in den Genen. Wie sein Vater ist Karl ein glühender und passionierter Europäer. Die politische Plattform bieten ihm dabei verschiedenste Organisationen, denen er verbunden ist oder als Präsident vorsteht. In Österreich ist er Präsident der Paneuropa-Bewegung, der ältesten europäischen Einigungsbewegung, im Jahr 1922 gegründet von Richard Coudenhove-Kalergi, der aus den Erfahrungen von Nationalismus und Krieg den Kontinent zur Einigung aufrief. Für Karl von Habsburg ist die Europäische Union ein Erfolgsmodell. Er reist oft genug durch andere Kontinente, um zu sehen, wie sehr Europa für sein Einigungswerk bewundert wird. Das europäische Konzept ist das modernste weltweit. Sorge bereitet ihm, dass derzeit innerhalb der EU nationalistische Tendenzen wieder ansteigen ebenso wie der Ruf nach einem starken Mann. »Wenn ich heute die Leute von einem starken Mann reden höre, dann steigen mir die Grausbirn auf.«[28] Also, nicht weniger Europa, sondern mehr Europa, und zwar da, wo es notwendig ist. Europa braucht eine solide gemeinsame Sicherheitspolitik und muss seine Interessen wahrnehmen, so der Kaiserenkel. Die EU muss sich endlich dazu entscheiden, ihre ureigensten Interessen wahrzunehmen.

Dem Bekenntnis zu Europa ist auch der St.-Georgs-Orden verpflichtet, der eine weitere Plattform Karls von Habsburg darstellt. Gegründet von Kaiser Friedrich III. und mit einer wechselvollen Geschichte, wurde dieser Orden als »ein europäischer Orden des Hauses Habsburg-Lothringen« reorganisiert und erfreut sich großen Erfolgs. Langsam, aber stetig wächst er auch in den Ländern der ehemaligen Donaumonarchie und bildet damit ein habsburgisches Netzwerk über die Grenzen hinweg.

100

WAS BLEIBT?

Bis heute wird die Geschichte der Habsburger-Monarchie, vor allem in Österreich, schlechtgeredet und verteufelt. Das Kaiserreich war bestenfalls verstaubt und unbeweglich, schlimmstenfalls ein repressives Regime. Gerade in Österreich wurde mehr als irgendwo sonst Geschichte ideologisiert beziehungsweise dem parteipolitischen Kalkül unterworfen. Die junge Republik musste sich legitimieren. Nur zu gern nahm man den Propagandabegriff des von Habsburg ausgebeuteten »Völkerkerkers« auf. Die Mär vom »Völkerkerker« entstand erst während und nach dem Krieg. Sie verdankt sich der geschickten Arbeit von Edvard Beneš und Tomáš Masaryk, jenen beiden Exilpolitikern, die in London für einen tschechischen Nationalstaat arbeiteten. Kein Klischee wurde ausgelassen, auch nicht während der Krise um die Wiedereinreise Ottos von Habsburg in den 1960er-Jahren, als vor allem die Sozialisten vor einem finanziellen Ausbluten der Republik aufgrund der angeblich drohenden Vermögensrückgabe und einer Rückkehr zu undemokratischen Verhältnissen warnten, würde Otto wieder auf Thron und Krone zugreifen. Wer auf die romantischen Monarchie-Klischees schimpft, sollte sich auch der negativen Klischees bewusst sein.

100 Jahre nach dem Ende Österreich-Ungarns sollten sich die Gemüter doch abgekühlt haben und eine nüchterne Bilanz möglich sein. Die Habsburger-Monarchie existierte drei Mal länger als die USA und zehn Mal länger als die Europäische Union. Das Wesen der Dynastie, die über Jahrhunderte hinweg die Kaiser des Heiligen Römischen Reiches gestellt und ein Konglomerat von 14 Nationen mit unterschiedlichen Rechtsverhältnissen und Traditionen regiert hat, ist Integration. Diese Integration war über Jahrhunderte hinweg möglich. »Nicht wir haben das Reich gefunden, sondern das Reich hat uns gefunden«, betonte Otto von Habsburg. Die Habsburger sind eine Dynastie von erstaunlicher Kompromissfähigkeit, und genau die brauchte es, um das Reich mit vielen einander widersprechenden Interessen zu regieren. Interessenausgleich geschah unter dem kleinsten gemeinsamen Nenner mit der größtmöglichen Vision für das Ganze.

Die historischen Analphabeten unserer Zeit gefallen sich in der Ansicht, dass die Idee von Freiheit, Demokratie und Menschenrechten aus heiterem Himmel über uns gekommen sei. Dabei wird gern vergessen, dass unsere freiheitliche Art zu leben das Ergebnis eines viele Jahrhunderte dauernden Ringens ist. Ein Blick in außereuropäische Gesellschaften mag helfen, um zu verstehen, dass Freiheit, Demokratie und wirtschaftliche Prosperität keine

↑
Donaumonarchie und Doppeladler sind nicht bloß Relikte vergangener Zeiten, sondern haben uns auch heute noch viel zu sagen.

Selbstverständlichkeit sind. Österreich-Ungarn war in der Entwicklung und Entfaltung der Völker vielfach fortschrittlicher Vorreiter. 1907 wurde das allgemeine Wahlrecht eingeführt (freilich noch ohne das Frauenwahlrecht), alle Nationalitäten waren im Reichsrat vertreten. Zur Verdeutlichung: Als Woodrow Wilson 1918 vor beiden Häusern des US-Kongresses sein 14-Punkte-Programm für Europa vorstellte, saß dort kein einziger schwarzer Abgeordneter. Zur gleichen Zeit wurde in Russland eine Diktatur gebaut, die zig Millionen Menschen das Leben kosten sollte. Als Österreich unterging, blieben die Nachfolgestaaten die Humanität schuldig. Es folgten Krieg, Völkermord, Vertreibung. Für Westeuropa war der Alptraum 1945 vorbei, Mittel- und Osteuropa konnte die Folgen von 1918 erst 1989 abschütteln.

Was bleibt? Ein einzigartig kultureller Raum, dessen zeitlose Prinzipien heute nichts an politischer Aktualität verloren haben: Kontinuität, Rechtsstaatlichkeit, Respekt für die Eigenheiten und Tradition der Völker, Vielfalt und Toleranz im besten Sinne.

HABSBURGER-ABC

A wie Ärar
Dabei handelt es sich um das materielle und immaterielle Vermögen eines Staates. In Österreich verwendete man die Bezeichnung »Hofärar« für staatliches Eigentum, das vom Kaiserhaus genutzt wurde. Spöttische Bezeichnungen: »Ärarische Beamte« oder »ärarische Weiber« (die Gattinnen selbiger).

B wie Ball bei Hofe
Im Unterschied zum »offiziellen« Hofball mit 2000 Gästen und Selbstbedienungsbuffet war der »Ball bei Hofe« das ungleich intimere und exklusivere Ereignis mit maximal 700 Gästen. Und das Souper wurde serviert.

C wie Christbaum
Der erste Christbaum in Österreich stand zwar im Haus der jüdischen Salonnière Fanny von Arnstein (1758–1818), aber wirklich populär machte den Brauch die protestantische Gattin Erzherzog Karls, Henriette von Nassau-Weilburg (1797–1829), die 1816 den ersten habsburgischen Christbaum in ihrem Palais, der Albertina, aufstellte.

D wie Dorotheum
Berühmt sind die Kaiserhaus-Auktionen des Wiener Auktionshauses. Wer über das notwendige Kleingeld verfügt, kann dort von kaiserlichen Servietten bis hin zu Elisabeths Fächern und Sonnenschirmen alles Mögliche ersteigern.

E wie Enns
Die Enns war die Trennlinie zwischen Österreich ob der Enns und Österreich nieder der Enns. So wurden früher Oberösterreich und Niederösterreich bezeichnet. Von diesen beiden (Erz-)Herzogtümern hat das Haus Österreich seinen Namen.

F wie Familienfonds
Der geschäftstüchtige Ehemann von Maria Theresia, Franz Stephan von Lothringen, hatte weder Talent für das Militär noch für die Politik, dafür war er jedoch ein Wirtschaftsgenie. Sein gewaltiges Vermögen brachte er in eine Stiftung ein, den Habsburgischen Familienfonds, aus dessen Erträgen bis zum Ende der Monarchie alle Familienmitglieder versorgt wurden. Staatliche Apanagen waren nicht mehr notwendig.

G wie Gugelhupf
Eine Mehlspeise aus Österreich, die ausgesprochene Gemütlichkeit, Heimeligkeit und Bürgerlichkeit symbolisiert. Ein Stück Gugelhupf auf dem Jausenteller verursacht äußerstes Wohlbefinden. Katharina Schratt sagt man nach, dass sie ihren kaiserlichen Freund Franz Joseph mit einem Gugelhupf begeistern konnte.

H wie Habsburg oder Havichsberch, Habisburch, Havekhperch oder Habsburc
Alte Schreibweisen des Namens. Bis heute noch falsch: die englische Schreibweise »Hapsburg«. Ein Graus!

I wie Illyrien
Einer von vielen fantastischen Titeln, die Teil der großen Titelsammlung des Kaisers waren. Nach den Napoleonischen Kriegen wurde Europa am Wiener Kongress neu geordnet, und Österreich erhielt neue Provinzen. Aus der Konkursmasse der Republik Venedig wurde das Königreich Illyrien geschaffen, dessen Gebiet sich heute in Kroatien befindet.

J wie Jordanwasser
Habsburger Kinder wurden traditionell mit Wasser aus dem Jordan getauft, da das Wasser dieses biblischen Flusses wie Weihwasser wirkt.

K wie Knopflochschmerzen
Weit verbreitet im Land der Hof- und Kommerzialräte. Sie traten auf, wenn kein Orden, keine Ehrung das Knopfloch am Anzug schmücken konnte. Die Leere am Knopfloch verursachte heftigste Schmerzen.

L wie Lipizzaner
1580 wurde das Hofgestüt in der Nähe von Lipica gegründet, bestückt mit importierten Pferden aus Spanien. Die besten Pferde aus dieser Zucht dürfen bis heute Karriere an der Spanischen Hofreitschule machen.

M wie Mode
Kaiserin Elisabeth war stets auf das Feinste gekleidet. Kaiserin Zita strahlte durch die elegante Mode der 1910er-Jahre und war eine der schicksten Damen – so lange, bis sie Witwe wurde. Fortan trug sie nur mehr Schwarz. Urenkelin Eleonore, die älteste Tochter von Karl von Habsburg, ist eine ausgesprochene Fashionista. Die studierte Juristin läuft für Dolce & Gabbana über den Laufsteg.

N wie Namen
Beliebte Namen von Kaisern und Königen zwischen 1273 und 1918:
5 x Albrecht
4 x Ferdinand
3 x Karl; Leopold
2 x Franz; Friedrich; Joseph; Maximilian und Rudolf
1 x Ernst; Franz Joseph und Matthias

O wie Okkultismus
Wo der Alchemie gefrönt wurde, ist der Okkultismus nicht mehr weit. Kaiser Rudolf II. beschäftigte sich mit okkulten Praktiken. Auch Kaiserin Elisabeth sagt man nach, dass sie an okkulten Sitzungen teilnahm, was aber getrost in den Bereich der Fama eingeordnet werden kann.

P wie Porzellan
Kein Herrscherhaus ohne Porzellanmanufaktur. Gegründet 1718, kam die heutige Manufaktur Augarten in den Besitz Kaiserin Maria Theresias. Seither trägt jedes Stück der Manufaktur den Bindenschild aus dem Wappen der Habsburger. Heute gibt es wieder kaiserlich anmutendes Porzellan: bei der Doppeladler Manufaktur.

Q wie Qualtinger, Helmut
War bestimmt kein Monarchist. Hat aber in den 1960er-Jahren mit Gerhard Bronner ein ergötzliches Liedchen geschrieben: *Unser guter Kaiser kommt zurück*. Einfach bei YouTube eingeben, zurücklehnen und genießen.

R wie Rosen
Kaiserin-Zita-Rose, Kaiserin-Elisabeth-Rose, Erzherzogin-Immaculata-Rose, Erzherzogin-Henriette-Rose, Marie-Louise-Rose und viele mehr.

S wie Servietten
Bei Hofe gab es eine spezielle Faltung der Servietten für die Hofdiners in Form einer Krone. Sie kommt heute noch bei Einladungen des Bundespräsidenten zum Einsatz.

T wie des Teufels Großmutter
Maria Ludovica, Großmutter von Erzherzogin Marie Louise, sagte anlässlich der Hochzeit ihrer Enkelin mit Napoleon: »Alles, was mir in meinem Unglück noch gefehlt hat, war, des Teufels Großmutter zu werden.«

U wie Unbewiesen
Immer wieder, zuletzt in Dan Browns Bestseller *The Da Vinci Code* (auf Deutsch: *Sakrileg*, 2004), taucht die Behauptung auf, die Habsburger stammten von Jesus Christus ab, der nicht gekreuzigt wurde, sondern sich mit Maria Magdalena in Südfrankreich niederließ. Man glaubt es kaum, aber es gibt immer noch Menschen, die daran glauben.

V wie Vorderösterreich
Dabei handelt es sich um einige kleine Gebiete rund um den Bodensee, die Reste der einstigen Stammlande, auch als »des Reiches Schwanzfedern« bezeichnet.

W wie Werkzeug
Habsburger mussten im Rahmen ihrer Erziehung auch eine handwerkliche Ausbildung machen. Kaiser Franz war Gärtner, Kaiser Franz Joseph Tischler.

X wie Ximene
Sie stammte aus dem Geschlecht der Umayyaden, das lückenlos auf Mohammed zurückgeht. Ximene war verheiratet mit Alfons VI. von Kastilien, von ihnen stammen die spanischen Könige ab, also auch Juana und Juan, die mit Philipp und Margarete von Habsburg verheiratet wurden. Also ist Mohammed auch ein Ahnherr des Hauses Österreich.

Y wie Yo el Rey
»Ich, der König« – so unterschrieb Philipp II., der wohl mächtigste habsburgische König von Spanien, seine Anordnungen und machte sie so zum Gesetz. Bis heute unterzeichnet der spanische Monarch so die ihm vorgelegten Gesetzesentwürfe, um diesen dadurch Rechtsgültigkeit zu verleihen.

Z wie Zahl
Zahlreich sind die Habsburger heute. Das Haus wird so schnell nicht aussterben. Insgesamt existieren etwa 500 Habsburger, die Hälfte davon lebt in Österreich, der Rest ist über die ganze Welt verteilt.

EINE PERSÖNLICHE NACHBEMERKUNG

Das, was noch gesagt werden sollte, was aber noch nicht gesagt wurde. Auch wenn der Begriff von Leuten missbraucht wird, die wahrscheinlich nicht einmal das Vaterunser richtig zusammenbekommen, oder von barock anmutenden Kirchenfürsten wegen angeblicher Ausgrenzung abgelehnt wird: es geht um das christliche Abendland. Es geht darum, was unser Gemeinwesen heute ausmacht und woher es kommt. Unsere Staaten, unsere Demokratien, unser Begriff von Zusammenleben sind nicht im luftleeren Raum entstanden. Über Jahrhunderte hinweg haben die europäischen Staatswesen darum gerungen, wie das Zusammenleben in Staaten und von Staaten gelingen kann, mit vielen Rückschlägen, Niederlagen und manchmal zäh laufendem Fortschritt in winzigen Schrittchen. Bei alldem haben die Habsburger einen wesentlichen, nicht zu unterschätzenden Beitrag geleistet, mehr als alle anderen Dynastien. Die Habsburger haben im besten Sinne des Wortes das christliche Abendland mitgebaut und mitgestaltet. Im Heiligen Römischen Reich waren der übernationale Gedanke (mit dem die Deutschen eingehegt werden konnten) und das Prinzip der Rechtsstaatlichkeit konstitutiv. Nach dessen Untergang hat Österreich den alten reichischen Gedanken übernommen und weitergeführt – in ständigem Gegensatz zum materialistischen Nationalismus nordwestlicher und südöstlicher Nachbarn.

***

Für mich, im Westen Deutschlands geboren und aufgewachsen, mit österreichischen Wurzeln, aber doch deutsche Staatsbürgerin, war es immer völlig unverständlich, wie das offizielle Österreich mit den Habsburgern umgeht. Da hat man einen Kaiser, der im Ersten Weltkrieg den einzigen erfolgversprechenden Friedensversuch unternimmt, doch anstatt ihn zu feiern, wird er verjagt, seine Familie unter

Ausnahmegesetzgebung gestellt und verunmöglicht. Da hat man einen einstigen Kronprinzen, der sich mit all seiner Kraft gegen den »Anschluss« stemmt, Tausenden von österreichischen Juden zu den rettenden Visa verhilft und im Exil in den USA während des Zweiten Weltkrieges Klinken putzt, um Österreich wieder auf die Landkarte zu bringen – mit Erfolg! Doch anstatt ihn dafür zu ehren, wird ein unwürdiges Schauspiel um seine Wiedereinreise abgehalten. Man hätte ihm auch einen Diplomatenpass geben können, verbunden mit Dank, dass er die österreichischen Interessen international so effektiv vertritt.

***

Und das Wichtigste zum Schluss: Danke!
 Danke an den Amalthea Verlag, meinen Haus-, Hof- und Lieblingsverlag, der seit vielen Jahren meine Bücher und auch dieses Buch publiziert. Danke, liebe Katarzyna Lutecka, für dein Vertrauen in meine Buchprojekte!
 Danke, liebe Madeleine Pichler! Als Programmleiterin hast du es nicht leicht mit Autoren, vor allem mit solchen, die zu spät mit ihren Manuskripten sind. Danke für deine Geduld, danke für deine Unterstützung und deinen inhaltlichen Input!
 Danke an Martin Bruny, den so kompetenten Lektor, der sich der Mühe unterzieht, das alles kritisch durchzulesen und zu korrigieren. Und er tat dies bereits zum wiederholten Male bei mir! Was für ein Held!
 Ein Buch würde nicht gelingen ohne gute Freunde, die geduldig das Werden des Werkes mitverfolgen und unterstützen. Spätabendliche Anrufe sind zu ertragen mit minutenlangen Monologen über irgendwelche Habsburger von vor x-hundert Jahren. Stellvertretend für alle darf ich hier Günter Fuhrmann nennen, der mich mit Durchhalteparolen unterstützt hat, wenn ich die Tastatur schon nicht mehr sehen konnte. Danke!

Anmerkungen

[1] Zitiert nach: Kugler, Georg; Wolfram, Herwig: Österreichs Geschichte: Wissenswertes in 99 Fragen. Wien 2017. S. 11.
[2] Vergleiche: Magris, Claudio: Der habsburgische Mythos in der modernen österreichischen Literatur. Wien 2000. S. 13.
[3] Zitiert nach: austria-forum.org/af/Wissenssammlungen/Symbole/AEIOU.
[4] Diese moderne Fassung verdankt die Autorin dem Buch von Kugler, Georg; Wolfram, Herwig: Österreichs Geschichte: Wissenswertes in 99 Fragen. Wien 2017. S. 28.
[5] Vocelka, Karl: Die Familien Habsburg-Lothringen. Politik–Kultur–Medien. Wien 2010. S. 138.
[6] Wandruszka, Adam: Das Haus Habsburg. Die Geschichte einer europäischen Dynastie. Freiburg 1968. S. 112.
[7] Hamann, Brigitte (Hrsg.): Die Habsburger. Ein biographisches Lexikon. 2. Auflage. Wien 1988. S. 395.
[8] Czernin, Monika; Lavandier, Jean Pierre: Liebet mich immer. Maria Theresia. Briefe an ihre engste Freundin. Wien 2017. S. 185.
[9] Zitiert nach: Wandruszka, Adam: Das Haus Habsburg. Die Geschichte einer europäischen Dynastie. Freiburg 1968. S. 143.
[10] Habsburg, Otto von: Damals begann unsere Zukunft. Wien 1971. S. 93–106.
[11] http://gutenberg.spiegel.de/buch/der-mann-ohne-eigenschaften-erstes-buch-7588/9
[12] Vergleiche: Habsburg, Otto von: Damals begann unsere Zukunft. Wien 1971. S. 62.
[13] https://www.juedische-allgemeine.de/juedische-welt/franz-joseph-der-gerechte
[14] Feigl, Erich: Zita. Wien 1991, S. 70 f.
[15] Lauro, Brigitta: Die Grabstätten der Habsburger. Wien 2007.
[16] Clark, Christopher: Die Schlafwandler. München 2013.
[17] Rieder, Heinz: Kaiser Karl. Der letzte Monarch Österreich-Ungarns. 1887–1922. München 1981. S. 9.
[18] Kovács, Elisabeth (Hrsg.): Untergang oder Rettung der Donaumonarchie? Politische Dokumente zu Kaiser und König Karl I. (IV.) aus internationalen Archiven. Band 2. Wien 2004. Nr. 275. Kaiser und König Karl zum »Memorandum von Lethbridge«. S. 888.
[19] Habsburg, Otto von: Damals begann unsere Zukunft. Wien 1971. S. 107 f.
[20] Zweig, Stefan: Die Welt von gestern. Frankfurt 2000. S. 325.
[21] Zweig, Stefan: Die Welt von gestern. Frankfurt 2000. S. 13.
[22] Roth, Joseph: Radetzkymarsch. Köln 2001. S. 198.
[23] Roth, Joseph: Die Kapuzinergruft. Köln 2009. S. 187.
[24] Otto von Habsburg erwähnte später immer wieder: »Diktatoren sagen uns alles vorher, und man soll das, was sie sagen, ernst nehmen.«
[25] https://www.youtube.com/watch?v=FznSJYllkAU
[26] Zitiert nach: Feigl, Erich: Kaiserin Zita. Kronzeugin eines Jahrhunderts. Wien 1989. S. 186.
[27] Noch 1973 regelte das neue Antidiskriminierungsgesetz in Paragraf 2, dass es nicht für die Habsburger gilt.
[28] https://kurier.at/kultur/geschichten-mit-geschichte/karl-habsburg-kaiser-zu-sein-ist-kein-job-den-man-anstrebt/400300452

Literatur

Adriani, Götz (Hrsg.):
Die Künstler der Kaiser.
Baden Baden 2009.

Andics, Hellmut:
Der Fall Otto Habsburg.
Wien 1965.

Bárány-Oberschall, Magda von:
Die Sankt Stephans-Krone.
Wien 1974.

Biehn, Heinz:
Die Kronen Europas und ihre Schicksale.
Wiesbaden 1957.

Cachée, Josef; Praschl-Bichler, Gabriele:
Sie haben's gut, Sie können ins Kaffeehaus gehen.
Kaiser Franz Joseph ganz privat.
Wien 1994.

Clark, Christopher:
Die Schlafwandler.
München 2013.

Crankshaw, Edward:
Die Habsburger.
Wien 1971.

Czernin, Monika; Lavandier, Jean Pierre:
Liebet mich immer. Maria Theresia.
Briefe an ihre engste Freundin.
Wien 2017.

Demmerle, Eva:
Kaiser Karl I. Selig, die Frieden stiften ...
Wien 2004.

Demmerle, Eva:
Das Haus Habsburg.
Potsdam 2011.

Demmerle, Eva; Baier, Stefan:
Otto von Habsburg. 1912–2011.
Wien 2012.

Demmerle, Eva:
Kaiser Karl. Mythos und Wirklichkeit.
Wien 2016.

Feigl, Erich:
Kaiserin Zita. Kronzeugin eines Jahrhunderts.
Wien 1989.

Feigl, Erich:
Zita.
Wien 1991.

Ferk, Janko:
Ulrich Habsburg-Lothringen.
Aristokrat. Demokrat. Grüner.
Wien 2011.

Fuhrmann, Günter:
Haus der Könige. Das Wiener Palais Coburg.
Throne, Triumphe, Tragödien.
Wien 2018.

Gatscher-Riedl, Gregor (Hrsg.):
Dem Glauben treu, dem Kaiser und dem Lande.
Festschrift 80 Jahre Akademischer Bund Katholisch-
Österreichischer Landsmannschaften.
Wien 2013.

Glück, Alexander; LaSperanza, Marcello; Ryborz, Peter:
Unter Wien. Auf den Spuren des Dritten Mannes
durch Kanäle, Grüfte und Kasematten.
Berlin 2001.

Habsburg, Otto von:
Damals begann unsere Zukunft.
Wien 1971.

Hamann, Brigitte:
Kronprinz Rudolf. Ein Leben.
Wien 1978.

Hamann, Brigitte (Hrsg.):
Die Habsburger. Ein biographisches Lexikon.
2. Auflage. Wien 1988.

Das Haus Österreich und der Orden vom Goldenen
Vlies. Beiträge zum wissenschaftlichen Symposium am
30. November und 1. Dezember im Stift Heiligenkreuz.
Herausgegeben von der Ordenskanzlei.
Graz 2007.

Höbelt, Lothar:
Die Habsburger. Aufstieg und Glanz einer
europäischen Dynastie.
Stuttgart 2009.

Huber, Wolfgang Christian:
Die Schatzkammer im Stift Klosterneuburg.
Klosterneuburg 2011.

Judson, Pieter M.:
Habsburg. Geschichte eines Imperiums 1740–1918.
München 2017.

Kann, Robert Adolf:
Werden und Zerfall des Habsburgerreiches.
Wien 1962.

Kindermann, Dieter:
Die Habsburger ohne Reich.
Geschichte einer Familie seit 1918.
Wien 2010.

Kovács, Eva; Lovag, Zsuzsa:
Die ungarischen Krönungsinsignien.
Budapest 1980.

Kovács, Elisabeth:
Untergang oder Rettung der Donaumonarchie?
Band 1: Die Österreichische Frage. Kaiser und König
Karl I. (VI.) und die Neuordnung Mitteleuropas. Band 2:
Politische Dokumente zu Kaiser und König Karl I. (IV.)
aus internationalen Archiven.
Wien 2004.

Lauro, Brigitta:
Die Grabstätten der Habsburger.
Wien 2007.

Magris, Claudio:
Der habsburgische Mythos in der
modernen österreichischen Literatur.
Wien 2000.

Meysels, Lucian:
Die verhinderte Dynastie.
Erzherzog Ferdinand und das Haus Hohenberg.
Wien 2000.

Mutschlechner, Martin:
Schloss Schönbrunn.
Wien 2012.

Neumeyer, Christoph; Schmidl, Erwin A. (Hrsg.):
Des Kaisers Bosniaken. Die bosnisch herzegowinischen
Truppen in der k. u. k. Armee.
Wien 2008.

Pieper, Dietmar; Saltzwedel Johannes (Hrsg.):
Die Welt der Habsburger. Glanz und Tragik eines
europäischen Herrscherhauses.
München 2010.

Rieder, Heinz:
Kaiser Karl. Der letzte Monarch Österreich-Ungarns.
1887–1922.
München 1981.

Scheer, Tamara:
Von Friedensfurien und dalmatinischen Küstenrehen.
Wien 2019.

Schreiber, Georg:
Die Hofburg und ihre Bewohner.
Wien 1993.

Schwarzenberg, Karl Fürst von:
Die Sankt-Wenzels-Krone.
Wien 1982.

Seydel, Robert:
Die Seitensprünge der Habsburger.
Liebesrausch und Bettgeflüster einer Dynastie.
Wien 2005.

Snyder, Timothy:
Der König der Ukraine.
Die geheimen Leben des Wilhelm von Habsburg.
Wien 2008.

Ströhl, Hugo Gerard:
Österreichisch-Ungarische Wappenrolle.
Reprint der dritten Ausgabe aus dem Jahre 1900.
Schleinbach 2010.

Toplitsch, Norbert:
Habsburger in Reichenau.
Ternitz-Pottschach 2003.

Vacha, Brigitte (Hrsg.):
Die Habsburger. Eine europäische Familiengeschichte.
Graz 1992.

Vocelka, Karl:
99 Fragen zur österreichischen Geschichte.
Wien 2013.

Vocelka, Karl:
99 Fragen zu den Habsburgern.
Wien 2014.

Wandruszka, Adam:
Das Haus Habsburg.
Die Geschichte einer europäischen Dynastie.
Freiburg 1968.

Weissensteiner, Friedrich:
Die großen Herrscher des Hauses Habsburg.
700 Jahre europäische Geschichte.
Erweiterte Taschenbuchausgabe. München 2007.

Winkelhofer, Martina:
Viribus unitis. Der Kaiser und sein Hof.
Ein neues Franz-Joseph-Bild.
Wien 2008.

Wohnout, Helmut:
Das österreichische Hospiz in Jerusalem.
Geschichte des Pilgerhauses an der Via Dolorosa.
Wien 2000.

Bildnachweis

Alle Abbildungen stammen aus dem Archiv der Autorin und des Verlages mit Ausnahme der folgenden:

Dorotheum Wien (19, 97), Wikimedia Commons/Schweizerische Nationalbibliothek/Graphische Sammlung (21), Wikimedia Commons/Haselburg-müller/CC BY-SA 3.0 (22), Wikimedia Commons/Dennis Jarvis/CC BY-SA 2.0 (25, 78), Wikimedia Commons/Dom Museum Wien (26), Wikimedia Commons/Peter Haas/CC BY-SA 3.0 (32), Albrecht Dürer/Imagno/picturedesk.com (35), Österreichische Galerie Belvedere, Wien (38), Wikimedia Commons/GFDL/ CC BY-SA 3.0 (40), k. u. k. Kriegspressequartier, Lichtbildstelle – Wien/ÖNB-Bildarchiv/picturedesk.com (41), Wikimedia Commons/K. Pacovsky/CC BY-SA 4.0 (42), Alte Pinakothek München/CC BY-SA 4.0 (44), Wikimedia Commons/James Steakley/CC BY-SA 3.0 (46), Erich Lessing/picturedesk.com (49, 89, 107), Nemeth/akg-images/picturedesk.com (53), Wikimedia Commons/C. Löser/CC BY-SA 3.0 (57), Lucas van Valckenborch/Imagno/picturedesk.com (58), Wikimedia Commons/Tom Lemmens (in collaboration with Heralder), some elements by Sodacan and Katepanomegas/CC BY-SA 3.0 (61), Wikimedia Commons/Wolfgang Sauber/Hic et nunc/CC BY-SA 3.0 (63), k. A./Imagno/picturedesk.com (69, 143), Wikimedia Commons/Gryffindor/CC BY-SA 2.5 (71), Wikimedia Commons/Gryffindor/Marku1988 (77), Wikimedia Commons/Andrew Bossi/CC BY-SA 2.5 (81), Pompeo Batoni/Imagno/picturedesk.com (82), akg-images/picturedesk.com (84, 176), kathbild.at/Franz Josef Rupprecht (87), Wikimedia Commons/Andrzej O/CC BY-SA 3.0 (90), Wikimedia Commons/Hiroki Ogawa/CC BY 3.0 (98), © Bundesmobilienverwaltung, Objektstandort: Hofmobiliendepot, Möbel Museum Wien (101), © Bundesmobilienverwaltung, Objektstandort: Hofburg Wien, Kaiserappartements, Foto: Marianne Haller (110), Wikimedia Commons/Luisfo/CC BY-SA 4.0 (117), Wikimedia Commons/Gryffindor (127, 133), Weinbauverein Jedenspeigen Sierndorf (128), ÖNB-Bildarchiv/picturedesk.com (130, 157, 182), Wikimedia Commons/Vorarlberger Landesarchiv (135), Kosel, Hermann Clemens/ÖNB-Bildarchiv/picturedesk.com (136), Kozmata, Franz/ÖNB-Bildarchiv/picturedesk.com (140), Wikimedia Commons/RM4Y/CC BY-SA 3.0 (144), Wikimedia Commons/Bwag/CC BY-SA 4.0 (152), Wikimedia Commons/Heied/CC BY-SA 3.0 (154), Wikimedia Commons/Andreas Praefcke/CC BY 3.0 (155), Anonym/Imagno/picturedesk.com (168), ALEX/Österreichische Nationalbibliothek (171), Jeannette Handler (173), © Comité Sousa Mendes, Famille de Sousa Mendes (178), Barbara Pflaum/Imagno/picturedesk.com (181), Eric Cabanis/AFP/picturedesk.com (185), Wikimedia Commons/Wik1966total/CC BY-SA 3.0 (189), Wikimedia Commons/fotogoocom/CC BY-SA 3.0 (190), Wikimedia Commons/VitVit (193), Verlag Kiepenheuer & Witsch GmbH & Co KG (197), © KHM-Museumsverband (199), © Bundesmobilienverwaltung, Objektstandort: Hofmobiliendepot, Möbel Museum Wien, Foto: Lois Lammerhuber (200), Wikimedia Commons/Gupfi/CC BY-SA 3.0 (203), iStock.com (208), Wikimedia Commons/Pommfritz/CC BY 3.0 (211), Michael Joannidis (212), Imagno/picturedesk.com (215), Anja Keilbach (223)

Creative Commons:
https://creativecommons.org/licenses/by/3.0/deed.en
https://creativecommons.org/licenses/by-sa/2.0/deed.de
https://creativecommons.org/licenses/by-sa/2.5/deed.de
https://creativecommons.org/licenses/by-sa/3.0/deed.de
https://creativecommons.org/licenses/by-sa/4.0/deed.de

Der Verlag hat alle Rechte abgeklärt. Konnten in einzelnen Fällen die Rechteinhaber der reproduzierten Bilder nicht ausfindig gemacht werden, bitten wir, dem Verlag bestehende Ansprüche zu melden.

Namenregister

A

Aachen, Hans von	55
Adler, Friedrich	198
Adler, Viktor	198
Agnes von Waiblingen, Markgräfin von Österreich	62
Albert von Sachsen-Teschen, Herzog von Teschen	96, 137
Albrecht I., römisch-deutscher König	28, 60
Albrecht II., der Lahme, Herzog von Österreich	30, 60
Albrecht II., römisch-deutscher König (= Albrecht V., Herzog von Österreich)	60
Albrecht III., Herzog von Österreich	30
Albrecht IV., Graf von Habsburg	21
Albrecht VII., der Fromme, Erzherzog	31
Albrecht von Österreich-Teschen, Erzherzog	166
Alfons VI., König von Kastilien	221
Altenberg, Peter	132, 155
Amalia Wilhelmina, Kaiserin	153
Amerling, Friedrich	56
Andreas von Österreich, Kardinal	60, 94
Anna Jagiello von Böhmen und Ungarn, Kaiserin	39
Anna Katharina Gonzaga, Erzherzogin von Österreich	94
Anna Pia, Herzogin von Sachsen	131
Anna Plochl, Gräfin von Meran	96f., 137
Anna von Österreich, Königin von Portugal	49
Anna von Österreich-Tirol, Erzherzogin, Kaiserin	150
Anna von Toskana-Medici, Erzherzogin	153
Antel, Franz	195
Anton Viktor, Erzherzog von Österreich	65
Anzengruber, Ludwig	154
Arcimboldo, Giuseppe	54f.
Arnstein, Fanny von	219
Astrid von Belgien, Prinzessin	85
Aulenbacher, Anneliese	191

B

Baumann, Daniel	199
Beethoven, Ludwig van	142f.
Benedikt XVI., Papst	37
Beneš, Edvard	214
Berlin, Isaiah	17
Bianca Sforza, Kaiserin	34, 80
Bismarck, Otto Fürst von	109
Bombelles, Karl Albert Graf	114
Boyer, Charles	195
Brahe, Tycho	55
Braun, Wernher von	196
Brehm, Alfred	114
Briand, Aristide	159
Broda, Christian	181
Bronner, Gerhard	220
Brown, Dan	221
Bruckner, Anton	142
Bugnyar, Markus S.	123

C

Cellini, Benvenuto	68
Charlotte von Belgien, Erzherzogin von Österreich	118f.
Chlodwig I., König von Frankreich	80
Christina von Schweden, Königin von Schweden	80
Clark, Christopher	13, 156
Claudia Felizitas, Kaiserin	153
Colin, Alexander	53
Corti, Egon Conte	111
Coudenhove-Kalergi, Richard	169
Czuber, Berta	125, 136f.

D

Dagover, Lil	195
de Vries, Adriaen	55
Degenfeld-Schonburg, Heinrich Graf	178f.
Deneuve, Catherine	195
Doderer, Heimito von	155
Dom Pedro, Kaiser von Brasilien	92f.
Don Juan d'Austria, Statthalter der Niederlande	48
Douglas, Michael	117
Dürer, Albrecht	35, 50
Dvořák, Antonín	142

E

Ebner-Eschenbach, Marie von	154
Eleonore, Kaiserin	77, 79
Elisabeth, Kaiserin von Österreich	17, 99, 111, 116, 141, 154, 195, 204f., 219f., 221
Elisabeth Christine von Braunschweig-Wolfenbüttel, Kaiserin	74, 201
Elisabeth von Görz-Tirol, römisch-deutsche Königin	80
Elisabeth von Valois, Prinzessin von Frankreich	49
Enzenberg, Sophie Gräfin	83

Erlach, Johann Fischer von	79	Friedrich II., Kaiser	21, 91
Ernst, Erzherzog von Österreich	55, 59, 122	Friedrich II., König von Preußen	73, 127

Erlach, Johann Fischer von — 79
Ernst, Erzherzog von Österreich — 55, 59, 122
Ernst I., der Eiserne, Herzog von Steiermark, Kärnten und Krain — 30, 80
Ernst von Hohenberg, Fürst — 146f.
Eticho, Graf — 20
Eugen, Erzherzog — 64f., 125, 153

F
Fallersleben, Hoffmann von — 107
Ferdinand I., Kaiser — 60, 80, 126, 142
Ferdinand I., Kaiser von Österreich (Ferdinand von Lombardo-Venezien) — 47, 60, 85
Ferdinand II., Kaiser — 60, 68f., 80, 142
Ferdinand II. von Österreich-Tirol — 68, 80, 125, 137, 153
Ferdinand III., Kaiser — 60, 127, 150
Ferdinand III. von Österreich-Toskana, Erzherzog — 85
Ferdinand IV., Großherzog von Toskana — 131
Ferdinand IV., römisch-deutscher König — 60
Ferdinand Karl, Erzherzog von Österreich (= Ferdinand Burg) — 125, 136f.
Ferdinand Karl Ludwig, Erzherzog von Österreich — 85, 125
Ferstel, Heinrich von — 149
Figl, Leopold — 87
Fischer, Fritz — 156
Fischer, O. W. — 96
Frank, Anne — 196
Franz I. Stephan von Lothringen, Kaiser — 50, 61, 73f., 77, 79, 81, 83, 85, 122, 150, 170, 219
Franz II., Kaiser/Franz I., Kaiser von Österreich — 17, 24, 56, 61, 65, 85, 88f., 92, 96, 105f., 134, 137, 143, 195, 200, 221
Franz V., Herzog von Modena — 85
Franz Ferdinand, Erzherzog von Österreich — 85, 99, 125, 137, 146f., 149, 156, 158, 196
Franz Joseph I., Kaiser von Österreich — 17f., 43, 47, 61, 69f., 85, 98–103, 106, 111–114, 117, 121f., 124f., 131, 134f., 141, 143, 146, 184, 186, 197f., 201, 219, 221
Franz Karl, Erzherzog von Österreich — 85
Franz Salvator, Erzherzog von Österreich-Toskana — 141
Franz von Meran, Graf — 97
Franzel, Emil (= Carl von Boeheim) — 196

Friedrich II., Kaiser — 21, 91
Friedrich II., König von Preußen — 73, 127
Friedrich III., Kaiser — 17, 33f., 39, 47, 55, 61, 68, 91, 128, 152f., 213
Friedrich III., Herzog von Österreich und Steiermark — 61
Friedrich III., Markgraf von Brandenburg und Herzog von Preußen — 127
Friedrich IV., Titularherzog von Österreich — 30
Friedrich August, Kronprinz von Sachsen — 131
Friedrich Barbarossa, Kaiser — 27
Fuchs-Mollard, Maria Karolina, Gräfin von — 151
Fux, Johann Joseph — 142

G
Gabriela von Habsburg — 77, 123
Gaulle, Charles de — 207
Georg von Habsburg — 123
George, David Lloyd — 159
Gertrud von Hohenberg, Gräfin von Habsburg, Kyburg und Löwenstein — 146
Geza von Mattachich, Graf — 131
Gian Galeazzo Visconti, Herzog von Mailand — 27
Giorgione — 69
Giron, André — 131
Gisela, Erzherzogin von Österreich — 141
Goethe, Johann Wolfgang von — 77, 88
Gottfried von Bouillon — 80
Grillparzer, Franz — 154f.
Guntram der Reiche — 20

H
Habsburg-Lothringen, Eduard von, Erzherzog von Österreich — 85
Habsburg-Lothringen, Eleonore von, Erherzogin von Österreich — 220
Habsburg-Lothringen, Felix von, Erzherzog von Österreich — 171
Habsburg-Lothringen, Ferdinand Zvonimir von, Erzherzog von Österreich — 199
Habsburg-Lothringen, Karl von, Erzherzog von Österreich — 73, 87, 173, 187, 212f., 220
Habsburg-Lothringen, Karl Ludwig von, Erzherzog von Österreich — 171
Habsburg-Lothringen, Lorenz von, Erzherzog von Österreich — 85

Habsburg-Lothringen, Markus von, Erzherzog von Österreich	99
Habsburg-Lothringen, Paul von, Erzherzog von Österreich	95
Habsburg-Lothringen, Robert von, Erzherzog von Österreich	85
Habsburg-Lothringen, Ulrich von, Erzherzog von Österreich	203f.
Haile Selassie, Kaiser von Äthiopien	79
Harell, Marthe	96
Harrach, Franz Graf von	198
Häupl, Michael	191
Haydn, Joseph	106f., 142
Hector, Pascal	191
Heilwig, von Kyburg	21
Heinrich IV., römisch-deutscher König	62
Heinrich VIII., König von England und Irland	49
Helene von Österreich, Erzherzogin von Österreich	94
Henkel, Oliver	196
Henriette von Nassau-Weilburg, Erzherzogin von Österreich	85, 219, 221
Herzmanovsky-Orlando, Fritz von	155
Hitler, Adolf	176f.
Hofer, Andreas	80, 96
Hofmannsthal, Hugo von	155
Hohenberg, Albrecht Fürst von	146f.
Hohenberg, Anita Fürstin von	147
Hohenberg, Georg von, Herzog	147
Hohenberg, Max von, Herzog	37, 146f.
Homar, Catalina	117
Honecker, Erich	188
Hörbiger, Christiane	195
Horn, Gyula	188
Horthy, Miklós	76, 163
Humboldt, Alexander von	92
Huntington, Samuel	209

I

Immaculata, Erzherzogin	221
Isabella de Portugal, Herzogin von Burgund	36

J

Jelinek, Anton	118
Jelinek, Gerhard	194
Johann von Österreich, Erzherzog	96f., 137, 195
Johann Salvator, Erzherzog von Österreich (= Johann Orth)	124f.
Johanna »die Wahnsinnige« (= Juana von Aragón), Königin von Kastilien	39, 45, 221
Johannes Paul II., Papst	188, 192f.
Josef Franz von Österreich, Erzherzog	131
Joseph I., Kaiser	61, 74
Joseph II., Kaiser	17, 50, 61f., 68f., 82f., 85, 103, 121, 142, 151
Joseph von Österreich, Erzherzog	85
Juan Carlos I., König von Spanien	170, 183
Juan von Aragón, Fürst	39, 221
Judson, Pieter	13, 73
Junker, Carl	118

K

Kafka, Franz	155
Kann, Robert A.	13
Karl, Bischof von Brixen und Breslau	64
Karl I., Kaiser	10, 12, 20, 37, 65, 74, 79, 85, 102f., 120f., 123, 129, 146, 148f., 157f., 160f., 163–166, 170, 183, 186f., 192f., 198f., 210
Karl I., der Kühne, Herzog von Burgund	80, 126
Karl II., König von Spanien	49
Karl IV., Kaiser	26f., 41–43
Karl V., Kaiser	39, 44–48, 50, 61, 86, 103
Karl VI., Kaiser	18, 61f., 73f., 122, 142
Karl Albrecht, Herzog von Bayern	73
Karl Joseph, Bischof von Olmütz und Passau	65f.
Karl Joseph, Erzherzog von Österreich	85
Karl Ludwig, Erzherzog von Österreich	122, 149
Karl Stefan, Erzherzog von Österreich	166
Karl von Österreich-Teschen, Herzog	85
Katharina von Luxemburg, Herzogin von Österreich	153
Kepler, Johannes von	55
Ketterl, Eugen	201
Khlesl, Melchior	59
Kissinger, Henry	210
Korngold, Erich Wolfgang	142
Kraus, Karl	155
Kreisky, Bruno	170, 183
Krenek, Ernst	142
Krist, Josef	114
Kun, Béla	163
Kutschker, Johannes	95

L

Ladislaus Postumus, König von Ungarn	18, 31
Lang, Sabine	199
Langnas, Steven	113
Lanner, Joseph	142
Latour, Josef	114
Laube, Josef	118
Lauro, Brigitta	153
Lehár, Franz	142
Leopold, Großherzog von Toskana	116, 124
Leopold I., Kaiser	60, 66f., 121, 127, 142
Leopold I., Herzog von Österreich und Steiermark	30
Leopold II., Kaiser (= Peter Leopold/Pietro Leopoldo)	60, 62, 81–86, 96
Leopold III., Herzog von Österreich und Kärnten	60
Leopold III., Markgraf	62, 80
Leopold V., Bischof von Passau und Straßburg	94
Leopold Ferdinand, Erzherzog von Österreich-Toskana (= Leopold Wölfling)	125, 131
Leopold Gondrecourt, Graf	114
Leopold Johann, Erzherzog	74
Leopold Wilhelm, Erzherzog von Österreich	68f., 94
Leopoldine, Kaiserin von Brasilien	92f., 200
Leszczyński, Stanislaus I.	74
Liszt, Franz	142
Lorenz, Willy	33
Louise von Coburg, Prinzessin	131
Luc Ravel, Erzbischof von Straßburg	20
Ludwig II., König von Böhmen, Ungarn und Kroatien	39
Ludwig XIV., König von Frankreich	66
Ludwig XVI., König von Frankreich	39
Ludwig Salvator von Österreich-Toskana, Erzherzog (= Ludwig Graf Neudorf)	116f., 131
Ludwig Viktor, Erzherzog von Österreich	124f.
Luise von Österreich-Toskana, Kronprinzessin von Sachsen	131
Luther, Martin	45

M

Magdalena von Österreich, Erzherzogin	94
Magnus, Mönch	86
Magris, Claudio	17, 155
Mahler, Gustav	142
Margarete Maultasch, Gräfin von Tirol-Görz	27f., 30, 64
Margarete von Österreich, Herzogin von Savoyen	34, 45
Margarethe, Erzherzogin von Österreich (= Sor Margarita de la Cruz)	94f.
Margarita Teresa von Spanien, Kaiserin	66f., 121, 221
Maria, Königin von Spanien	52, 58
Maria Anna, Erzherzogin von Österreich	94, 142
Maria Christine, Erzherzogin von Österreich	137
Maria Ludovica von Spanien, Kaiserin	81, 85, 221
Maria Theresia, Erzherzogin von Österreich	10, 17f., 39, 50, 61, 69, 72f., 76, 79, 83, 85f., 122, 142, 150f., 195, 200f., 219f.
Maria Theresia von Österreich-Toskana, Erzherzogin	166
Maria von Burgund	33f., 36, 39, 80, 195
Marie-Antoinette, Königin von Frankreich (= Maria Antonia)	39, 51, 88, 137
Marie Beatrice d'Este, Erzherzogin von Österreich	85
Marie Louise, Kaiserin von Frankreich	39, 93, 221
Marie Valerie, Erzherzogin von Österreich	99, 111, 141
Marischka, Ernst	195, 201, 204
Mary Vetsera, Baronesse	141
Masaryk, Tomáš Garrigue	214
Matthias, Kaiser	58f., 61, 64, 79
Matthias Corvinus, König von Ungarn	39
Maximilian Franz, Erzherzog von Österreich	94
Maximilian Josef von Österreich-Este, Erzherzog	65
Maximilian I., Kaiser	24, 33–36, 39, 50, 61, 80, 142, 153f., 195
Maximilian I., Kaiser von Mexiko/Erzherzog von Österreich (Ferdinand Max)	118f., 122, 141, 201
Maximilian II., Kaiser	52f., 55, 58f., 61, 79, 86, 126
Maximilian II. Franz, Erzherzog von Österreich, Erzbischof von Köln	65, 85
Maximilian III., Erzherzog	64f., 153
Medici, Claudia von, Erzherzogin von Österreich	94
Mehmed Džemaludin Čaušević, Großmufti von Bosnien	113
Menger, Carl	114
Metternich, Clemens Wenzel Lothar Graf	89, 96, 109
Miklas, Wilhelm	192

Mock, Alois	188
Mohammed	221
Molden, Fritz	33
Moretti, Tobias	96
Morselli, Guido	197
Moser, Hans	195
Mozart, Wolfgang Amadeus	29, 142f.
Mühe, Anna Maria	96
Musil, Robert	105, 155
Mustafa Cerić, Großmufti von Bosnien und Herzegowina	112

N

Napoleon Bonaparte, Kaiser von Frankreich	39, 47, 65, 85, 88, 221
Napoleon III., Kaiser von Frankreich	118
Naumann, Friedrich	163, 177, 209
Nestroy, Johann	154
Nora Fugger, Fürstin	125

O

Otto Franz Joseph, Erzherzog von Österreich	31, 125
Otto I., Kaiser	24
Otto IV., Herzog von Österreich, Steiermark und Kärnten	31
Otto von Habsburg, Erzherzog von Österreich	11–13, 37, 61, 65, 74f., 87, 89, 101, 103, 107, 109, 112f., 121, 123, 129, 134, 137, 146f., 149–151, 164f., 170f., 173, 175–181, 183–185, 187–189, 192, 199, 206f., 211, 214
Ottokar II. Přemysl, König von Böhmen	21, 28, 70, 154f.

P

Palacký, Franz	19
Payer, Julius von	144f.
Petrarca, Francesco	26
Philipp I., der Schöne, König von Kastilien und León	31, 34, 39, 45, 61, 221
Philipp II., König von Spanien	48f., 55, 221
Philipp III., Herzog von Burgund	36, 80
Philipp IV., König von Spanien	50
Philipp von Sachsen-Coburg-Koháry, Prinz	131, 141
Philippine Welser, Erzherzogin	80, 137, 153
Pittermann, Bruno	180
Platter, Bruno	65
Posselt, Bernd	189
Pozsgay, Imre	189
Prack, Rudolf	195

Q

Qualtinger, Helmut	220

R

Radbot, Graf	20f.
Rainer von Österreich, Erzherzog	85, 122
Regina von Habsburg (= Regina von Sachsen-Meiningen), Erzherzogin von Österreich	74, 87, 113, 173, 180, 188, 192
Ribot, Alexandre	159
Rieder, Heinz	161
Rilke, Rainer Maria	155
Roosevelt, Theodore	100
Rosegger, Peter	154
Roth, Joseph	155, 169, 174f.
Rudolf, Kardinal-Erzbischof von Olmütz	95, 143
Rudolf, Kronprinz von Österreich und Ungarn	17, 111, 114f., 122, 125, 140f., 194f., 197, 220
Rudolf I. von Habsburg, römisch-deutscher König	23, 61, 70, 80, 146, 155
Rudolf II., Kaiser	54–59, 64, 68, 70, 220
Rudolf IV., Graf von Habsburg	17f., 20f.
Rudolf IV., Herzog von Österreich	17, 26f., 50, 61, 68, 153
Rumerskirch, Karl Freiherr von	149

S

Salazar, António de Oliveira	179
Salten, Felix	155
Schärf, Adolf	112
Schiller, Friedrich	16,
Schneider, Romy	195, 201, 204
Schnitzler, Arthur	155
Schratt, Katharina	99, 111, 219
Schubert, Franz	142
Schuschnigg, Kurt	175, 177, 181
Schwarzenberg, Karl Philipp, Fürst	109
Seitz, Karl	103
Selim II., Sultan des Osmanischen Reiches	52
Sharif, Omar	195
Siegmund, der Münzreiche, Herzog von Tirol	31, 80
Siegmund Franz von Habsburg, Bischof von Augsburg, Gurk und Trient	95

Sigismund II., König von Polen	126
Sixtus von Bourbon-Parma, Prinz	158f.
Smetana, Bedřich	142
Snyder, Timothy	13, 166
Sophie Chotek, Herzogin von Hohenberg	125, 137, 146f., 198
Sophie Friederike von Bayern, Erzherzogin von Österreich	99, 119
Sophie Herzogin von Hohenberg	147
Sousa-Mendes, Aristides de	178f.
Stalin, Josef	167
Stein, Hannes	196
Stephan I., König von Ungarn	40
Stephanie von Belgien, Kronprinzessin von Österreich und Ungarn	125
Stifter, Adalbert	154
Strauß, Franz Josef	142
Strauß, Johann	142
Strauss, Richard	142
Strubel, Milli	125
Stürgkh, Karl	198
Süleyman I., der Prächtige, Sultan des Osmanischen Reiches	48
Szabo, Gustav von	172

T

Talleyrand, Charles Maurice de	77, 163
Tegetthoff, Wilhelm von	119, 144f.
Thanner, Erich	172
Thun-Hohenstein, Jaroslaw	146
Thun, Max von	195
Thyssen, Francesca von	87
Tintoretto	69
Tizian	44f., 50, 69, 103
Torberg, Friedrich	121, 155
Toselli, Enrico	131
Tucher, Heinrich Freiherr von	129
Tudor, Mary	49
Turnovszky, Stephan	113

V

Van Meytens, Martin	50, 81
Velasquez, Diego	50
Vermeyen, Jan	56
Verne, Jules	116f.
Veronese	69
Vigée-Lebrun, Élisabeth	51
Visconti, Luchino	195

W

Walburga Habsburg Douglas, Erzherzogin von Österreich	173, 188f.
Wałęsa, Lech	188
Wallis, Georg Graf von	192
Wallis, Sophie Erdödi Gräfin von	192
Wenzel, Fürst von Böhmen	42
Werfel, Franz	155
Werner I., Bischof von Straßburg	20
Wetschl, Franz Freiherr von	129
Weyprecht, Carl	144f.
Wieland, Arnold	65
Wiesenthal, Simon	181
Wilczek, Johann Graf	144
Wilder, Billy	133
Wilhelm, Erzherzog von Österreich	166
Wilhelm, Herzog von Österreich	30, 61
Wilhelm II., deutscher Kaiser	129
Wilhelm Franz von Habsburg-Lothringen, der Bestickte, (= Vasyl Vyshyvanyi), Erzherzog	85, 166f.
Wilson, Woodrow	215
Winterhalter, Franz Xaver	132, 205
Wolf, Hugo	142

X

Xavier von Bourbon-Parma, Prinz	158f.
Ximene, Königin von Kastilien	221

Z

Zeßner-Spitzenberg, Karl, Baron	172, 192
Zilch, Beda	87
Zita von Bourbon-Parma, Kaiserin von Österreich	41, 65, 79, 85, 87, 102f., 120, 134, 146, 148f., 159, 161, 163–165, 170, 182f., 186f., 220f.
Zweig, Lotte	169
Zweig, Stefan	17, 155, 168f.

MEILENSTEINE DES ÖSTERREICHISCHEN FILMS

Christian Reichhold
100 x ÖSTERREICH
FILM

256 Seiten, mit zahlreichen Abbildungen
ISBN 978-3-99050-138-2
eISBN 978-3-903217-23-2

Christian Reichhold präsentiert auf unterhaltsame Weise eine Reise durch die österreichische Filmgeschichte von den erfolgreichen Anfängen in der Stummfilm- und noch jungen Tonfilm-Ära bis hin zu den Oscar®-Weihen des einundzwanzigsten Jahrhunderts. Er stellt Klassiker wie »Der Engel mit der Posaune«, »Mariandl« und »Mephisto« ebenso vor wie Kassenschlager der jüngeren Vergangenheit, von »Indien« über »Das finstere Tal« bis »Hinterholz 8«. Wir begegnen Publikumslieblingen wie Hans Moser, Karl Merkatz oder Josef Hader und so unterschiedlichen Filmemachern wie Maximilian Schell, Ulrich Seidl, Wolfgang Murnberger oder Franz Antel. Auch internationale »österreichische« Klassiker wie »Der dritte Mann« oder »The Sound of Music« dürfen nicht fehlen. Ein Must-have für Cineasten.

amalthea.at

DIE NEUE AMALTHEA-REIHE JETZT AUCH ALS QUIZ-SPIEL!

100 x ÖSTERREICH: DAS FILM-QUIZ

Nach dem Buch
»100 x Österreich: Film«
von Christian Reichhold

ab 10 Jahren, 2–5 Spieler
ISBN 978-3-99050-151-1
EAN 4002051698997, Art.-Nr. 698997

100 x ÖSTERREICH: DAS HABSBURG-QUIZ

Nach dem Buch
»100 x Österreich: Habsburg«
von Eva Demmerle

ab 10 Jahren, 2–4 Spieler
ISBN 978-3-99050-152-8
EAN 4002051698980, Art.-Nr. 698980

Hat Michael Hanekes »Liebe – Amour« oder »Der dritte Mann« mehr Auszeichnungen bekommen? War die Hauptdarstellerin in »3 Tage in Quiberon« oder »Der Engel mit der Posaune« älter? Welcher Habsburgerkaiser regierte am längsten und wie viele Gegenstände finden sich in der kaiserlichen »Rumpelkammer«, dem Hofmobiliendepot?

Tauchen Sie ein in die Welt des Films und der Habsburger und erweitern Sie spielerisch Ihr Österreich-Wissen. Der Ratespaß für die ganze Familie!

amalthea.at

DIE HABSBURGER EINMAL GANZ ANDERS

Reinhard Trinkler
DIE HABSBURGER
DAS ETWAS ANDERE AUSMALBUCH

48 Seiten, mit zahlreichen Abbildungen
ISBN 978-3-99050-060-6

Rudolf der Stifter, Leopold I., Kaiser Franz Joseph, Sisi – die prominentesten Mitglieder der Familie Habsburg, prachtvolle Schlösser wie Schönbrunn oder die Hofburg sowie Szenen aus dem kaiserlichen Alltagsleben sind in diesem etwas anderen Ausmalbuch für Sie vorgezeichnet.
 Nehmen Sie sich Zeit und lassen Sie die glanzvolle Welt der Habsburger in neuen Farben erstrahlen.

amalthea.at

DAS LEBEN DES LETZTEN KAISERS VON ÖSTERREICH

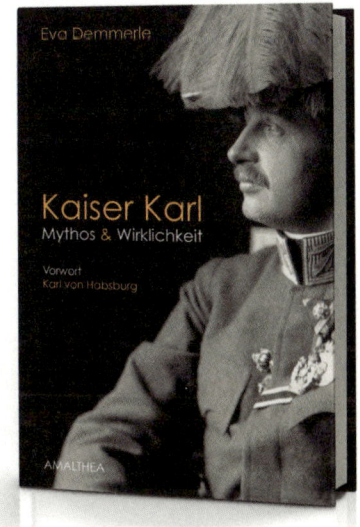

Eva Demmerle
KAISER KARL
MYTHOS & WIRKLICHKEIT

240 Seiten, mit zahlreichen Abbildungen
ISBN 978-3-99050-044-6
eISBN 978-3-903083-27-1

Kaiser Karl, der letzte regierende Monarch Österreich-Ungarns, ließ während seiner kurzen Regierungszeit nichts unversucht, den Ersten Weltkrieg zu beenden. Am Ende musste er Verrat, Verleumdung und den Untergang der Monarchie erleben. 1922 starb er entkräftet im Exil auf Madeira.

Bereits zu seinen Lebzeiten war Kaiser Karl mit massiver Propaganda konfrontiert, die bis heute fortwirkt. Stimmt es, dass er schlecht ausgebildet war? Waren die Friedensversuche tatsächlich ungeschickt? Wie ist seine Seligsprechung zu beurteilen?

Dieses Buch zeichnet ein neues Bild einer faszinierenden Persönlichkeit jenseits der Mythen und Antimythen, die sich um den letzten Kaiser Österreichs gebildet haben. Mit Dokumenten über die Friedensinitiative Kaiser Karls und Papst Benedikts 1917 sowie einem Augenzeugenbericht über das Sterben Kaiser Karls 1922 auf Madeira.

amalthea.at

DIE WIENER GESCHICHTE EINER EUROPÄISCHEN DYNASTIE

Günter Fuhrmann
HAUS DER KÖNIGE
DAS WIENER PALAIS COBURG
THRONE, TRIUMPHE, TRAGÖDIEN

272 Seiten, mit zahlreichen Abbildungen
ISBN 978-3-99050-121-4
eISBN 978-3-903217-06-5

Hohe herrschaftliche Säulen, elegante weiße Fassade – das Palais Coburg in Wien vermittelt den Eindruck von Macht und Weltbedeutung. Mit der Hochzeit Ferdinand Georgs von Sachsen-Coburg und Maria Antonia Kohárys beginnt hier im frühen 19. Jahrhundert der kometenhafte Aufstieg der österreichischen Coburger, die im Lauf ihrer Geschichte zahlreiche gekrönte Häupter, Könige wie Zaren, hervorbringen. Neben glanzvollen Festen und Triumphen ist das Palais in Wien jedoch auch Schauplatz so mancher menschlichen Tragödie.

Günter Fuhrmann erzählt erstmals die Geschichte der Wiener Coburger von den Anfängen bis heute und zeichnet dabei das eindrucksvolle Porträt einer großen Familie.

amalthea.at

Doppeladler
Manufaktur

Feine Accessoires mit Tradition.

Exclusives Sortiment. Edles Material und Handarbeit. Fast jedes unserer Produkte ist unser eigener Entwurf. Und alles hat eine Verbindung zum Doppeladler und zur österreichischen Geschichte.

www.doppeladler-manufaktur.com